mémentos

APPRENDRE UTILE

D1671351

Les institutions de l'Union européenne

Stéphane Leclerc

est Maître de conférences HDR en Droit public à l'Université de Caen Normandie.

Suivez-nous sur  www.gualino.fr

Contactez-nous gualino@lextenso.fr

© 2022, Gualino, Lextenso
1, Parvis de La Défense
92044 Paris La Défense Cedex
EAN 9782297175647
ISSN 2680-073X

mémentos
APPRENDRE UTILE

Stéphane Leclerc

Les institutions de l'Union européenne

9e

Cours intégral et synthétique + Tableaux et schémas

un savoir-faire de
Gualino Lextenso

mémentos

- C'est un cours complet et synthétique avec des aides pédagogiques différenciées.
- Il correspond à un enseignement dispensé en Licence et Master.
- Il est entièrement rédigé de manière structurée, claire et accessible.
- Il est à jour de l'actualité la plus récente.

Chez le même éditeur

- Amphi LMD
- Mémentos
- Exos LMD
- Méthodo LMD
- Carrés Rouge
- Annales corrigées et commentées
- Master
- En Poche
- Droit Expert
- Droit en poche
- Petit Lexique
- Hors collection

Présentation

Cet ouvrage a pour ambition de présenter de manière à la fois simple et exhaustive *les institutions de l'Union européenne*. Véritable outil pour connaître et comprendre, il développe successivement, de façon synthétique et structurée :

– *l'histoire de la construction de l'Union européenne* : des Communautés européennes à l'Union européenne (Chapitre 1), de l'Europe des Six à l'Europe des Vingt-sept (Chapitre 2) ;

– *les moyens de l'Union européenne* : les moyens juridiques de l'Union européenne (Chapitre 3), les moyens humains et matériels de l'Union européenne (Chapitre 4) ;

– *la structure institutionnelle de l'Union européenne* : le Conseil européen (Chapitre 5), le Conseil (Chapitre 6), la Commission européenne (Chapitre 7), le Parlement européen (Chapitre 8), la Cour de justice de l'Union européenne (Chapitre 9), la Cour des comptes européenne (Chapitre 10), les autres acteurs institutionnels (Chapitre 11) ;

– *les attributions des institutions et organes de l'Union européenne* : la fonction législative (Chapitre 12), la fonction budgétaire (Chapitre 13) ; la fonction exécutive (Chapitre 14) ; la fonction de contrôle (Chapitre 15) ; la fonction internationale (Chapitre 16).

Chaque chapitre tient compte des évolutions les plus récentes. En fin de livre, le lecteur trouvera un récapitulatif des grandes dates de l'intégration européenne, une bibliographie générale et un index alphabétique.

Ainsi conçu, ce *Mémentos LMD* s'adresse en priorité aux étudiants en Droit et à ceux des Instituts d'études politiques. Il est également destiné aux étudiants des autres filières qui doivent connaître cette matière : Sciences économiques, AES, Instituts d'administration des entreprises, Instituts universitaires de technologie, Instituts de préparation à l'administration générale, Écoles de commerce... Il intéresse aussi tous les candidats aux concours de la fonction publique (nationale, territoriale, européenne).

Enfin, en cette période cruciale pour l'Europe, tous ceux qui s'intéressent à sa construction et à son fonctionnement institutionnel trouveront dans cet ouvrage les réponses actuelles à l'ensemble de leurs questions.

Plan de cours

PARTIE 2
Les moyens de l'Union européenne

PLAN DE COURS

PARTIE 4
Les attributions des institutions et organes de l'Union européenne

Chapitre 12   La fonction législative   199

Liste des principales abréviations

AUE	Acte unique européen
BCE	Banque centrale européenne
BEI	Banque européenne d'investissement
Bull. CE	Bulletin des Communautés européennes
Bull. UE	Bulletin de l'Union européenne
CE	Communauté européenne
CECA	Communauté européenne du charbon et de l'acier
CEE	Communauté économique européenne
CEEA	Communauté européenne de l'énergie atomique
CEPD	Contrôleur européen de la protection des données
CER	Comité européen des régions
CESE	Comité économique et social européen
CIG	Conférence intergouvernementale
CJ	Cour de justice
CJAI	Coopération dans les domaines de la justice et des affaires intérieures
Comm. ou Commission	Commission européenne
Cons.	Conseil
Coreper	Comité des représentants permanents des gouvernements des États membres
CPJP	Coopération policière et judiciaire en matière pénale
DPR	Décision « ressources propres »
e.a.	Et autres
EEE	Espace économique européen
GATT	*General agreement on tariffs and trade*
JOCE	Journal officiel des Communautés européennes
JORF	Journal officiel de la République française
JOUE	Journal officiel de l'Union européenne
Office	Office des publications de l'Union européenne
OLAF	Office européen de lutte antifraude
OMC	Organisation mondiale du commerce
PECO	Pays d'Europe centrale et orientale
PESC	Politique étrangère et de sécurité commune
PSDC	Politique de sécurité et de défense commune
PPIUE	Protocole sur les privilèges et immunités de l'Union européenne
RAA	Régime applicable aux autres agents de l'Union européenne
RP	Règlement de procédure
SEAE	Service européen pour l'action extérieure
Statut	Statut des fonctionnaires de l'Union européenne
Statut/CJUE	Statut de la Cour de justice de l'Union européenne
Statut/PE	Statut des députés au Parlement européen
TC Eur.	Traité établissant une Constitution pour l'Europe
Traité CE ou TCE	Traité instituant la Communauté européenne
Traité CECA ou TCECA	Traité instituant la Communauté européenne du charbon et de l'acier
Traité CEE ou TCEE	Traité instituant la Communauté économique européenne
Traité FUE ou TFUE	Traité sur le fonctionnement de l'Union européenne
Traité UE ou TUE	Traité sur l'Union européenne
UE	Union européenne
UEM	Union économique et monétaire

PARTIE 1

La construction de l'Union européenne de 1945 à aujourd'hui

La construction de l'Union européenne est une extraordinaire aventure commencée au milieu du siècle précédent avec la création des Communautés européennes (instauration de la Communauté européenne du charbon et de l'acier en 1951 suivie de la Communauté économique européenne et de la Communauté européenne de l'énergie atomique en 1957). Elle se poursuit depuis lors dans deux directions complémentaires : approfondissement du processus d'intégration entrepris à compter de 1951 avec le basculement à l'Union européenne et élargissement avec l'adhésion de nouveaux États membres.

CHAPITRE 1

Des Communautés européennes à l'Union européenne

1. Une fois évoquée la naissance des Communautés européennes (section 1), on s'attachera ensuite à présenter la mutation de ce processus d'intégration en une Union européenne (section 2).

Section 1

La naissance des Communautés européennes

2. À la fin de la Seconde Guerre mondiale, l'Europe est exsangue (trois guerres en soixante-dix ans ont dévasté le vieux continent) et devient un enjeu majeur pour les deux grandes puissances victorieuses. Sur le plan géopolitique, le début de la guerre froide conduit chacun des deux blocs à chercher des unions pour faire face à la menace extérieure. Les pays d'Europe de l'Ouest créent des organisations de coopération dans trois domaines différents :

– économique avec la création en avril 1948 de l'Organisation européenne de coopération économique (OECE) destinée à répartir l'aide du plan Marshall[1] ;

– militaire avec la signature du traité de Bruxelles du 17 mars 1948 qui institue l'Union occidentale (voy. *infra*, n° 6)[2] et du traité d'Alliance atlantique du 4 avril 1949 signé à Washington dans le but d'assurer la sécurité et la protection des États de l'Europe de l'Ouest face à la menace soviétique ;

– politique avec l'institution du Conseil de l'Europe le 5 mai 1949.

Toutefois, certains pays d'Europe de l'Ouest perçoivent très vite les limites et les insuffisances de ces organisations internationales classiques qui ne leur offrent pas de

---

1. Qui se transformera en Organisation de coopération et de développement économique, OCDE (Convention du 14 décembre 1960).
2. Qui se transformera en Union de l'Europe occidentale, UEO (Accords de Paris du 23 octobre 1954).

véritables solutions leur permettant de développer et de promouvoir des aspirations et des intérêts communs. Parallèlement à l'affirmation d'une solidarité atlantique, certaines nations européennes vont donc se lancer sur une voie jusqu'à présent inexplorée, plus risquée, mais également plus prometteuse, consistant à nouer des relations juridiques plus profondes et plus intégrées : les Communautés européennes.

Les Communautés européennes reposent en effet sur une logique complètement différente de celle qui avait conduit à la création des organisations européennes de coopération dans la mesure où il s'agit non pas d'organisations de coopération à caractère intergouvernemental mais d'organisations supranationales d'intégration dotées d'attributions et de pouvoirs propres.

1. LA CRÉATION DE LA COMMUNAUTÉ EUROPÉENNE DU CHARBON ET DE L'ACIER (1951)

3. La Communauté européenne du charbon et de l'acier (CECA) trouve son origine dans une initiative française. Le 9 mai 1950, Robert Schuman, alors ministre des Affaires étrangères, fait au nom du gouvernement français et avec l'accord du Chancelier Konrad Adenauer, une déclaration préparée par Jean Monnet : la Déclaration de Paris.

> « L'Europe ne se fera pas d'un coup, ni dans une construction d'ensemble : elle se fera par des réalisations concrètes créant d'abord une solidarité de fait. Le rassemblement des nations européennes exige que l'opposition séculaire de la France et de l'Allemagne soit éliminée. [...]
>
> Le gouvernement français propose de placer l'ensemble de la production franco-allemande de charbon et d'acier sous une Haute Autorité commune, dans une organisation ouverte à la participation des autres pays d'Europe. [...]
>
> La solidarité de production qui sera ainsi nouée manifestera que toute guerre entre la France et l'Allemagne devient non seulement impensable, mais matériellement impossible. L'établissement de cette unité puissante de production ouverte à tous les pays qui voudront y participer, aboutissant à fournir à tous les pays qu'elle rassemblera les éléments fondamentaux de la production industrielle aux mêmes conditions, jettera les fondements réels de leur unification économique. [...]
>
> Par la mise en commun de productions de base et l'institution d'une Haute Autorité nouvelle, dont les décisions lieront la France, l'Allemagne et les pays qui y adhéreront, cette proposition réalisera les premières assises concrètes d'une Fédération européenne indispensable à la préservation de la paix[3]. »

Le Plan Schuman modifie donc fondamentalement la manière d'aborder la construction européenne car, à défaut d'adopter une logique politique globale et délibérément fédéraliste à laquelle les États européens ne sont pas prêts, il opte pour une approche plus

---

3. Une photocopie annotée de l'original de la déclaration de Robert Schuman est disponible dans la Rev. dr. UE, n° 1/2002, p. 189.

sectorielle de nature à créer une forme de fédéralisme fonctionnel. En effet, il ne s'agit plus seulement pour les États parties de coopérer, voire même de gérer en commun, mais d'attribuer des compétences qui leur étaient jusqu'à présent réservées à des organes qui leur sont superposés dans des secteurs économiques bien délimités, à savoir le charbon et l'acier. L'instauration d'un premier marché commun dans ces deux secteurs économiques, ô combien vitaux pour les économies européennes dévastées, n'est cependant pas conçue comme une fin en soi mais comme un premier pas et l'expérimentation d'une nouvelle formule devant créer une solidarité de fait entre les États membres, solidarité qui s'étendra progressivement à d'autres domaines économiques de sorte que, de secteurs d'activité en secteurs d'activité, l'Europe parvienne à une inéluctable intégration politique qui ne ferait, en réalité, qu'entériner un état de fait. Pour cette raison, la structure institutionnelle de la CECA diffère radicalement de celle des organisations de coopération instaurées jusqu'à présent par les Européens. L'essentiel du pouvoir de décision appartient à une Haute Autorité composée de personnalités indépendantes des États membres[4] associée à un Conseil composé de représentants des États membres. Une Cour de justice et une Assemblée parlementaire, composée de parlementaires nationaux, viennent compléter cet édifice institutionnel.

4. Le traité instituant la Communauté européenne du charbon et de l'acier est signé à Paris le 18 avril 1951 entre six États : l'Allemagne, la Belgique, la France, l'Italie, le Luxembourg et les Pays-Bas. Ce traité, également dénommé le traité de Paris, entre en vigueur le 23 juillet 1952 pour une durée limitée à cinquante ans. La CECA devient ainsi la première organisation d'intégration car ces six États acceptent d'attribuer des compétences, qui leur étaient jusqu'à présent dévolues, à des institutions communes qui en ont désormais la charge et qui peuvent adopter des décisions à caractère obligatoire. Jean Monnet sera le premier président de la Haute Autorité. Le traité CECA est venu à expiration le 23 juillet 2002 et tous les éléments du patrimoine actif et passif de cette première communauté ont été transférés à la Communauté européenne puis à l'Union européenne à compter du 24 juillet 2002. Le charbon et l'acier ont ainsi perdu leur régime particulier pour relever désormais des dispositions du traité FUE. Les États membres ont néanmoins convenu, par voie de protocole annexé au traité UE et au traité FUE[5], d'utiliser les avoirs de la CECA en vue de financer des recherches dans les secteurs liés à l'industrie du charbon et de l'acier.

---

4. Il s'agit à l'époque d'une véritable évolution (certains parleront d'une révolution) car la Haute Autorité de la CECA veille non seulement à la liberté de circulation des produits de l'acier et du charbon et au libre accès aux sources de production mais assure également le respect des règles de concurrence entre les opérateurs économiques et la transparence des prix, une surveillance des marchés afin d'en éviter tout dysfonctionnement comportant la possibilité d'imposer des quotas de production et le soutien de la modernisation et de la reconversion de ces deux secteurs économiques.

5. Voy., Protocole (n° 37) relatif aux conséquences financières de l'expiration du traité CECA et au Fonds de recherche du charbon et de l'acier ; Voy. égal., décision 2003/76/CE du Conseil du 1er février 2003 fixant les dispositions nécessaires à la mise en œuvre du protocole, annexé au traité instituant la Communauté européenne, relatif aux conséquences financières de l'expiration du traité CECA et au Fonds de recherche du charbon et de l'acier, *JOUE* L29/22 du 5 février 2003 ; *JOUE* n° L261/54 du 22 juillet 2021.

2. L'ÉCHEC DE LA COMMUNAUTÉ EUROPÉENNE DE DÉFENSE (1952)

5. Face à l'aggravation des tensions Est-Ouest, il devient impératif pour le gouvernement américain de réarmer l'Allemagne occidentale afin qu'elle participe à la défense de l'Europe. Cependant, les blessures de la Seconde Guerre mondiale sont encore loin d'être cicatrisées et l'idée même de la renaissance d'une armée allemande indépendante est, principalement pour les opinions publiques française et anglaise, intolérable. C'est pourquoi le gouvernement français propose en octobre 1950 que le réarmement allemand s'opère non pas sous la forme d'une armée allemande autonome mais vienne s'insérer dans le cadre d'une armée européenne placée sous commandement commun (le Plan Pleven). La formule retenue constituait en fait une transcription au domaine militaire du plan Schuman-Monnet pour la sidérurgie et le charbon alors en discussion. Le projet de traité instituant la Communauté européenne de défense (CED) est signé entre les Six de la CECA le 27 mai 1952 après de difficiles négociations car il s'agissait pour les États membres de transférer l'essentiel de leur politique de défense à cette nouvelle Communauté. Parallèlement à ce projet de CED, les six ministres des Affaires étrangères décident le 10 septembre 1952 à Luxembourg d'insérer cette défense européenne dans un projet politique plus vaste et confient le soin à une assemblée *ad hoc* présidée par le Belge Paul-Henri Spaak d'élaborer un projet de Communauté politique européenne (CPE)[6].

6. Toutefois, en France, le gouvernement de Pierre Mendès-France, alors président du Conseil, est très divisé sur le projet de CED et les opposants à cette nouvelle Communauté sont plus nombreux à l'Assemblée nationale depuis les élections de juin 1951. Alors même que le traité instituant la CED a déjà été ratifié par l'Allemagne et les pays du Benelux, l'action conjuguée des gaullistes du RPF et des communistes conduit l'Assemblée nationale à refuser la ratification du traité instituant la CED le 30 août 1954 par le simple vote d'une question préalable. Le traité ne pouvant entrer en vigueur qu'avec la participation de l'ensemble de ses signataires, la CED disparaît avec le « non » français entraînant du même coup dans sa chute l'abandon du projet de Communauté politique européenne. Jean Monnet démissionne de ses fonctions de président de la Haute Autorité CECA. Hormis le fait qu'il provoque la première crise européenne, le rejet de la CED par la France a également été lourd de conséquences pour l'avenir de la construction communautaire car il conduit les États européens à jeter aux oubliettes toute idée de construction d'une Europe politique dans des domaines aussi sensibles pour eux que la sécurité ou la politique étrangère. Jean-Luc Sauron estime même que : « sur le long terme, il a introduit une dissociation entre l'intégration politique et l'intégration économique, au point de faire apparaître une sorte d'antagonisme entre la poursuite de celle-ci et l'amorce de celle-là, contrairement à l'hypothèse des fondateurs pour qui, l'union politique devait être l'aboutissement naturel de l'intégration économique »[7].

---

6.   Ce projet, d'inspiration fédéraliste, sera remis le 10 mars 1953.
7.   Sauron J.-L., *Le puzzle des institutions européennes*, 4e éd., 2010, Gualino-Lextenso, spéc. p. 34.

La question du réarmement allemand sera réglée ultérieurement dans le cadre des Accords de Paris du 23 octobre 1954 qui transformeront l'Union occidentale instituée par le traité de Bruxelles du 17 mars 1948 en Union de l'Europe occidentale (UEO).

3. L'INSTAURATION DE LA COMMUNAUTÉ ÉCONOMIQUE EUROPÉENNE ET DE LA COMMUNAUTÉ EUROPÉENNE DE L'ÉNERGIE ATOMIQUE (1957)

7. Après l'échec de la CED, le retour à la voie tracée par la CECA restait la seule issue raisonnable. Les gouvernements des Six reviennent donc vers leur domaine de prédilection, le domaine économique moins sujet que d'autres aux résistances nationales. Une relance de la construction communautaire apparaît lors de la conférence de Messine (1er-3 juin 1955) où les ministres des Affaires étrangères, réunis pour désigner un successeur à Jean Monnet, examinent également les mémorandums des pays du Benelux qui préconisent la création d'un marché commun général. La conférence confie la charge à un comité, composé de délégués gouvernementaux et d'experts de la CECA, présidé par le Belge Paul-Henri Spaak, d'étudier la faisabilité et la possibilité de créer un marché commun européen s'étendant à l'ensemble de l'économie des Six (le comité Spaak). Le rapport Spaak est présenté à la conférence de Noordwijk (21 avril 1956) aux ministres des Affaires étrangères des Six qui l'approuvent ensuite lors de la conférence de Venise (29-30 mai 1956). Le rapport Spaak sert de document de travail à la CIG qui aboutit à la création de deux nouvelles Communautés, l'une couvrant l'ensemble des secteurs économiques, la Communauté économique européenne (CEE), l'autre sectorielle, la Communauté européenne de l'énergie atomique (CEEA)[8]. Les traités CEE et CEEA, signés au Capitole à Rome le 25 mars 1957, entrent en vigueur le 1er janvier 1958 pour une durée illimitée[9].

8. Sur le plan institutionnel, les traités de Rome s'inspirent largement du traité de Paris de 1951 tout en gommant certains aspects supranationaux de la CECA[10]. Sur le plan matériel, le traité CEE vise à créer un marché commun sur l'ensemble du territoire des Six devant présenter les mêmes caractéristiques qu'un marché national. Le marché

---

8. Le Royaume-Uni, invité à participer, ne tarde pas à se retirer des négociations.
9. Les « oubliés » du processus communautaire, c'est-à-dire les États européens qui resteront à l'écart de la construction communautaire, ne tarderont pas à créer l'Association européenne de libre-échange (AELE) par la Convention de Stockholm du 4 janvier 1960 signée et ratifiée par l'Autriche, le Danemark, la Norvège, le Portugal, le Royaume-Uni, la Suède et la Suisse, la Finlande (1988) et le Lichtenstein (1991) s'y associant par la suite. Contrairement au traité CEE qui institue une union douanière, la Convention de Stockholm institue seulement une zone de libre-échange. La Convention de Stockholm se cantonne donc à supprimer les droits de douane et les restrictions quantitatives aux échanges entre les pays contractants tout en leur laissant l'entière maîtrise de leur politique douanière et commerciale vis-à-vis des pays tiers.
10. La Commission, équivalente à la Haute Autorité CECA, n'est plus l'organe décisionnel de l'architecture institutionnelle. Ce rôle est désormais dévolu au Conseil, l'institution intergouvernementale. Cela étant, le traité CEE prévoit tout de même que le Conseil doit, au terme d'une période de transition, statuer à la majorité et la Commission dispose d'un quasi-monopole du pouvoir d'initiative.

commun implique la création d'une union douanière entre les États membres, réalisée au terme d'une période de transition de 12 ans (1958-1969) divisée en trois étapes, concernant l'élimination des droits de douane et des contingents pour les marchandises qu'ils échangent ainsi que l'établissement d'un tarif douanier commun envers les pays tiers. L'établissement d'un marché commun implique également la libre circulation des facteurs de productions (libre circulation des services, des capitaux et des personnes). Par ailleurs, le marché commun étant fondé sur le principe de libre concurrence, le traité CEE interdit la plupart des aides d'État et les ententes entre entreprises susceptibles de fausser le jeu de la concurrence. Enfin, le traité CEE prévoit un rapprochement des législations nationales et l'élaboration de politiques sectorielles communes, notamment dans les domaines de l'agriculture, des transports et des relations commerciales avec les pays tiers. Quant au traité CEEA, il vise à promouvoir l'utilisation de l'énergie nucléaire à des fins pacifiques et à assurer la création et la croissance rapide de l'industrie nucléaire des Six dans l'objectif de réduire leur dépendance énergétique vis-à-vis des pays tiers et de leur permettre de répondre tout autant au déficit des formes traditionnelles d'énergie qu'aux prévisions d'augmentation des besoins énergétiques.

4. LES ÉVOLUTIONS INSTITUTIONNELLES DES COMMUNAUTÉS EUROPÉENNES JUSQU'À L'ACTE UNIQUE EUROPÉEN DE 1986

A - L'unification des exécutifs des Communautés européennes

9. Au lendemain de la conclusion des traités de Rome, la structure institutionnelle des Communautés européennes apparaît comme imparfaite et inachevée. En effet, si la Convention relative à certaines institutions communes du 25 mars 1957 annexée aux traités de Rome fusionne, pour les trois Communautés, l'Assemblée parlementaire et la Cour de justice, il n'en est pas de même pour leurs exécutifs. Les Communautés européennes comprenaient donc initialement une Haute Autorité CECA, une Commission CEE, une Commission CEEA ainsi que trois Conseils qui disposaient d'attributions différentes selon les traités.

Le traité de Bruxelles du 8 avril 1965, couramment dénommé « traité de fusion », va notamment unifier les exécutifs des trois Communautés respectives en créant un Conseil unique et une Commission unique. Ce traité, entré en vigueur le 1er juillet 1967, dote par ailleurs les Communautés européennes d'une administration, d'un budget et d'un statut du personnel uniques. Il lui est enfin annexé un protocole unique sur les privilèges et immunités qui se substituent au protocole spécifique à chaque Communauté. Le traité de Bruxelles ne procède pas à une réduction organique mais à une fusion organique dans la mesure où il ne modifie en rien le fonctionnement des institutions ni même leurs compétences respectives.

B - La crise de la chaise vide et le compromis de Luxembourg

10. Le traité CEE prévoyait dès l'origine que l'unanimité laisse la place à un mécanisme majoritaire au sein du Conseil à compter de l'entrée dans la dernière étape de la période transitoire en vue de l'instauration de l'union douanière (1er janvier 1966)[11]. Or, la perspective qu'une décision puisse être adoptée au sein du Conseil malgré l'opposition d'un État membre et les propositions de la Commission au Conseil émises dans le même temps visant à renforcer ses pouvoirs et ceux du Parlement européen, sont inacceptables pour le général de Gaulle. Ce dernier craint plus particulièrement une remise en cause éventuelle des principes de la Politique agricole commune par l'introduction d'un vote majoritaire et s'oppose catégoriquement au renforcement des pouvoirs de la Commission, instance supranationale par excellence s'accommodant mal avec la conception que le général se fait de la souveraineté nationale. C'est dans ce contexte qu'en juin 1965 éclate la crise de la « chaise vide » qui conduit le gouvernement français à cesser de participer à l'activité et au fonctionnement des Communautés européennes. La politique de la chaise vide ne trouvera son dénouement que lors d'une réunion extraordinaire du Conseil à laquelle la France consent à participer en janvier 1966 à Luxembourg à l'issue de laquelle un arrangement est trouvé : le compromis de Luxembourg.

> « Lorsque, dans le cas des décisions susceptibles d'être prises à la majorité sur proposition de la Commission, des intérêts très importants d'un ou de plusieurs partenaires sont en jeu, les membres du Conseil s'efforceront, dans un délai raisonnable, d'arriver à des solutions qui pourront être adoptées par tous les membres du Conseil dans le respect de leurs intérêts mutuels et de ceux de la Communauté, conformément à l'article 2, du traité.
>
> En ce qui concerne le paragraphe précédent, la délégation française estime que, lorsqu'il s'agit d'intérêts très importants, la discussion devra se poursuivre jusqu'à ce que l'on soit parvenu à un accord unanime[12]. »

11. Ce compromis comporte donc deux volets distincts :
- le premier volet de l'arrangement fait l'objet d'un accord entre les Six dans la mesure où il s'agit d'une règle de bon sens : le Conseil doit s'efforcer de trouver un compromis avant de procéder au vote lorsque le traité prévoit un vote à la majorité ;
- le second volet de l'arrangement marque le désaccord fondamental entre la France et ses partenaires. En effet, pour les cinq autres États, dès lors qu'un délai raisonnable s'est écoulé et qu'un compromis n'a pas été trouvé, les règles de majorité prévues par le traité CEE doivent être appliquées alors que, pour la France en

---

11. Dans la Communauté des Six, le mécanisme de pondération des voix assure une certaine prééminence des grands États sans pour autant écraser les petits : les trois grands disposent de quatre voix chacun, la Belgique et les Pays-Bas de deux et le Luxembourg d'une seule. Sur un total de dix-sept voix, la majorité qualifiée était fixée à douze lorsque la délibération était prise sur proposition de la Commission (TCEE, art. 148, § 2). Ainsi, ni un grand État, ni les États du Benelux ne peuvent dès lors bloquer la prise de décision.
12. Bull. CEE, n° 3-1966, pt b, § 1er et 2, p. 9.

revanche, ces mêmes règles doivent être écartées et la discussion doit se poursuivre lorsqu'un État invoque un intérêt très important.

Bien que dénué de toute valeur juridique, le compromis de Luxembourg va néanmoins infléchir la pratique dans le sens souhaité par la France. En effet, l'arrangement de Luxembourg va générer au sein du Conseil un usage selon lequel cette institution ne recourt pratiquement jamais au vote lorsqu'il doit adopter un acte juridique mais statue au contraire par consensus et consentement unanime des États membres qu'il s'agisse ou non d'ailleurs de domaines relevant d'intérêts très importants des États membres. De fait, le compromis de Luxembourg rétablit ainsi la règle de l'unanimité. Il constituera un frein au processus d'intégration communautaire et entraînera même une relative paralysie du Conseil jusqu'au milieu des années quatre-vingt[13]. Ce n'est qu'à partir de l'Acte unique européen de 1986 que les États membres accepteront de s'en détourner[14].

C - L'instauration de la coopération politique européenne

12. Alors même que les traités originels n'avaient prévu que la création des seules institutions, les chefs d'État ou de gouvernement des États membres instaurent, en marge du système institutionnel des Communautés européennes, la pratique des « sommets ». Le premier Sommet européen va se dérouler à Paris (10-11 février 1961) à l'initiative du général de Gaulle qui propose d'instaurer une coopération politique entre les États européens selon la méthode classique de la coopération intergouverne- mentale en vue de fixer les grandes orientations de la construction communautaire et d'engager l'Europe sur la voie d'une Union politique. Cette pratique sera institutionna- lisée lors du Sommet de Paris (9-10 décembre 1974) :

> « Reconnaissant la nécessité d'une approche globale des problèmes internes que pose la construction européenne et ceux pour lesquels l'Europe est confrontée à l'extérieur, les chefs de gouvernement estiment qu'il y a lieu d'assurer le développement et la cohésion d'ensemble des activités des Communautés et des travaux de la coopération politique. Les chefs de gouvernement ont, en conséquence, décider de se réunir, accompagnés des ministres des affaires étrangères, trois fois par an et chaque fois que nécessaire, en Conseil de la Communauté et au titre de la coopération politique[15]. »

Dès 1974, cet organe fait donc l'objet d'un dédoublement fonctionnel. Il s'agit autant d'un organe de coopération politique au sein duquel les responsables politiques

---

13. Kranz J., « Le vote dans la pratique du Conseil des ministres des Communautés européennes », RTD eur., n° 3/1982, p. 403.
14. Le retour au vote au sein du Conseil a également été favorisé par une modification du règlement intérieur du Conseil à partir de 1987. L'article 11, § 1er, de l'actuel règlement intérieur du Conseil (ex- art. 5 du règlement intérieur de juillet 1987) prévoit en effet que « le Conseil procède au vote à l'ini- tiative de son président. Le président est, par ailleurs, tenu d'ouvrir une procédure de vote à l'initia- tive d'un membre du Conseil ou de la Commission, pour autant que la majorité des membres qui compo- sent le Conseil se prononce en ce sens ». (Décision du Conseil du 1er décembre 2009 portant adop- tion de son règlement intérieur (2009/937/UE), *JOUE* n° L325/35 du 11 décembre 2009).
15. Bull. CE, n° 12-1974, Communiqué, pts 2 et 3, p. 7.

européens évoquent librement les problèmes de politique étrangère en dehors du champ des traités communautaires que d'un organe *de facto* de l'ordre institutionnel communautaire. En effet, les chefs d'État ou de gouvernement décident de se comporter en définitive comme une formation spécifique du Conseil des ministres puisqu'ils y évoquent les questions communautaires sensibles ou qu'ils y définissent les grandes orientations générales qu'ils entendent donner à la construction communautaire avant de renvoyer aux institutions communautaires le soin de les mettre en œuvre concrètement en adoptant les actes appropriés. Le Sommet européen se transformera avec le temps en Conseil européen. La consécration juridique de l'existence du Conseil européen sera apportée par l'Acte unique européen[16] puisque cette première grande réforme des traités constitutifs l'insère dans l'architecture institutionnelle communautaire sans pour autant lui conférer rang d'institution communautaire.

D - L'élection du Parlement européen au suffrage universel direct

13. Dès l'origine, les traités instituant les Communautés européennes avaient prévu la possibilité de l'élection des membres de l'assemblée parlementaire au suffrage universel direct (TCECA, art. 21 ; TCEE, art. 138, § 3 ; TCEEA, art. 108, § 3). Toutefois et malgré cette possibilité offerte par les traités originels, le Parlement européen sera composé dans un premier temps de délégués désignés par les Parlements nationaux selon une procédure fixée par chaque État membre. Suite au Sommet de Paris (9-10 décembre 1974), le pas est franchi le 20 septembre 1976 avec l'adoption par le Conseil, composé des représentants des États membres et statuant à l'unanimité, de la décision et de son Acte annexé portant élection des représentants à l'assemblée au suffrage universel direct[17]. Après ratification par tous les États membres conformément à leurs règles constitutionnelles respectives, cette décision et l'Acte sont entrés en vigueur le 1er juillet 1978. Les premières élections des membres du Parlement européen au suffrage universel direct ont eu lieu en juin 1979 et depuis se sont succédé tous les cinq ans. Les Communautés européennes – aujourd'hui l'Union européenne – constituent ainsi les seules organisations internationales dont l'assemblée est directement élue par les citoyens des États membres.

E - L'autonomie financière des Communautés européennes et le renforcement des prérogatives budgétaires du Parlement européen

14. Si la CECA a disposé de ressources propres dès sa création, la CEE et la CEEA étaient initialement financées, à l'instar des organisations internationales classiques,

---

16. Titre I – Dispositions communes – Article 2 AUE.
17. Décision des représentants des gouvernements des États membres réunis au sein du Conseil du 20 septembre 1976 relative à l'Acte portant élection des représentants à l'Assemblée au suffrage universel direct (76/787/CECA, CEE, CEEA), *JOCE* n° L278/1 du 8 octobre 1976.

par le biais de contributions financières acquittées annuellement par les États membres en fonction d'une clef de répartition propre à chacun d'eux. Compte tenu de la nature des Communautés européennes, les traités de Rome avaient néanmoins prévu le passage à un financement par des ressources propres. Plus particulièrement, il appartenait au Conseil, statuant à l'unanimité sur proposition de la Commission et après consultation du Parlement européen, d'arrêter les dispositions relatives au système des ressources propres, lesquelles devaient être ensuite ratifiées par les États membres conformément à leurs règles constitutionnelles respectives (TCEE, art. 201 ; TCEEA, art. 173). Les chefs d'État ou de gouvernement décident lors du Sommet de La Haye (1er-2 septembre 1969) de doter l'ensemble des Communautés européennes d'un financement autonome. Les premières ressources propres ont été instaurées par la décision du Conseil du 21 avril 1970[18] (dénommée « DRP 1970 ») et ont fait l'objet depuis de nombreuses évolutions[19].

À compter du moment où les Communautés européennes ont été dotées de ressources propres, il est devenu impératif d'associer le Parlement européen à leur utilisation et à leur contrôle. Le traité de Luxembourg du 22 avril 1970 et le traité de Bruxelles du 22 juillet 1975 sont venus modifier successivement les pouvoirs de cette institution qui devient alors codétentrice du pouvoir budgétaire avec le Conseil.

Section 2

Le basculement à l'Union européenne

15. Le projet ambitieux des États membres de constituer une Union européenne, c'est-à-dire de renforcer les pouvoirs des institutions et d'unifier tout en augmentant les actions communautaires dans un cadre unique et cohérent, n'est pas récent. C'est en effet lors du Sommet de Paris des 19 et 21 novembre 1971 que les chefs d'État ou de gouvernement des États membres mentionnent pour la première fois leur volonté de « transformer, avant la fin de l'actuelle décennie et dans le respect absolu des traités déjà souscrits, l'ensemble des relations des États membres en une Union européenne »[20].

Dès lors, s'amorcent différentes réflexions sur les réformes à apporter au système institutionnel communautaire (ex. : le rapport Vedel de mars 1972[21], le rapport de la Commission sur l'Union européenne de juin 1975[22], le rapport Tindermans de décembre 1975[23]

---

18. Décision du Conseil du 21 avril 1970 relative au remplacement des contributions financières des États membres par des ressources propres aux Communautés (70/243/CECA, CEE, Euratom), *JOCE* n° L94/19 du 28 avril 1970.

19. La dernière en date, dénommée « DRP 2014 », voy., décision du Conseil du 26 mai 2014 relative au système des ressources propres de l'Union européenne (2014/335/UE, Euratom), *JOUE* n° L168/105 du 7 juin 2014.

20. Commission européenne, *Sixième Rapport général sur l'activité des Communautés européennes – 1972*, Office, 1973, pt 16, p. 17.

21. Bull. CE, supplément n° 4/72.

22. Bull. CE, supplément n° 5/75.

23. Bull. CE, supplément n° 1/76.

et le rapport des « Trois sages » de novembre 1979[24]) auxquelles succèdent différentes initiatives émanant des États membres ou des institutions communautaires. Ainsi, le Conseil européen de Stuttgart (17-19 juin 1983) adopte, à l'initiative des gouvernements italien et allemand, la Déclaration solennelle sur l'Union européenne[25] qui constitue ni plus ni moins qu'une invitation à conclure rapidement un nouveau traité incluant, outre la coopération politique, d'autres domaines non couverts par l'action communautaire comme par exemple la coopération judiciaire[26]. Par ailleurs, le Parlement européen adopte le 14 février 1984 le projet de traité d'Union européenne (dénommé projet Spinelli)[27]. Ce projet substitue aux trois Communautés une entité nouvelle et unique, l'Union, dont les compétences sont élargies. Il renforce les attributions des institutions communautaires, et plus particulièrement celles du Parlement qui se voit doter d'un pouvoir de codécision. Les États membres préféreront mettre à l'écart ce projet du Parlement et donner la préférence à une voie réformiste moins ambitieuse, mais plus réaliste, de l'Acte unique européen. Cette première grande révision des traités constitutifs n'est pas à négliger et constitue finalement une étape transitoire et indispensable vers la réalisation de l'Union européenne dans la mesure où elle comporte deux volets spécifiques : l'un réforme les dispositions des traités de Rome et de Paris et l'autre institue formellement une coopération politique en matière de politique étrangère qui sera le ferment et l'embryon du futur pilier II du traité sur l'UE.

1. L'ACTE UNIQUE EUROPÉEN (1986)

16. Inspiré des travaux du comité Dooge créé suite au Conseil européen de Fontainebleau (25-26 juin 1984)[28], l'Acte unique européen (AUE) a été signé à Luxembourg et à La Haye les 17 et 28 février 1986 et il est entré en vigueur le 1er juillet 1987. Véritable réponse à l'enlisement de l'Europe des Dix, cette première révision des traités originels marque le réveil des ambitions européennes au moment même où l'Europe accueille l'Espagne et le Portugal. Les évolutions et améliorations qui découlent de l'Acte unique sont considérables et concernent tant les domaines matériel et institutionnel que politique.

A - L'achèvement du marché intérieur

17. Face à l'insuffisance de l'intégration de l'économie européenne et à l'accentuation de la concurrence internationale, l'Acte unique a pour objectif de mener à terme la réalisation du marché intérieur (ex-marché commun) avant le 31 décembre 1992.

24. Commission européenne, *Treizième Rapport général sur l'activité des Communautés européennes – 1979*, Office, 1980, pt 10, p. 27.
25. Bull. CE, n° 6-1983, pt 1.5.23, p. 25.
26. *Ibid.*, p. 26.
27. *JOCE* n° C77/27 du 19 mars 1984.
28. Bull. CE, n° 6-1984, Conclusions de la présidence, pt 7, p. 11.

Contrairement au traité CEE qui se cantonnait à évoquer le marché commun sans le définir juridiquement, l'Acte unique précise à l'article 8A, alinéa 2, du traité CEE (TFUE, art. 26, § 2) que « le marché intérieur comporte un espace sans frontières intérieures dans lequel la libre circulation des marchandises, des personnes, des services et des capitaux est assurée selon les dispositions du présent traité ». Pour atteindre cet objectif, l'Acte unique prévoit que le Conseil fera usage du vote à la majorité qualifiée dans tous les domaines stratégiques pour l'achèvement du marché intérieur.

B - La définition de nouveaux domaines d'action communautaire

18. En signant l'Acte unique européen, les États membres vont octroyer de nouvelles attributions à la CEE qui est d'ailleurs l'unique Communauté à voir ses domaines d'action évoluer.

Tout d'abord, l'Acte unique dote la Communauté économique européenne de politiques d'accompagnement à l'achèvement du marché intérieur : une politique de recherche et de développement technologique, une politique de l'environnement et une politique régionale dite de cohésion économique et sociale. Par ailleurs, l'Acte unique introduit de nouvelles dispositions en matière sociale qui relèvent du vote à la majorité qualifiée, comme par exemple l'amélioration de la santé et de la sécurité des travailleurs par voie de directives et le développement du dialogue social entre les partenaires sociaux au niveau européen. Enfin, l'Acte unique insère dans le traité CEE des dispositions relatives à la convergence des politiques économiques et monétaires des États membres nécessaire au « développement ultérieur de la Communauté[29] » et plus particulièrement à l'institution de l'union économique et monétaire par le traité de Maastricht.

C - Les modifications institutionnelles

19. L'Acte unique apporte des évolutions institutionnelles significatives qui bénéficient à tous :

– le Conseil européen est consacré et institutionnalisé par l'Acte unique qui vient désormais s'inscrire dans le système institutionnel communautaire sans pour autant devenir une institution ;

– le Conseil voit sa capacité décisionnelle rendue plus efficace par l'introduction du vote à la majorité qualifiée. Il doit recourir à cette modalité de vote dans tous les domaines concernant le marché intérieur et notamment le rapprochement des dispositions législatives, réglementaires et administratives des États membres prévues par l'article 100A, du traité CEE (TFUE, art. 114) sauf en ce qui concerne les dispositions fiscales, les dispositions relatives à la libre circulation des personnes

---

29. TCEE, art. 102A.

et à celles relatives aux droits et intérêts des travailleurs salariés où l'unanimité demeure requise ;
– le Parlement européen voit ses pouvoirs renforcés par l'Acte unique. D'une part, l'avis conforme du Parlement est désormais nécessaire avant l'adoption des accords d'adhésion et des accords d'association avec les pays tiers. D'autre part, l'Acte unique institue la procédure de coopération qui confère un pouvoir accru du Parlement européen dans le processus décisionnel communautaire tout en laissant au Conseil le pouvoir de décision final. Cette procédure s'applique notamment au marché intérieur, à la cohésion économique et sociale, à la recherche et au développement technologique et à la politique sociale ;
– la Commission européenne voit ses prérogatives d'exécution renforcées dans la mesure où l'Acte unique pose le principe selon lequel le Conseil est obligé de lui attribuer les compétences d'exécution des normes qu'il arrête sauf dans des cas spécifiques où le Conseil peut se les réserver ;
– la Cour de justice se voit adjoindre un Tribunal de première instance.

D - Le renforcement de la coopération politique européenne

20. Les États membres s'engagent à mettre en œuvre une politique étrangère commune (AUE, art. 30). À cette fin, ils s'informent mutuellement et se consultent sur toute question de politique étrangère ayant un intérêt général. Chaque État membre s'engage à prendre en compte les positions exprimées par ses partenaires ainsi que l'intérêt européen commun avant d'arrêter sa propre politique. Chaque État membre s'efforce en outre d'éviter toute action ou prise de position nuisant à leur efficacité en tant que force cohérente dans les relations internationales ou au sein des organisations internationales. Afin d'accroître leur capacité d'action conjointe dans le domaine de la politique étrangère, les États membres doivent définir et développer progressivement des principes et objectifs communs. Une conférence composée des ministres des Affaires étrangères et d'un membre de la Commission européenne devient l'instance de base de la coopération politique européenne. Elle se réunit à cet effet au moins quatre fois par an. La Commission européenne est pleinement associée aux travaux de la coopération politique tandis que le Parlement européen est tenu informé par la présidence du Conseil des thèmes de politique étrangère examinés dans le cadre des travaux de la coopération politique. La présidence du Conseil doit cependant veiller à ce que les vues du Parlement européen soient dûment prises en considération dans les travaux de la coopération politique. L'Acte unique européen prévoit d'étendre la coopération entre États membres au domaine de la sécurité, notamment dans ses aspects politiques, économiques et technologiques sans qu'il soit porté atteinte à l'Union de l'Europe occidentale (UEO) ni à l'Alliance atlantique (OTAN).

2. LE TRAITÉ SUR L'UNION EUROPÉENNE (1992)

21. Les profonds bouleversements qui marquent la fin des années quatre-vingt tant au plan européen[30] qu'au plan international[31] imposent d'orienter plus vigoureusement le processus d'intégration entrepris depuis les années cinquante sur la voie de l'Union européenne. C'est dans cette perspective que s'ouvrent à Rome le 15 décembre 1990 deux conférences intergouvernementales, l'une sur l'union économique et monétaire et l'autre sur l'union politique. Le Conseil européen de Maastricht (9-10 décembre 1991)[32] marque son accord, après quelques substantielles corrections, sur le document issu de ces travaux et le texte définitif du traité sur l'Union européenne est signé le 7 février 1992.

La ratification de ce nouveau traité rencontrant dans plusieurs États membres des difficultés en raison de la saisine des Cours constitutionnelles[33] et de l'organisation de référendums[34], le traité UE entre en vigueur le 1er novembre 1993. Des dérogations sont prévues au profit du Royaume-Uni (union économique et monétaire et politique sociale) et du Danemark (citoyenneté, union économique et monétaire, défense commune).

---

30. Ex. : Chute du mur de Berlin (9 novembre 1989) et réunification de l'Allemagne (Conseil européen de Strasbourg des 9 et 10 décembre 1989).
31. Ex. : Effondrement des régimes communistes dans les pays d'Europe centrale et orientale, dislocation de l'empire soviétique, guerre du Golfe, explosion de la poudrière yougoslave.
32. Bull. CE, n° 12-1991, Conclusions de la présidence, pt I.3, p. 8.
33. En France, le Conseil constitutionnel dans sa décision n° 92-308 DC du 9 avril 1992 (*JORF* n° 87/5354 du 11 avril 1992) a constaté que certaines dispositions du traité UE étaient contraires à la Constitution comme notamment la reconnaissance du droit de vote et d'éligibilité aux élections municipales aux ressortissants des autres États membres résidant en France. À cette occasion, le Conseil constitutionnel reconnaît que la France peut conclure, sous réserve de réciprocité, des engagements internationaux en vue de participer à la création ou au développement d'une organisation internationale permanente, dotée de la personnalité juridique et investie de pouvoirs de décision par l'effet de transferts de compétences consentis par les États membres à condition toutefois que de tels transferts ne portent pas atteinte aux conditions essentielles d'exercice de la souveraineté nationale, comme par ex. la garantie des droits et libertés des citoyens, le respect des institutions de la République ou encore la continuité de la vie de la Nation. La ratification du traité UE n'a donc pu intervenir qu'après révision de la Constitution par les deux assemblées réunies en Congrès à Versailles le 23 juin 1992 qui procèdent à l'insertion dans la Constitution d'un nouveau Titre XV « Des Communautés européennes et de l'Union européenne ».
34. La ratification du traité UE s'est faite en Irlande, en France et au Danemark par voie de référendum. Si le peuple français approuve à une très faible majorité le traité de Maastricht (20 septembre 1992 – 51,04 %), le peuple danois le rejette (2 juin 1992 – 50,7 %). Il faut attendre le Conseil européen d'Édimbourg (11-12 décembre 1992) qui octroie à cet État un statut particulier (non-participation à l'UEM, à la coopération dans les domaines de la justice et des affaires intérieures, à la défense commune et à la citoyenneté de l'Union) pour que le traité UE, quelque peu vidé de sa substance, soit approuvé lors du second référendum (18 mai 1993 – 56,8 %). Suite à l'invasion de l'Ukraine par la Russie en février 2022, le Danemark a organisé le 1er juin 2022 un référendum sur la clause d'exemption dont cet État membre bénéficie en matière de PSDC depuis 30 ans. Le résultat de cette consultation est sans appel : 66,87 % des électeurs danois se sont prononcés en faveur de l'intégration du Danemark à la politique de sécurité et de défense commune de l'UE.

22. Le traité UE comprend plusieurs éléments bien distincts :
- des dispositions communes liminaires – Titre I ;
- des dispositions modifiant les traités originels (principalement le traité instituant la CEE – Titre II – qui devient à cette occasion la Communauté européenne[35] et accessoirement les traités CECA et CEEA – Titres III et IV) ;
- des dispositions nouvelles relatives à la politique étrangère et de sécurité commune – Titre V ;
- des dispositions nouvelles relatives à la coopération dans les domaines de la justice et des affaires intérieures – Titre VI ;
- des dispositions communes finales – Titre VII.

Ainsi, le traité UE institue une entité nouvelle dénommée Union européenne qui repose sur trois piliers : le premier pilier constitué des Communautés européennes (CE, CEEA, CECA), le second pilier de la politique étrangère et de sécurité commune (PESC) et le troisième pilier de la coopération dans les domaines de la justice et des affaires intérieures (CJAI).

La particularité de ce nouveau traité réside dans le fait qu'il est pour partie de caractère supranational en ce qui concerne le pilier I qui relève, comme à son origine, de la méthode de l'intégration et, pour l'autre, de caractère intergouvernemental en ce sens que les piliers II et III échappent au processus décisionnel communautaire et au contrôle juridictionnel de la Cour de justice. Les trois piliers ainsi constitués sont encadrés par des dispositions liminaires et finales communes. L'ensemble de l'Union relève d'un cadre institutionnel unique afin d'assurer la cohérence et la continuité de l'ensemble composé, outre du Conseil européen qui n'a pas le statut d'institution communautaire, d'institutions communes à l'Union et aux Communautés : le Parlement européen, la Cour de justice, la Commission européenne et le Conseil.

---

35. La Communauté économique européenne devient la Communauté européenne en raison de l'extension de ses compétences qui vont désormais au-delà du champ purement économique qui était le sien depuis 1957.

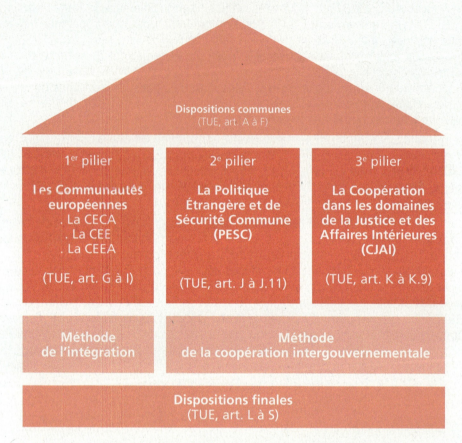

L'Union européenne
Traité sur l'Union européenne (7 février 1992)

Dispositions communes
(TUE, art. A à F)

1er pilier	2e pilier	3e pilier
les Communautés européennes . La CECA . La CEE . La CEEA (TUE, art. G à I)	**La Politique Étrangère et de Sécurité Commune (PESC)** (TUE, art. J à J.11)	**La Coopération dans les domaines de la Justice et des Affaires Intérieures (CJAI)** (TUE, art. K à K.9)
Méthode de l'intégration	**Méthode de la coopération intergouvernementale**	

Dispositions finales
(TUE, art. L à S)

A - Le premier pilier : les Communautés européennes

23. Le premier pilier de l'architecture de l'Union européenne constitue le plus important de l'édifice puisqu'il se compose des trois Communautés européennes qui conservent, toutes les trois, leur personnalité juridique distincte.

Les principales modifications concernent le traité CE[36].

Au plan matériel, le traité UE consacre tout d'abord les principes de subsidiarité et de proportionnalité (voy. *infra*, n° 86 à 91) et généralise leur application à l'ensemble des politiques communautaires. Le traité UE introduit par ailleurs dans le traité CE une citoyenneté de l'Union qui implique notamment la liberté de circulation et de séjour

---

36. Les traités constitutifs de la CECA et de la CEEA n'ont été modifiés que, et dans la mesure nécessaire, pour mettre leurs dispositions institutionnelles en adéquation avec les changements survenus au traité CE.

indépendamment de l'exercice d'une activité économique ainsi que le droit de vote et d'éligibilité aux élections municipales et européennes à tout citoyen de l'Union résidant dans un autre État membre que celui dont il est ressortissant. De plus, le traité UE enclenche le processus irréversible et par étapes vers l'union économique et monétaire (UEM) débouchant à terme sur la création de la Banque centrale européenne et l'introduction d'une monnaie unique. Enfin, il étend le champ des compétences de la Communauté européenne à de nouveaux domaines dans le respect du principe de subsidiarité (éducation et jeunesse, culture, santé publique, protection des consommateurs, politique industrielle, réseaux transeuropéens) et élargit certaines compétences existantes (ex. : environnement, cohésion économique et sociale, politique sociale, recherche et développement technologique).

Au plan institutionnel, le traité UE procède avant tout à un renforcement des pouvoirs du Parlement européen avec notamment l'instauration de la procédure de codécision (voy. *infra*, n° 269 et 270), l'extension des procédures de coopération et d'avis conforme (voy. *infra*, n° 273) et la participation du Parlement à la nomination de la Commission européenne (voy. *infra*, n° 148). Par ailleurs, le traité UE crée le Comité européen des régions (voy. *infra*, n° 238 à 241) et le médiateur européen (voy. *infra*, n° 217 à 223), érige la Cour des comptes au rang d'institution et procède également à un basculement du vote à l'unanimité au vote à la majorité qualifiée au sein du Conseil pour certains domaines et sous certaines conditions (ex. : environnement, politique sociale).

B - Le second pilier : la politique étrangère et de sécurité commune

24. Prenant appui sur le mécanisme de coopération politique institué par l'Acte unique européen[37], le deuxième pilier instaure une politique étrangère et de sécurité commune (PESC). Les objectifs assignés à la PESC en 1992 sont vastes et comprennent notamment la sauvegarde des valeurs communes, des intérêts fondamentaux, de l'indépendance de l'Union ; le renforcement de la sécurité de l'Union sous toutes ses formes ; le maintien de la paix et le renforcement de la sécurité internationale ; la promotion de la coopération internationale ; le développement et le renforcement de la démocratie et de l'État de droit, ainsi que le respect des droits de l'homme et des libertés fondamentales. La PESC inclut l'ensemble des questions relatives à la sécurité de l'Union, y compris la définition à terme d'une politique de défense commune. Le traité UE fait de l'Union de l'Europe occidentale le « bras armé » de l'Union. Il appartient au Conseil européen de définir les principes et les orientations générales de la PESC et au Conseil de prendre, le plus souvent à l'unanimité, les décisions nécessaires à la définition et à la mise en œuvre de la PESC sur la base des orientations générales arrêtées par le Conseil européen.

Puisqu'il s'agit d'un pilier qui relève de la méthode intergouvernementale, ni la Commission ni le Parlement européen ne sont appelés à jouer un rôle de premier plan dans ce second pilier : la Commission européenne est pleinement associée aux travaux dans le domaine de la PESC mais son rôle est réduit par rapport au schéma communautaire

---

37. L'article 30 AUE relatif à la coopération politique européenne est abrogé par le traité UE.

classique dans la mesure où elle partage son pouvoir d'initiative avec les États membres. Quant au Parlement européen, il est simplement tenu informé par la présidence du Conseil et la Commission européenne de l'évolution de la PESC. Par ailleurs, le Parlement européen est consulté par la présidence du Conseil sur les principaux aspects et les choix fondamentaux de la PESC et la présidence veille à ce que les vues du Parlement européen soient dûment prises en considération. Le deuxième pilier n'est soumis à aucun contrôle juridictionnel de la Cour de justice.

C - Le troisième pilier : la coopération dans les domaines de la justice et des affaires intérieures

25. Le troisième pilier instaure une coopération dans les domaines de la justice et des affaires intérieures (CJAI). Conçu pour faciliter et rendre plus sûre la libre circulation des personnes entre les pays membres de l'Union, ce troisième pilier couvre notamment les questions touchant à la circulation et au séjour des ressortissants des pays tiers (politique d'asile, politique d'immigration, définition de règles communes de franchissement des frontières extérieures des États membres, lutte contre l'immigration irrégulière), à la lutte contre la toxicomanie et la fraude internationale, à la coopération judiciaire en matière civile ou pénale et à la coopération douanière et policière.

Puisqu'il s'agit également d'un pilier qui relève de la méthode intergouvernementale, le Conseil est l'institution principale et dominante de ce troisième pilier. C'est lui qui adopte des positions communes, des actions communes et des conventions à l'unanimité sauf exceptions. Il est assisté d'un comité de coordination composé de hauts fonctionnaires nationaux. La Commission européenne et le Parlement européen se voient conférer des attributions similaires à celles dont ces deux institutions disposent dans le pilier II. Toutefois, la Commission européenne voit son pouvoir d'initiative partagé avec les États membres encore davantage réduit que dans la PESC car dans les domaines de la coopération judiciaire en matière pénale, douanière et policière elle ne dispose d'aucun pouvoir de proposition. Le troisième pilier n'est pas non plus soumis à un quelconque contrôle de la Cour de justice.

3. LE TRAITÉ D'AMSTERDAM (1997)

26. Le traité UE prévoyait déjà la tenue d'une conférence intergouvernementale en 1996 afin d'examiner les dispositions de ce traité pour lesquelles une révision était prévue. Toutefois, la perspective d'adhésion de nouveaux États, notamment des nouvelles démocraties d'Europe centrale et orientale, donnait un autre objectif à la conférence intergouvernementale (CIG). Cette dernière se devait désormais de réformer la structure institutionnelle et le processus de décision dans la perspective d'une Union élargie. Les travaux de la CIG 1996 aboutissent à la signature du traité d'Amsterdam le 2 octobre 1997. Bien qu'il ne soit pas à la hauteur des espérances des négociateurs et des ambitions initialement affichées, notamment parce qu'il ne règle pas l'ensemble des problèmes institutionnels liés à l'élargissement, ce nouveau traité comporte cependant un certain nombre d'avancées notables. Le traité d'Amsterdam est entré en vigueur le 1er mai 1999[38].

A - Les évolutions apportées aux dispositions communes

27. Au titre des dispositions communes, le traité d'Amsterdam consacre les principes fondamentaux de l'Union européenne, autorise les États membres à mettre en place des coopérations renforcées et assigne à l'Union un nouvel objectif : la création d'un Espace de liberté, de sécurité et de justice.

1) La consécration des principes et droits fondamentaux

28. Les États membres confirment tout d'abord dans un nouvel alinéa 4 du préambule du traité UE (nouvel alinéa 5 du préambule du traité UE) « leur attachement aux droits sociaux fondamentaux tels qu'ils sont définis dans la charte sociale européenne, signée à Turin le 18 octobre 1961, et dans la charte communautaire des droits sociaux fondamentaux des travailleurs de 1989 ». De plus, le nouvel article 6, § 1er, du traité UE affirme désormais que « l'Union est fondée sur les principes de la liberté, de la démocratie, du respect des droits de l'homme et des libertés fondamentales, ainsi que de l'État de droit, principes qui sont communs aux États membres[39] ». L'article 49, § 1er, du traité UE, tel qu'il résulte du traité d'Amsterdam, va encore plus loin dans la mesure où il érige le respect de ces principes en condition pour adhérer à l'Union. De plus, l'article 7, du traité UE prévoit qu'en cas de violation par un État membre des principes énoncés à l'article 6, § 1er, du traité UE, le Conseil, réuni au niveau des chefs d'État ou de gouvernement, peut suspendre certains droits découlant de l'application des traités à l'État en cause (voy. *infra*, n° 58 à 60)[40]. Des dispositions comparables à l'article 7 du traité UE sont introduites par le traité d'Amsterdam au nouvel article 309, du traité CE (TFUE, devenu art. 354) afin de tirer également les conséquences dans le cadre du traité CE de la constatation d'une violation des principes énoncés à l'article 6, § 1er, du traité UE. Enfin, le nouvel article 13, du traité CE (TFUE, art. 19) donne désormais compétence au Conseil pour adopter les mesures nécessaires en vue de combattre tout type de discrimination.

---

38. En France, le Conseil constitutionnel dans sa décision n° 97-394 DC du 31 décembre 1997 (*JORF* n° 2/165 du 3 janvier 1998) a jugé que le traité d'Amsterdam comportait plusieurs dispositions contraires à la Constitution. Sa ratification n'a donc pu intervenir qu'après révision de la Constitution par les deux assemblées réunies en Congrès (loi constitutionnelle n° 99-49 du 25 janvier 1999 modifiant les articles 88 paragraphe 2 et 88, paragraphe 4, de la Constitution). La France a donc été le dernier État membre à avoir ratifié le traité d'Amsterdam.
39. Cette disposition a été intégralement réécrite à l'occasion du traité de Lisbonne. Le nouvel article 2, du traité UE prévoit désormais que « L'Union est fondée sur les valeurs de respect de la dignité humaine, de liberté, de démocratie, d'égalité, de l'État de droit, ainsi que de respect des droits de l'homme, y compris les droits des personnes appartenant à des minorités. Ces valeurs sont communes aux États membres dans une société caractérisée par le pluralisme, la non-discrimination, la tolérance, la justice, la solidarité et l'égalité entre les femmes et les hommes. ».
40. L'article 7 du traité UE a été intégralement réécrit à l'occasion du traité de Lisbonne. Cette disposition est examinée ultérieurement plus en détails afin d'intégrer les évolutions importantes apportées par ce traité.

2) L'introduction des coopérations renforcées

29. Le traité d'Amsterdam introduit dans le traité UE un titre nouveau intitulé « Dispositions sur la coopération renforcée ». Ce dernier autorise désormais les États membres à mettre en place des coopérations renforcées dans le cadre des piliers I et III ouvrant ainsi la voie vers une Europe à géométrie variable (voy. *infra*, n° 92 à 98)[41].

3) La création d'un Espace de liberté, de sécurité et de justice

30. Le traité d'Amsterdam assigne à l'UE un nouvel objectif : la création d'un Espace de liberté, de sécurité et de justice auquel les piliers I et III contribueront tous deux (TUE, art. 3, § 2). Afin de réaliser cet objectif, il incorpore dans le traité UE et le traité CE par voie de protocole annexé les accords de Schengen de nature intergouvernementale[42] (l'acquis Schengen) dans le cadre juridique et institutionnel communautaire. De plus, et étant donné que la mise en œuvre de la CJAI se heurtait à des difficultés découlant pour l'essentiel du manque d'efficacité de la structure mise en place par le traité de Maastricht, le traité d'Amsterdam transfert dans le traité CE des domaines qui relevaient précédemment du troisième pilier (on parle d'une communautarisation partielle du pilier III). Le nouveau traité rend donc applicables dans ces domaines les procédures prévues par ce traité en place et lieu de la coopération intergouvernementale qui gouverne le pilier III. À cette fin, un nouveau titre IV est créé dans le traité CE intitulé « Visas, asile, immigration et autres politiques liées à la libre circulation des personnes » (TCE, art. 61 à 69 ; TFUE, art. 67 à 80). Le Conseil adopte les mesures assurant la libre circulation des personnes dans cet Espace de liberté, de sécurité et de justice ainsi que les mesures d'accompagnement directement liées à cette libre circulation (les contrôles aux frontières extérieures de l'Union, l'asile, l'immigration, etc.)[43]. Deux protocoles annexés au traité d'Amsterdam prévoient des règles dérogatoires au profit du Royaume-Uni, de l'Irlande et du Danemark[44]. Le Conseil statue dans ce domaine à l'unanimité pendant cinq ans à compter de l'entrée en vigueur du traité d'Amsterdam puis décidera, toujours à l'unanimité, de rendre

---

41. Les dispositions relatives aux coopérations renforcées sont examinées ultérieurement afin d'intégrer les évolutions importantes apportées dans ce domaine par les traités de Nice et de Lisbonne.
42. L'Accord de Schengen du 14 juin 1985 relatif à la suppression graduelle des contrôles aux frontières communes (*JOUE* n° L239/13 du 22 septembre 2000) a été mis en œuvre par la Convention d'application de l'Accord de Schengen du 14 juin 1985 du 19 juin 1990 (*JOUE* n° L239/19 du 22 septembre 2000), entrée en vigueur le 26 mars 1995 entre treize États membres, c'est-à-dire les Quinze moins l'Irlande et le Royaume-Uni. Schématiquement, Schengen facilite la libre circulation des personnes par la suppression des contrôles aux frontières communes et par leur transfert aux frontières extérieures.
Sur la question des conventions non prévues par les traités originaires conclus entre les États membres voy., Leclerc S., *Droit de l'Union européenne*, 7e éd., 2021, Gualino-Lextenso, spéc. p. 55.
43. Le traité de Lisbonne apporte des évolutions en la matière. Désormais, le Conseil européen définit les orientations stratégiques de la programmation législative et opérationnelle dans l'Espace de liberté, de sécurité et de justice (TFUE, art. 68). Il appartient ensuite au Parlement européen et au Conseil, conformément à la procédure législative ordinaire, d'adopter les mesures portant sur les contrôles aux frontières intérieures et extérieures (TFUE, art. 77), l'asile (TFUE, art. 78) et l'immigration légale et clandestine (TFUE, art. 79).
44. Voy., protocole (n° 21) sur la position du Royaume-Uni et de l'Irlande à l'égard de l'Espace de liberté, de sécurité et de justice. Voy., protocole (n° 22) sur la position du Danemark.

applicable la procédure de codécision et la majorité qualifiée à tout ou partie des domaines couverts par le titre IV[45].

B - Les modifications du pilier I

1) L'évolution des attributions de la Communauté européenne

31. Le traité d'Amsterdam met en place une politique de l'emploi permettant à la Communauté européenne d'adopter des lignes directrices, des recommandations aux États et des actions d'encouragement (TCE, art. 125 à 130 ; TFUE, art. 145 à 150). Il renforce la coopération douanière (TCE, art. 135 ; TFUE, art. 33) et apporte des améliorations aux politiques communautaires dans les domaines de l'environnement, de la santé publique, de la protection des consommateurs et de la politique sociale entièrement refondue à cette occasion. Plus particulièrement, l'Accord sur la politique sociale, résultant du traité de Maastricht et comportant une clause d'exemption britannique, est intégré dans le corps du traité CE et devient ainsi applicable à l'ensemble des États membres (TCE, art. 136 à 145 ; TFUE, art. 151 à 161).

2) Les réformes institutionnelles

32. Même si des questions institutionnelles déterminantes pour l'avenir de l'Union européenne sont laissées en suspens à l'issue du Conseil européen d'Amsterdam comme par exemple la question du nombre des commissaires européens ou celle de la pondération des voix au sein du Conseil, on constate que plusieurs modifications notoires de nature institutionnelle sont à mettre au crédit du traité d'Amsterdam. Au plan institutionnel, ce traité a principalement pour conséquence de simplifier la procédure de codécision dont l'usage est étendu à un nombre croissant de domaines[46], d'étendre la procédure d'avis conforme du Parlement européen (voy. *infra*, n° 273), d'appliquer la majorité qualifiée au sein du Conseil aux nouvelles dispositions introduites par le traité d'Amsterdam dans le traité CE et d'en élargir le bénéfice à d'anciennes dispositions du traité CE[47] et enfin d'accroître les compétences consultatives du Comité économique et social européen et du Comité européen des régions.

C - Les aménagements apportés au pilier II

33. Les dispositions relatives à la Politique étrangère et de sécurité commune font l'objet de développements nouveaux.

---

45. Voy., décision du Conseil du 22 décembre 2004 visant à rendre la procédure définie à l'article 251 du traité instituant la Communauté européenne applicable à certains domaines couverts par la troisième partie, titre IV, dudit traité (2004/927/CE), *JOUE* n° L396/45 du 31 décembre 2004.
46. La procédure de codécision se substitue à la procédure de coopération dans tous les domaines où celle-ci était prévue à l'exception de l'UEM.
47. Ex. : Santé publique (TCE, art. 152, § 4 ; TFUE, art. 168, § 4), Emploi-Actions d'encouragement (TCE, art. 129, al. 1er ; TFUE, art. 149, al. 1er).

Le Conseil européen se voit confier la charge de définir les principes et les orientations générales de la PESC et décide des stratégies communes qui seront mises en œuvre par l'Union dans les domaines où les États membres ont des intérêts communs importants (TUE, art. 13). Il appartient au Conseil de mettre en œuvre ces stratégies communes et d'arrêter des actions communes lorsqu'une action opérationnelle de l'Union est jugée nécessaire (TUE, art. 14, § 1er) et de déterminer des positions communes qui définissent la position de l'Union sur une question particulière de nature géographique ou théma-tique (TUE, art. 15)[48]. La présidence du Conseil, qui représente l'Union pour les matières relevant de la PESC, est assistée par le secrétaire général du Conseil promu haut repré-sentant pour la PESC (TUE, art. 18). Ce dernier peut formuler, élaborer et mettre en œuvre des décisions de politique et conduire le dialogue politique avec les États tiers (TUE, art. 26). Sur le modèle du comité de coordination créé par le traité de Maastricht dans le pilier III, le traité d'Amsterdam institue un comité politique chargé de suivre la situation internationale et de contribuer à la définition des politiques dans les domaines relevant de la PESC. Le traité d'Amsterdam procède également à l'incorporation des dispositions relatives à l'UEO dans le traité UE[49] (TUE, art. 17). La PESC dispose ainsi d'une capacité opérationnelle pour assurer la mise en œuvre des décisions ayant des implications dans le domaine de la défense[50].

D - La refonte du pilier III

34. Compte tenu de la communautarisation de certaines matières du pilier III, les objectifs du titre VI du traité UE sont désormais réduits à la coopération entre les forces de police et les autorités douanières directement ou par l'intermédiaire d'Europol, à la coopération entre les autorités judiciaires et au rapprochement, dans la mesure où il s'avère indispensable, des règles de droit pénal des États membres (TUE, art. 29, al. 2).

Le titre VI du traité UE est désormais intitulé « Dispositions relatives à la coopération poli-cière et judiciaire en matière pénale » (CPJP)[51]. À travers ce nouveau pilier III, l'UE entend offrir aux citoyens un niveau élevé de protection dans un Espace de liberté, de sécurité et de justice, ce qui comprend la prévention et la lutte contre la criminalité, le terrorisme, la traite d'êtres humains, les crimes contre les enfants, le trafic de drogue, le trafic d'armes, la corruption et la fraude (TUE, art. 29, al. 1er).

---

48. Le traité de Lisbonne comporte des évolutions significatives en la matière. Le Conseil européen iden-tifie les intérêts stratégiques de l'Union, fixe les objectifs, définit les orientations générales de la poli-tique étrangère et de sécurité commune et adopte les décisions nécessaires (TUE, art. 26, § 1er). Puis il revient au Conseil d'élaborer la politique étrangère et de sécurité commune et de prendre les déci-sions nécessaires à la définition et à la mise en œuvre de cette politique sur la base des orientations générales et des lignes stratégiques définies par le Conseil européen (TUE, art. 26, § 2).
49. Avant le traité d'Amsterdam, les dispositions relatives à l'UEO étaient seulement annexées au traité UE.
50. Cela inclut les missions humanitaires et d'évacuation, les missions de maintien de la paix et les missions de forces de combat pour la gestion des crises, y compris les missions de rétablissement de la paix (TUE, art. 17, § 2).
51. En lieu et place de la CJAI en raison de la communautarisation d'une partie du titre VI réalisée par le traité d'Amsterdam.

Le Conseil, statuant à l'initiative de tout État membre ou de la Commission européenne :
- arrête des positions communes définissant l'approche globale de l'Union sur une question relevant du titre VI ;
- adopte, en vue de rapprocher les dispositions législatives et réglementaires des États membres, des décisions-cadres qui lient les États membres quant au résultat à atteindre tout en laissant aux instances nationales la compétence quant à la forme et aux moyens. Elles sont dépourvues d'effet direct ;
- arrête des décisions obligatoires mais sans effet direct à toutes fins utiles ;
- établit des conventions dont il recommande l'adoption par les États membres selon leurs règles constitutionnelles respectives (TUE, art. 34, al. 2).

Le Conseil statue à l'unanimité sauf pour les mesures d'application des décisions adoptées à la majorité qualifiée et pour les mesures d'application des conventions adoptées à la majorité des deux tiers des parties contractantes. Par ailleurs, le Conseil, statuant à l'unanimité, à l'initiative de la Commission ou d'un État membre et après consultation du Parlement européen, peut décider que certaines actions relevant de la Coopération policière et judiciaire en matière pénale (CPJP) soient communautarisées, c'est-à-dire rattachées au Titre IV du traité CE. La décision doit alors être adoptée par les États membres conformément à leurs règles constitutionnelles respectives (TUE, art. 42).

Les compétences juridictionnelles de la Cour de justice sont étendues. Elle est désormais compétente :
- pour statuer à titre préjudiciel sur la validité et l'interprétation des décisions-cadres et des décisions, sur l'interprétation des conventions établies au titre de la CPJP ainsi que sur la validité et l'interprétation de leurs mesures d'application (TUE, art. 35, § 1er). Toutefois, cette compétence est subordonnée à une déclaration de chaque État membre par laquelle il reconnaît soit aux seules juridictions nationales statuant en dernier ressort, soit à toute juridiction interne, la faculté de saisir la Cour de justice (TUE, art. 35, § 2 et 3) ;
- pour contrôler la légalité des décisions-cadres et des décisions lorsque le recours est formé par un État membre ou la Commission dans le même délai (deux mois) et pour les mêmes motifs que ceux visés par l'article 230, du traité CE (TUE, art. 35, § 6) ;
- pour statuer sur tout différend entre États membres concernant l'interprétation ou l'application de l'ensemble des actes adoptés dans le cadre de la CPJP dès lors qu'il n'a pu être réglé au sein du Conseil dans les six mois qui ont suivi la saisine de celui-ci par l'un de ses membres. La Cour est également compétente pour statuer sur tout différend entre États membres et la Commission européenne concernant l'interprétation ou l'application des seules conventions (TUE, art. 35, § 7).

Par contre, la Cour est incompétente pour vérifier la validité ou la proportionnalité d'opérations menées par la police ou d'autres services répressifs dans un État membre, ni pour statuer sur l'exercice des responsabilités qui incombent aux États membres pour le maintien de l'ordre public et la sauvegarde de la sécurité intérieure (TUE, art. 35, § 5).

4. LE TRAITÉ DE NICE (2001)

35. Un peu plus d'un mois après l'entrée en vigueur du traité d'Amsterdam, le Conseil européen de Cologne des 3 et 4 juin 1999 décide d'anticiper la convocation d'une nouvelle conférence intergouvernementale au début de l'année 2000, bouleversant ainsi le calendrier fixé par le protocole sur les institutions dans la perspective de l'élargissement de l'Union européenne annexé au traité d'Amsterdam. Il est vrai qu'après le rendez-vous manqué d'Amsterdam, la perspective à court terme d'un élargissement sans précédent dans l'histoire de la construction européenne (12 pays candidats) nécessite de procéder sans plus tarder à un réexamen complet des dispositions des traités relatives à la composition et au fonctionnement des institutions de l'UE. Cette CIG, convoquée à partir du début de février 2000, s'achève lors du Conseil européen de Nice des 7 au 9 décembre 2000[52]. C'est également à l'occasion de ce même Conseil européen que les présidents du Parlement européen, du Conseil et de la Commission européenne procèdent à la proclamation solennelle de la Charte des droits fondamentaux de l'UE. Cette Charte[53] établit un catalogue de droits fondamentaux inspirés de la Convention EDH et des traditions constitutionnelles des États membres de l'UE. Elle comporte, outre des droits civiques et politiques, des droits économiques et sociaux auxquels l'Union accorde une valeur fondamentale. Toutefois, la Charte des droits fondamentaux de l'UE ne bénéficie pas de l'applicabilité directe et ses dispositions ne peuvent donc pas être invoquées par les particuliers à l'appui d'un recours juridictionnel de droit interne comme c'est le cas pour la Convention EDH[54]. Le traité de Nice, qui modifie le traité UE ainsi que les traités de Rome, est signé le 26 février 2001 après une mise en forme juridique et linguistique et entre en vigueur le 1er février 2003 après avoir été ratifié par tous les États membres conformément à leurs traditions constitutionnelles respectives[55].

36. Le traité de Nice a pour objet essentiel de réformer les institutions communautaires dans la perspective de l'élargissement de l'UE. Ce nouveau traité apporte en effet des améliorations au système institutionnel dont les plus significatives concernent le Conseil, la Commission européenne, le Parlement européen et la Cour de justice. Tout d'abord, la capacité décisionnelle du Conseil est rendue plus efficace par l'élargissement du champ d'application du vote à la majorité qualifiée dont les modalités évoluent. Le traité de Nice réforme également la procédure de désignation de la Commission européenne, renforce les attributions de son président et prévoit que cette institution comprendra un seul commissaire par État membre à compter du

---

52. Bull. UE, n° 12-2000, pt 1.1.3, p. 33.
53. L'élaboration de la Charte des droits fondamentaux de l'UE avait été confiée par le Conseil européen de Tampere des 15 et 16 octobre 1999 à une Convention composée de représentants personnels des chefs d'État ou de gouvernement des États membres de l'Union, du président de la Commission européenne ainsi que de membres du Parlement européen et des parlements nationaux avec la participation d'observateurs notamment la Cour de justice.
54. Sur l'applicabilité directe du droit de l'Union voy., Leclerc S., *Droit de l'Union européenne*, préc., spéc. p. 81.
55. La procédure de ratification a pris du retard par rapport au calendrier initial en raison du référendum négatif organisé en Irlande le 8 juin 2001.

1er janvier 2005 ainsi qu'un nombre inférieur à celui des États après la signature du traité d'adhésion du 27e État membre de l'Union. Par ailleurs, le Parlement européen, dont le nombre de membres passe de six-cent-vingt-six à sept-cent-trente-deux, voit aussi ses prérogatives renforcées par l'extension de la procédure de codécision à de nouvelles dispositions. Enfin, le traité de Nice introduit une importante réforme du système juridictionnel communautaire. Outre le fait que la Cour de justice et le Tribunal de première instance sont composés d'un juge par État membre, le Tribunal de première instance devient désormais le juge de droit commun pour l'ensemble des recours directs à l'exception du recours en manquement qui demeure de la seule compétence de la Cour de justice. De plus, le traité CE prévoit maintenant la possibilité pour le Conseil d'adjoindre à la Cour de justice et au Tribunal de première instance des chambres juridictionnelles chargées de connaître en première instance des contentieux spécifiques.

Mises à part les présentes évolutions institutionnelles pour lesquelles les chefs d'État ou de gouvernement n'avaient pas trouvé de solutions lors du Conseil européen d'Amsterdam, le traité de Nice introduit une simplification des coopérations renforcées qui sont désormais également possibles dans le domaine de la PESC et complète le mécanisme de sanction prévu par l'article 7, du traité UE en permettant au Conseil de prendre des sanctions en cas de menace de violation par un État membre des principes fondateurs sur lesquels repose l'UE.

5. L'ÉCHEC DU TRAITÉ ÉTABLISSANT UNE CONSTITUTION POUR L'EUROPE (2004)

37. Estimant nécessaire de poursuivre la réforme institutionnelle, les chefs d'État ou de gouvernement annexent au traité de Nice une déclaration sur l'avenir de l'Union à travers laquelle ils entendent lancer un vaste débat dans les États membres sur l'avenir de la construction européenne et de ses institutions. Tirant les conclusions de cette consultation, le Conseil européen de Laeken des 14 et 15 décembre 2001 adopte la déclaration de Laeken sur l'avenir de l'Union européenne et convoque la Convention sur l'avenir de l'Europe chargée d'examiner les questions essentielles que soulève le développement futur de l'Union et de rechercher les différentes réponses possibles. La Convention, présidée par M. Valéry Giscard d'Estaing, réunit cent cinq personnalités représentant les gouvernements et les parlements nationaux des États membres et des pays candidats à l'adhésion, le Parlement européen et la Commission européenne. Treize observateurs, représentant le Comité européen de régions, le Comité économique et social européen, les partenaires sociaux européens et le médiateur européen, participent également aux travaux. Parallèlement à la Convention, un forum est ouvert aux organisations représentant la société civile dans l'objectif d'associer au débat l'ensemble des citoyens. La déclaration de Laeken donne des directives précises à la Convention sur l'avenir de l'Europe dans la mesure où elle identifie clairement et énumère les questions que cette Convention se doit d'aborder et de trancher: Comment assurer une meilleure répartition des compétences entre l'Union européenne et les États membres? Comment simplifier les instruments permettant à l'Union d'agir ? Comment garantir davantage de démocratie, de transparence et d'efficacité dans l'Union européenne ? Quel statut conférer à la Charte des droits fondamentaux de l'UE ? Comment simplifier les traités actuels afin d'en regrouper les dispositions fondamentales dans un seul présenté et rédigé de manière claire pour les citoyens ? Toutefois, les travaux de la Convention, qui débutent en février 2002, ne se sont pas limités à ces seuls points car la Convention a pour mission d'élaborer et de présenter dans un document final un projet de traité devant servir de point de départ aux négociations d'une conférence intergouvernementale chargée d'arrêter le texte définitif d'un nouveau traité. Après plus d'un an de travaux intensifs, la Convention approuve par consensus un projet de traité établissant une Constitution pour l'Europe présenté par le président de la Convention lors du Conseil européen de Thessalonique de juin 2003. Après des corrections techniques, le texte final est remis à la présidence italienne du Conseil en juillet 2003. Ce projet a été ensuite soumis à une conférence intergouvernementale composée des représentants des gouvernements des États membres et des futurs États membres qui s'est ouverte à Rome le 4 octobre 2003. Les chefs d'État ou de gouvernement sont parvenus à un accord politique sur le traité établissant une Constitution pour l'Europe le 18 juin 2004 en marge du Conseil européen de Bruxelles. Le traité établissant une Constitution pour l'Europe et l'acte final ont été signés officiellement par les chefs d'État ou de gouvernement et les ministres des Affaires étrangères de vingt-cinq États membres de l'Union le 29 octobre 2004 à Rome après vérification et traduction du texte dans toutes les langues officielles de l'Union. La Bulgarie, la Roumanie et la Turquie ont pour leur part signé l'acte final en leur qualité de pays candidats.

38. Le traité établissant une Constitution pour l'Europe remplaçait, par un texte unique, les traités constitutifs hormis le traité CEEA. Il se présentait en quatre parties : la première partie définissait l'Union, ses principes, ses objectifs, ses compétences, ses institutions et ses procédures décisionnelles, la seconde reprenait la Charte des droits fondamentaux de l'UE proclamée en marge du Conseil européen de Nice en décembre 2000, la troisième comportait les dispositions relatives aux politiques et actions de l'Union et la dernière regroupait des dispositions générales et finales du traité établissant une Constitution pour l'Europe dont les procédures d'adoption et de révision de ce même traité. Dès sa signature, le traité établissant une Constitution pour l'Europe était ouvert à la ratification des États membres conformément à leurs règles constitutionnelles respectives. Si une majorité d'États membres avait opté pour la voie parlementaire, certains d'entre eux avaient choisi de recourir à un référendum soit consultatif (Espagne, Luxembourg, Pays-Bas) soit décisionnel (Danemark, France, Irlande, Pologne, Portugal, République tchèque, Royaume-Uni). Après une première vague de ratifications (Allemagne, Autriche, Belgique, Espagne, Grèce, Hongrie, Italie, Lettonie, Lituanie, Slovénie et Slovaquie), le peuple français rejetait le traité établissant une Constitution pour l'Europe le 29 mai 2005 par 54,87 % des suffrages et le peuple néerlandais faisait de même trois jours plus tard par 61,54 %.

39. Les chefs d'État ou de gouvernement n'avaient pas souhaité renoncer immédiatement au traité établissant une Constitution pour l'Europe à la suite des votes négatifs français et néerlandais. Ils avaient donc décidé, lors du Conseil européen de Bruxelles des 16 et 17 juin 2005, de faire une pause dans le processus de ratification de ce nouveau traité et d'ouvrir une période dite de réflexion. Toutefois, les « non » français et néerlandais avaient ouvert une nouvelle crise européenne et il était rapidement devenu évident pour tous qu'une telle situation ne pouvait trouver d'issue que dans l'abandon pur et simple du traité établissant une Constitution pour l'Europe. En effet, quelle autre solution les États membres pouvaient-ils envisager lorsqu'au terme d'un délai de deux ans après les « non » français et néerlandais, dix-huit d'entre eux, représentant tout de même 56 % de la population de l'Union, avaient ratifié le traité établissant une Constitution pour l'Europe (les deux derniers en date étaient la Bulgarie et la Roumanie qui avaient ratifié ce traité en même temps que leur traité d'adhésion), sept avaient reporté ou suspendu sa ratification (Danemark, Irlande, Pologne, Portugal, République tchèque, Royaume-Uni, Suède) et enfin deux l'avaient refusé et ne pouvaient pas le soumettre à nouveau en l'état à ratification (la France et les Pays-Bas) ?

6. LE TRAITÉ DE LISBONNE (2007)

40. Après deux ans de *statu quo*, de tergiversations et de reports constants d'une décision sur l'avenir du traité établissant une Constitution pour l'Europe, une ébauche de solution apparaît à l'occasion du cinquantième anniversaire de la signature des traités de Rome le 25 mars 2007. En effet, les chefs d'État ou de gouvernement des États membres de l'Union réunis à Berlin par la Chancelière allemande Angela Merkel, présidente en exercice du Conseil européen, adoptent à l'occasion de cette cérémonie une déclaration dans laquelle ils annoncent avoir pour « objectif d'asseoir l'Union européenne sur des bases communes rénovées d'ici les élections au Parlement européen de 2009 ». La présidence allemande, qui avait fait de la relance de la « machine européenne » une priorité absolue, considérait que le moment était désormais venu pour l'UE d'aller de l'avant et que le prochain Conseil européen serait donc essentiellement consacré au processus de réforme des traités.

Le Conseil européen de Bruxelles des 21 et 22 juin 2007 constituait donc un rendez-vous capital pour l'avenir de l'UE dans la mesure où il devait permettre à l'Europe soit de sortir de l'impasse et de l'enlisement qu'elle connaissait depuis juin 2005 soit de l'y replonger pour de nombreuses années. Au terme de près de trente-six heures de négociations, le Conseil européen parvient finalement à un consensus politique sur les dispositions d'un nouveau traité dénommé initialement « traité modificatif ». À cette fin, le Conseil européen décide de convoquer une conférence intergouvernementale chargée de négocier et de rédiger ce nouveau traité.

La CIG 2007 va mener ses travaux, à compter du 23 juillet 2007 sous présidence portugaise, conformément au mandat fixé par le Conseil européen de Bruxelles de juin 2007. À l'issue de cette CIG, les chefs d'État ou de gouvernement ont approuvé le texte définitif d'un nouveau traité lors du Conseil européen informel des 18 et 19 octobre 2007 puis se sont réunis à nouveau dans la capitale portugaise afin de procéder à la signature du traité de Lisbonne le 13 décembre 2007. Ce nouveau traité a été ensuite soumis à la ratification des États membres par voie parlementaire ou en Irlande par référendum conformément à leurs règles constitutionnelles respectives.

La ratification du traité de Lisbonne en France

En France, la ratification du traité de Lisbonne n'a pas soulevé de problème particulier. Le Conseil constitutionnel a constaté dans sa décision n° 2007-560 DC du 20 décembre 2007 (*JORF* n° 302/21813 du 29 décembre 2007) que le traité de Lisbonne était partiellement incompatible avec la Constitution et, qu'une fois de plus, il était nécessaire de procéder à une révision constitutionnelle préalable à la ratification de ce nouveau traité. La France n'a donc pu soumettre ce traité à ratification qu'après l'adoption par le Congrès de la loi constitutionnelle n° 2008-103 du 4 février 2008 modifiant le titre XV de la Constitution. La ratification du traité de Lisbonne par le président de la République conformément à l'article 52, de la Constitution a eu lieu le 14 février 2008 suite à l'adoption par l'Assemblée nationale et le Sénat du projet de loi autorisant l'exécutif à ratifier ce texte quelques jours auparavant. La France a ainsi été le cinquième État membre à ratifier le traité de Lisbonne après la Hongrie, la Slovénie, Malte et la Roumanie.

41. Le processus de ratification du traité de Lisbonne n'a pas été une simple formalité car, en pratique, les négociations sur ce traité se sont poursuivies parfois bien au-delà de la CIG 2007 afin de satisfaire les exigences de certains États membres. Ainsi, lors du Conseil européen informel d'octobre 2007, le Royaume-Uni obtient satisfaction sur ses « lignes rouges » en bénéficiant du droit de participer « à la carte » aux coopérations en matière policière et judiciaire qui l'intéressent et d'une dérogation quant à l'application de la Charte des droits fondamentaux de l'UE. La Pologne obtient le bénéfice de la même réserve. Par ailleurs, et à la suite du rejet du traité de Lisbonne par le peuple irlandais lors du référendum du 12 juin 2008 (53,4 %), ce traité a été à nouveau au cœur des discussions du Conseil européen de Bruxelles des 11 et 12 décembre 2008 dans la mesure où le gouvernement irlandais souhaitait négocier des dérogations pour son pays. Les vingt-sept chefs d'État ou de gouvernement sont parvenus à cette occasion à un compromis : l'Irlande s'engage à organiser un nouveau référendum sur le traité de Lisbonne avant l'automne 2009 en échange du maintien de sa souveraineté sur les questions fiscales et éthiques et sur la neutralité militaire[56]. De plus, et contrairement aux dispositions du traité de Lisbonne, le gouvernement irlandais obtient que tous les États membres continuent à disposer d'un commissaire au sein de la Commission européenne[57]. Après la victoire du « oui » en Irlande (référendum du 2 octobre 2009 – 67,1 %) et la ratification du traité de Lisbonne par la Pologne en octobre 2009, il ne manquait plus que la République tchèque pour que la ratification du traité de Lisbonne soit complète. Suite aux pressions de ses partenaires européens, le président tchèque Vaclav Klaus, adversaire déclaré du traité de Lisbonne, s'est résigné à signer le document, moyennant toutefois quelques dérogations sur la Charte des droits fondamentaux de l'UE afin d'empêcher toute restitution des biens

---

56. Voy., décision du Conseil européen du 11 mai 2012 relative à l'examen, par une conférence des représentants des gouvernements des États membres, de la modification des traités proposée par le gouvernement irlandais sous la forme d'un protocole relatif aux préoccupations du peuple irlandais concernant le traité de Lisbonne, à annexer au traité sur l'Union européenne et au traité sur le fonctionnement de l'Union européenne, sans convocation d'une convention (2013/106/UE), *JOUE* n° L60/129 du 2 mars 2013 ; Protocole (n° 38) relatif aux préoccupations du peuple irlandais concernant le traité de Lisbonne, *JOUE* n° L60/131 du 2 mars 2013 (Ce protocole, signé le 13 juin 2012, est entré en vigueur à compter du 1er décembre 2014, *JOUE* n° L293/1 du 28 octobre 2016).
57. Voy., décision du Conseil européen du 22 mai 2013 concernant le nombre de membres de la Commission européenne (2013/273/UE), *JOUE* n° L165/98 du 18 juin 2013.

des Allemands des Sudètes confisqués après la Seconde Guerre mondiale. Ainsi, et à l'instar des solutions britannique et polonaise, la Charte des droits fondamentaux de l'UE ne s'applique pas en République tchèque. L'accord du président tchèque a permis l'entrée en vigueur du traité de Lisbonne le 1er décembre 2009.

42. Le traité de Lisbonne, moins ambitieux que son prédécesseur, maintient néanmoins les grandes innovations institutionnelles agréées lors de la CIG 2004. En effet, le traité de Lisbonne reprend à son compte, soit en l'état soit en procédant à des modifications significatives, une très grande partie des avancées novatrices du traité établissant une Constitution pour l'Europe parmi lesquelles on peut citer :
- l'abandon de la structure en piliers de l'Union européenne issue du traité de Maastricht ;
- l'attribution d'une personnalité juridique unique à l'Union européenne entraînant du même coup la disparition de la Communauté européenne. L'Union se substitue et succède à la Communauté européenne et, en pratique, le terme de Communauté est partout remplacé par celui d'Union ;
- la création d'un haut représentant de l'Union pour les affaires étrangères et la politique de sécurité (en place et lieu d'un ministre des Affaires étrangères de l'Union) ;
- l'institution d'une présidence permanente du Conseil européen ;
- la généralisation de la procédure de codécision qui devient la procédure législative ordinaire ;
- l'introduction d'un droit de retrait des États membres de l'Union européenne ;
- l'insertion d'un droit d'initiative populaire permettant à un million de citoyens d'inviter la Commission européenne à soumettre une proposition d'acte juridique ;
- la clarification de la répartition des compétences entre l'Union européenne et les États membres ;
- la simplification du processus de décision au Conseil ;
- l'extension du champ d'application de la majorité qualifiée au sein du Conseil ;
- l'adhésion de l'Union européenne à la Convention européenne des droits de l'Homme ;
- la référence à la Charte des droits fondamentaux de l'UE (cette Charte ne figure plus *in extenso* dans le corps du traité comme c'était le cas auparavant. Toutefois, l'article 6, du traité UE précise que « L'Union reconnaît les droits, les libertés et les principes énoncés dans la charte des droits fondamentaux du 7 décembre 2000, telle qu'adaptée le 12 décembre 2007 à Strasbourg, laquelle a la même valeur que les traités. ») ;
- la primauté du droit de l'Union sur le droit des États membres. Contrairement à ce que prévoyait le traité établissant une Constitution pour l'Europe, le traité de Lisbonne ne mentionne plus expressément le principe de la primauté du droit de l'Union sur le droit des États membres. La CIG 2007 a simplement adopté la déclaration n° 17 relative à la primauté qui rappelle la jurisprudence de la Cour de justice en la matière : « La Conférence rappelle que, selon une jurisprudence constante de la Cour de justice de l'UE, les traités et le droit adopté par l'Union sur la base des traités priment le droit des États membres, dans les conditions définies par ladite jurisprudence. » ;
- le renforcement du rôle des Parlements nationaux dans le système de l'Union.

Toutefois, le traité de Lisbonne se cantonne à modifier les traités existants alors que le traité établissant une Constitution pour l'Europe les remplaçait dans leur globalité, hormis le traité CEEA, par un texte unique. En effet, le traité de Lisbonne se limite à amender le traité UE, qui conserve le même intitulé, et le traité instituant la Communauté européenne, qui devient désormais le traité sur le fonctionnement de l'Union européenne (TFUE). Le traité de Lisbonne se borne donc pour l'essentiel à abandonner tous les attributs constitutionnels contenus dans le traité établissant une Constitution pour l'Europe comme par exemple l'utilisation du terme « Constitution », la simplification des instruments juridiques dont l'Union dispose pour agir (les termes « loi » et « loi-cadre » sont abandonnés au profit du maintien des termes actuels de « règlement », « directive » et « décision ») ou encore les références aux symboles de l'Union européenne (drapeau, hymne, devise, etc.) même s'ils continuent d'exister.

43. La réforme institutionnelle de l'Union qui découle du traité de Lisbonne est, sans conteste, la plus importante de l'histoire de l'intégration européenne. Il est certain que des ajustements pratiques et techniques seraient aujourd'hui nécessaires, voire indispensables, pour assurer le plein succès et le plein effet des adaptations et évolutions institutionnelles retenues en 2007. À ce titre, et dans la continuité de la conférence sur l'avenir de l'Europe[58] qui s'est achevée le 9 mai 2022 à Strasbourg, le Président Emmanuel Macron s'est déclaré, au nom de la présidence française du Conseil, favorable à une révision des traités sur lesquels l'Union est fondée. Cette position du chef de l'État français, soutenue par le Parlement européen et la présidente de la Commission européenne, s'explique par le fait, d'une part, qu'un certain nombre de propositions citoyennes formulées par la conférence sur l'avenir de l'Europe nécessitent de modifier ou de compléter les traités existants et, d'autre part, que le Parlement européen avait déjà lui-même adopté le 4 mai 2022, conformément à l'article 48, § 2, du traité UE, une résolution appelant au lancement d'une procédure ordinaire de révision des traités de l'UE afin de répondre aux demandes citoyennes formulées dans le cadre de cette conférence[59]. Néanmoins, la perspective d'une révision des traités relatifs à l'UE est loin de soulever un enthousiasme général des États membres puisqu'à la suite du vote de cette résolution et de cette déclaration du président de la République française, ce ne sont pas moins de treize États membres, du nord et de l'est du continent, qui ont collectivement publié, le 13 mai 2022, une lettre dénonçant d'éventuelles « tentatives inconsidérées et prématurées visant à lancer » une telle procédure de révision. Quoi qu'il en soit, la balle est désormais dans le camp du Conseil européen à qui il revient de décider, à la majorité simple, s'il entend ou non donner une suite favorable à cette requête du Parlement européen et convoquer une convention réunissant les représentants des parlements nationaux, des chefs d'État ou de gouvernement des États membres, du Parlement européen et de la Commission européenne en vue d'examiner les modifications proposées par le Parlement européen parmi lesquelles figurent notamment l'abolition du vote à l'unanimité au Conseil dans la plupart des domaines, l'extension des compétences de l'UE en matière de santé et d'énergie ou encore l'octroi d'un droit direct d'initiative législative au Parlement européen (TUE, art. 48, § 3).

---

58. Voy., déclaration commune du Parlement européen, du Conseil et de la Commission européenne sur la conférence sur l'avenir de l'Europe, *JOUE* n° C91I/1 du 18 mars 2021.
59. Voy., résolution du Parlement européen du 4 mai 2022 sur le suivi des conclusions de la conférence sur l'avenir de l'Europe (2022/2648(RSP)).

CHAPITRE 2

De l'Europe des Six à l'Europe des Vingt-sept

44. La qualité d'État membre n'a jamais été exclusivement réservée aux seuls six États fondateurs des Communautés européennes. Le fait d'ailleurs que ces derniers appellent, dès 1957, dans le préambule du traité CEE, « les autres peuples de l'Europe qui partagent leur idéal à s'associer à leur effort », démontre à lui seul le caractère ouvert de ce processus d'intégration[1]. De fait, les Communautés européennes puis l'Union européenne ont connu à ce jour sept élargissements leur permettant de s'étendre progressivement vers le Sud, le Nord et l'Est du continent européen. Par ailleurs, le processus d'intégration a également connu son premier renoncement. En effet, si l'UE comptait, depuis le 1er juillet 2013, soit depuis l'adhésion de la Croatie, vingt-huit États membres pour une population totale de plus de 514 millions d'habitants, le référendum britannique du 23 juin 2016 a eu pour conséquence que cette organisation d'intégration n'en compte plus, depuis le 31 janvier 2020, soit depuis le retrait effectif du Royaume-Uni de l'UE, que vingt-sept pour une population totale de plus de 447 millions d'habitants.

Section 1

Les conditions et la procédure d'adhésion à l'Union européenne

45. L'adhésion à l'Union européenne est aujourd'hui régie par l'article 49, du traité UE selon une procédure unique et uniforme. Aux termes de cette disposition, tel que modifié par le traité de Lisbonne :

« Tout État européen qui respecte les valeurs visées à l'article 2 et s'engage à les promouvoir peut demander à devenir membre de l'Union. Le Parlement européen et les parlements nationaux sont informés de cette demande. L'État demandeur adresse

---

1. On retrouve désormais la même formulation à l'alinéa 8 du préambule du traité FUE.

sa demande au Conseil, lequel se prononce à l'unanimité après avoir consulté la Commission et après approbation du Parlement européen qui se prononce à la majorité des membres qui le composent. Les critères d'éligibilité approuvés par le Conseil européen sont pris en compte.

Les conditions de l'admission et les adaptations que cette admission entraîne, en ce qui concerne les traités sur lesquels est fondée l'Union, font l'objet d'un accord entre les États membres et l'État demandeur. Ledit accord est soumis à la ratification par tous les États contractants, conformément à leurs règles constitutionnelles respectives. »

1 • LES CONDITIONS D'ADHÉSION À L'UNION

46. L'adhésion à l'Union européenne suppose que l'État candidat respecte quatre critères cumulatifs, dénommés les critères de Copenhague. C'est en effet à l'occasion de sa réunion de Copenhague des 21 et 22 juin 1993 que le Conseil européen a solennellement confirmé les conditions à l'adhésion : « L'adhésion requiert de la part du pays européen candidat qu'il ait des institutions stables garantissant la démocratie, la primauté du droit, les droits de l'homme, le respect des minorités et leur protection, l'existence d'une économie de marché viable ainsi que la capacité de faire face à la pression concurrentielle et aux forces du marché à l'intérieur de l'Union. L'adhésion présuppose la capacité du pays candidat à en assumer les obligations, et notamment à souscrire aux objectifs de l'union politique, économique et monétaire. » Les critères de Copenhague seront complétés par le Conseil européen de Madrid des 15 et 16 décembre 1995 sur la capacité des pays candidats à adapter leurs structures administratives afin de faire appliquer et respecter effectivement le droit de l'Union dans leurs législations nationales. Ainsi, tout État candidat à l'adhésion à l'Union se doit de remplir non seulement les conditions géographique et politique énoncées expressément dans l'article 49, du traité UE mais également les conditions économique et juridique supplémentaires dégagées par le Conseil européen à la suite des premiers élargissements comme le confirme désormais l'article 49, alinéa 1er du traité UE lorsqu'il mentionne que « les critères d'éligibilité approuvés par le Conseil européen sont pris en compte ».

47. Tirant les leçons du cinquième élargissement de 2004, les Chefs d'État ou de gouvernement ont convenu, lors du Conseil européen des 16 et 17 décembre 2006, que les critères de Copenhague doivent être combinés avec la capacité d'intégration de l'Union à assimiler de nouveaux membres, sans toutefois que cela devienne d'ailleurs une condition préalable à l'adhésion. Selon la Commission européenne, « La capacité d'intégration se mesure à la faculté de l'UE d'accueillir de nouveaux membres tout en continuant à fonctionner de manière efficace. Il s'agit d'un concept fonctionnel et non géographique. La capacité d'absorption, ou plutôt la capacité d'intégration de l'UE, est déterminée par le développement de ses politiques et institutions et par la transformation des candidats en États membres bien préparés. La capacité des membres potentiels à adhérer à l'Union est évaluée avec rigueur par la Commission, sur la base d'une conditionnalité stricte. La capacité d'intégration se mesure à la faculté de l'UE d'accueillir de nouveaux membres à un moment donné ou dans une période donnée, sans mettre en péril les objectifs politiques établis par les traités. C'est donc avant tout une notion fonctionnelle ». En résumé, cette capacité d'intégration peut donc être définie comme l'aptitude de l'UE à incorporer de nouveaux États membres sans remettre en cause l'approfondissement du processus d'intégration. La capacité d'intégration de l'UE implique que l'adhésion d'un nouveau pays soit compatible avec le fonctionnement efficace des institutions, les procédures décisionnelles de l'Union et que cette adhésion ne vienne remettre en cause ni les politiques communes ni même leur financement.

A - Les conditions prévues par l'article 49 du traité sur l'Union européenne

1) La condition géographique

48. « Tout État européen » peut demander à devenir membre de l'Union. On peut tout d'abord déduire de cette formulation laconique que seul un État peut être membre de l'Union et non une organisation internationale, une collectivité infra-étatique ni même une entité étatique autonome. De plus, et même si l'expression d'« État européen » n'a jamais été officiellement définie, il est aujourd'hui admis que le territoire de l'État candidat doit, au moins en partie, se situer sur le continent européen[2].

2) La condition politique

49. L'État candidat doit respecter les valeurs sur lesquelles est fondée l'Union, telles que visées à l'article 2, du traité UE, et s'engager à les promouvoir. Cette disposition, entièrement réécrite par le traité de Lisbonne, mentionne que « l'Union est fondée sur les valeurs de respect de la dignité humaine, de liberté, de démocratie, d'égalité, de l'État de droit, ainsi que de respect des droits de l'homme, y compris des droits des personnes appartenant à des minorités. Ces valeurs sont communes aux États membres, dans une société caractérisée par le pluralisme, la non-discrimination, la tolérance, la justice, la solidarité et l'égalité entre les femmes et les hommes ». Toutefois, les États membres n'avaient pas attendu le traité de Lisbonne, ni même d'ailleurs le traité d'Amsterdam qui formulait en des termes comparables cette condition politique à l'article 6, § 1er, du traité UE, pour faire de cette exigence démocratique un élément essentiel de l'adhésion comme en témoigne notamment la déclaration solennelle sur l'Union européenne adoptée lors du Conseil européen de Stuttgart des 17 et 19 juin 1983. L'État européen qui candidate à l'adhésion doit donc remplir certaines exigences politiques et démocratiques pour que sa candidature soit recevable, comme par exemple respecter les droits de l'homme et les libertés fondamentales, protéger les minorités, garantir le pluralisme politique et le droit à des élections libres et équitables, disposer d'institutions stables et démocratiques ou encore garantir l'indépendance du pouvoir judiciaire. La Cour de justice a précisé dernièrement que le respect des valeurs visées à l'article 2, du traité UE « ne saurait être réduit à une obligation à laquelle un

---

2. Ceci explique le rejet de la demande d'adhésion aux Communautés du Maroc présentée par le roi Hassan II le 8 juillet 1987.

État candidat est tenu en vue d'adhérer à l'Union et dont il pourrait s'affranchir après son adhésion » (**arrêt du 16 février 2022, Hongrie/Parlement européen et Conseil, C-156/22, EU:C:2022:97, pt 126** ; arrêt du 16 février 2022, Pologne/Parlement européen et Conseil, C-157/22, EU:C:2022:98, pt 144).

B - Les conditions supplémentaires

1) *La condition économique*

50. Cette condition n'est pas expressément prévue par l'article 49, du traité UE, ni même par aucune autre disposition de ce traité, mais découle plutôt de l'économie générale et de la nature essentiellement économique de l'UE.

Les obligations inhérentes à la qualité d'État membre sont progressivement devenues plus difficiles à remplir en raison de l'évolution du cadre juridique, économique et politique de l'UE. L'adhésion à l'Union suppose donc au préalable que l'État candidat dispose d'une économie de marché viable, efficace et concurrentielle assortie d'un cadre administratif et juridique adéquat dans les secteurs public et privé et qu'il connaisse un niveau de développement suffisant pour pouvoir résister à la pression concurrentielle au sein du marché intérieur et assurer la mise en œuvre des normes de l'Union indispensables à sa réalisation et au fonctionnement du marché intérieur. La Commission européenne estimait même dans un rapport de 1992 intitulé *L'Europe et le défi de l'élargissement* que : « Les candidats qui ne rempliraient pas ces conditions ne pourraient être intégrés correctement ; en fait, il est plus probable que leur adhésion pourrait être un inconvénient plutôt qu'un avantage pour leur économie et qu'elle perturberait le fonctionnement de la Communauté[3]. » L'adhésion impose donc parfois à l'État candidat qu'il procède à des réformes structurelles de son économie. Toutefois, cette condition économique a parfois été appréciée avec davantage de souplesse que la condition politique dans la mesure où elle n'a pas empêché par le passé l'adhésion de pays candidats dont le niveau de développement était loin d'être comparable à la moyenne de l'Union.

2) *La condition juridique ou l'acceptation de l'acquis de l'Union*

51. L'adhésion à l'UE implique de la part du pays candidat l'acceptation, sans réserve, de l'acquis de l'Union. La Commission européenne rappelait cette exigence dans son rapport de 1992 : « l'adhésion implique l'acceptation des droits et des obligations, réelles ou potentielles, découlant du système communautaire et de son cadre institutionnel – ce qu'on appelle l'acquis communautaire[4] ». La portée du principe de l'acceptation de l'acquis de l'Union a été définie avec précision par la Commission européenne dans son avis du 19 janvier 1972 relatif aux demandes d'adhésion du

---

3.   Commission européenne, *L'Europe et le défi de l'élargissement*, Bull. CE, Sup. n° 3/92, Office, 1992, pt 9.
4.   *Ibid.*, pt 11.

Danemark, de l'Irlande, de la Norvège et du Royaume-Uni[5] et rappelé depuis à l'occasion de tout nouvel élargissement[6] :

> « Considérant qu'en devenant membres des Communautés, les États demandeurs acceptent, sans réserve, les traités et leurs finalités politiques, les décisions de toute nature intervenues depuis l'entrée en vigueur des traités et les options prises dans le domaine du développement et du renforcement des Communautés.
>
> Considérant en particulier que l'ordre juridique établi par les traités instituant les Communautés se caractérise essentiellement par l'applicabilité directe de certaines de leurs dispositions et de certains actes arrêtés par les institutions communautaires, la primauté du droit communautaire sur les dispositions nationales qui lui seraient contraires et l'existence de procédures permettant d'assurer l'uniformité d'interprétation du droit communautaire ; que l'adhésion aux Communautés européennes implique la reconnaissance du caractère contraignant de ces règles dont le respect est indispensable pour garantir l'efficacité et l'unité du droit communautaire. »

52. Finalement, l'acquis de l'Union peut donc se définir comme l'ensemble des droits et des obligations, réelles ou potentielles, découlant du système de l'Union et de son cadre institutionnel. L'État candidat doit donc disposer de la capacité d'assumer toutes les obligations découlant de la qualité d'État membre, notamment le respect des objectifs politiques, économiques et monétaires de l'UE. L'acquis de l'Union, en constante et perpétuelle évolution, inclut :

- le contenu, les principes et les objectifs politiques des traités sur lesquels l'Union est fondée ;
- la législation adoptée par les institutions de l'Union en application des traités et la jurisprudence de la Cour de justice de l'UE ;
- les autres actes, juridiquement contraignants ou non, adoptés dans le cadre de l'Union comme les déclarations, les résolutions, les accords interinstitutionnels, les recommandations, les lignes directrices ;
- les décisions et autres actes relevant de la PESC ;
- les accords internationaux conclus par l'Union ou par l'Union conjointement avec les États membres ;
- les accords conclus entre les États membres dans les domaines d'action de l'Union.

L'obligation, résultant implicitement de l'article 49, du traité UE, d'adhérer simultanément à l'ensemble des éléments constitutifs de l'Union, en raison de l'étroite imbrication de leurs compétences et de l'unicité de leurs institutions, peut également être incluse dans l'acceptation de l'acquis de l'Union.

Ainsi, tout État candidat s'engage à assumer l'ensemble des obligations qui découlent de son adhésion et à intégrer dans son propre ordre juridique l'acquis de l'Union. L'acceptation de ces droits et obligations par un nouvel État membre peut toutefois donner lieu à adaptations techniques, dérogations temporaires et à arrangements

---

5. *JOCE* n° L73/3 du 27 mars 1972.
6. À titre d'ex. voy. not., *JOCE* n° L291/3 du 19 novembre 1979 (avis du 23 mai 1979 relatif à la demande d'adhésion de la République hellénique) ; *JOCE* n° L302/3 du 15 novembre 1985 (avis du 31 mai 1985 relatif aux demandes d'adhésion du Royaume d'Espagne et de la République portugaise).

transitoires tels que définis lors des négociations d'adhésion sans pour autant ouvrir la voie à une renégociation fondamentale des traités constitutifs dans la mesure où l'acquis n'est pas négociable.

Les critères d'adhésion à l'Union européenne

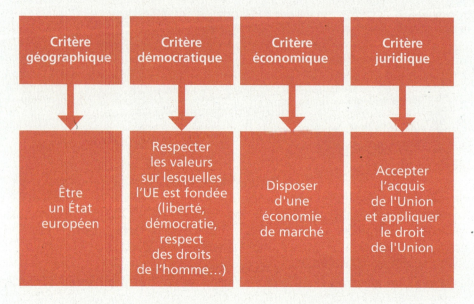

2. LA PROCÉDURE D'ADHÉSION À L'UNION

53. L'article 49, du traité UE distingue deux phases bien distinctes dans la procédure d'adhésion. La première implique le trinôme décisionnel Parlement européen-Conseil-Commission européenne. Il s'agit de la phase institutionnelle (TUE, art. 49, al. 1er). La seconde implique les États membres et l'État candidat. Il s'agit de la phase intergouvernementale (TUE, art. 49, al. 2).

A - La phase institutionnelle

54. L'État candidat adresse une demande d'adhésion au Conseil. Le Parlement européen et les parlements nationaux sont informés de cette candidature.

La décision d'ouvrir des négociations en vue de l'adhésion de ce pays candidat à l'Union est alors prise par le Conseil qui se prononce à cette occasion à l'unanimité après consultation (avis) de la Commission européenne – qui évalue l'aptitude du pays candidat à satisfaire aux critères de Copenhague – et approbation du Parlement européen pris à la majorité des membres qui le composent – on parlait d'avis conforme avant le traité de Lisbonne –. Ainsi, chaque État membre, tout comme le Parlement européen, dispose d'un droit de veto puisqu'il peut, à lui seul, s'opposer au principe même de l'adhésion d'un nouvel État. Si le Parlement approuve la candidature à l'adhésion et que l'unanimité est acquise au Conseil, le pays candidat se voit alors attribuer le statut de « pays candidat à l'adhésion ». Dans la pratique, le Conseil européen intervient au cours de cette phase institutionnelle puisqu'il lui revient non seulement de confirmer le statut de « pays candidat à l'adhésion » accordé par le Conseil mais également de décider de l'opportunité d'ouvrir les négociations d'adhésion sur la base d'un avis de la Commission européenne. L'immixtion du Conseil européen dans cette phase institutionnelle n'a pas pour objectif d'introduire cette institution dans l'acceptation juridique de la candidature à l'adhésion qui relève, en application de l'article 49, du traité UE, du seul trinôme institutionnel Parlement européen-Conseil-Commission européenne mais seulement d'affirmer le Conseil européen dans son rôle de « décideur politique » de l'Union en lui reconnaissant une acceptation politique d'un potentiel élargissement de l'UE.

B - La phase intergouvernementale

55. Dès lors que le principe de l'ouverture des négociations à l'adhésion est acquis, s'ouvre alors une phase interétatique de négociations entre les États membres et l'(les) État(s) candidat(s). En effet, il appartient à ces États de parvenir à un accord définissant « les conditions de l'admission et les adaptations que cette admission entraîne en ce qui concerne les traités sur lesquels est fondée l'Union ». Ces négociations ont lieu au sein d'une conférence intergouvernementale réunissant les États membres et le(s) pays candidat(s). Pour faciliter les négociations, l'ensemble du droit de l'Union, c'est-à-dire de l'acquis de l'Union, est divisé en trente-cinq chapitres correspondant à des domaines spécifiques[7]. Le rythme des négociations dépend du degré de préparation de chaque pays candidat, de la complexité des questions abordées ainsi que de la volonté politique des États membres[8]. Lorsque les négociations sur ces trente-cinq chapitres sont achevées à la satisfaction des deux parties, les résultats sont alors incorporés dans un projet de traité d'adhésion qui est soumis à la Commission européenne pour avis ainsi qu'au Conseil et au Parlement pour approbation. Si ces deux dernières institutions valident ce projet de traité, ce dernier devient alors un traité d'adhésion qui doit ensuite être ratifié par tous les États contractants conformément à leurs règles constitutionnelles respectives (dans certains cas par référendum). L'adhésion devient effective à la date d'entrée en vigueur du traité. Le pays candidat acquiert alors le statut d'État membre de l'UE.

En réalité, cette seconde phase est quelque peu différente de la procédure décrite par l'article 49, alinéa 2, du traité UE. En effet, la Commission européenne est en fait omniprésente tout au long des négociations au sein de la conférence intergouvernementale

---

7. Ex. : Chapitre 1 : Libre circulation des marchandises ; Chapitre 2 : Libre circulation des travailleurs ; Chapitre 5 : Marchés publics ; Chapitre 8 : Politique de concurrence ; Chapitre 11 : Agriculture et développement rural ; Chapitre 13 : Pêche ; Chapitre 16 : Fiscalité ; Chapitre 22 : Politique régionale et coordination des instruments structurels ; Chapitre 24 : Justice, liberté et sécurité ; Chapitre 26 : Éducation et culture ; Chapitre 29 : Union douanière.
8. Ceci explique qu'il n'est pas possible d'estimer à l'avance la durée des négociations avec chaque pays candidat.

en jouant à la fois un rôle de conseil et d'expertise de la candidature auprès des États membres et de l'État candidat comme en témoigne d'ailleurs la publication annuelle d'un « dossier Élargissement » à destination notamment du Parlement européen et du Conseil. Il s'agit d'un ensemble de documents qui expliquent la politique de la Commission européenne en matière d'élargissement et qui présentent les progrès accomplis par chaque pays candidat et candidat potentiel. Outre le document annuel de stratégie en matière d'élargissement indiquant la voie à suivre pour l'année à venir et rendant compte des progrès réalisés par chaque pays candidat et candidat potentiel au cours de l'année écoulée, ce dossier contient également les rapports d'avancement dans lesquels les services de la Commission européenne présentent une évaluation des réalisations de chaque pays candidat et candidat potentiel pendant l'année de référence.

Par ailleurs, les chefs d'État ou de gouvernement ont décidé, lors du Conseil européen de Bruxelles des 16 et 17 décembre 2004, qu'en cas de violation grave et persistante par un pays candidat de la condition politique, la Commission européenne, agissant de sa propre initiative ou à la demande d'un tiers des États membres, peut recommander la suspension des négociations et proposer les conditions à remplir pour qu'elles soient reprises. Après avoir entendu l'État candidat, le Conseil statue alors à la majorité qualifiée sur cette recommandation et décide de la suspension éventuelle des négociations et des conditions de leur reprise. Les États membres agissent alors au sein de la conférence intergouvernementale conformément à la décision du Conseil.

La procédure d'adhésion à l'Union européenne

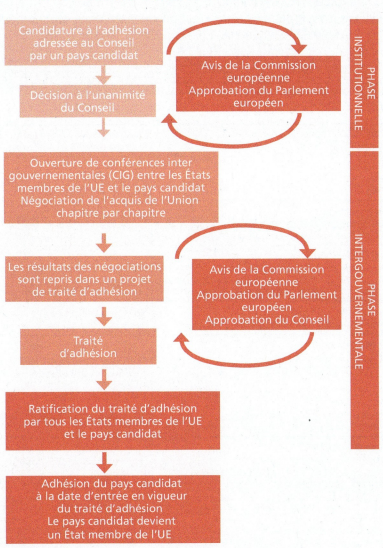

Section 2

Les élargissements successifs

56. Le processus d'intégration européen a connu à ce jour sept élargissements lui permettant de s'étendre vers le nord, le sud et l'est du continent européen. La « petite Europe » des Six (Allemagne, Belgique, France, Italie, Luxembourg et Pays-Bas) est devenue avec le temps l'Union européenne des Vingt-sept et pourrait même accueillir de nouveaux États membres à plus ou moins longue échéance.

1· LES ÉTATS MEMBRES DE L'UNION EUROPÉENNE

Les Communautés européennes des Six (à compter du 23 juillet 1952 – Traité CECA)	Pays concernés : **Allemagne, Belgique, France, Italie, Luxembourg, Pays-Bas.**
Premier élargissement Les Communautés européennes des Neuf (à compter du 1er janvier 1973 – Traité de Bruxelles)	Nouveaux États membres : **Danemark, Irlande, Royaume-Uni.**
Second élargissement Les Communautés européennes des Dix (à compter du 1er janvier 1981 – Traité d'Athènes)	Nouvel État membre : **Grèce.**
Troisième élargissement Les Communautés européennes des Douze (à compter du 1er janvier 1986 – Traité de Madrid/Lisbonne)	Nouveaux États membres : **Espagne, Portugal.**
Quatrième élargissement L'Union européenne des Quinze (à compter du 1er janvier 1995 – Traité de Corfou)	Nouveaux États membres : **Autriche, Finlande, Suède.**
Cinquième élargissement L'Union européenne des Vingt-cinq (à compter du 1er mai 2004 – Traité d'Athènes)	Nouveaux États membres : **Chypre, Estonie, Hongrie, Lettonie, Lituanie, Malte, Pologne, République tchèque, Slovaquie, Slovénie.**
Sixième élargissement L'Union européenne des Vingt-sept (à compter du 1er janvier 2007 – Traité de Luxembourg)	Nouveaux États membres : **Bulgarie, Roumanie.**
Septième élargissement L'Union européenne des Vingt-huit (à compter du 1er juillet 2013 – Traité de Bruxelles)	Nouvel État membre : **Croatie.**

2. LES PAYS CANDIDATS À L'ADHÉSION À L'UNION EUROPÉENNE

Pays disposant du statut de « pays candidat à l'adhésion » et ayant débuté des négociations à l'adhésion à l'UE	**Turquie** (depuis le 3 octobre 2005) **Monténégro** (depuis le 29 juin 2012) **Serbie** (depuis le 21 janvier 2014)
Pays disposant du statut de « pays candidat à l'adhésion » et n'ayant pas encore débuté des négociations à l'adhésion	**République de Macédoine du Nord** (Conseil européen de Bruxelles des 15 et 16 décembre 2005) **Albanie** (Conseil européen de Bruxelles des 26 et 27 juin 2014) **Ukraine** (Conseil européen des 23 et 24 juin 2022) **Moldavie** (Conseil européen des 23 et 24 juin 2022)
Pays ayant déposé leur candidature à l'adhésion	**Bosnie-Herzégovine** (15 février 2016) **Géorgie** (3 mars 2022)

Section 3

La remise en cause de l'appartenance à l'Union européenne : le droit de suspension temporaire et le droit de retrait

57. L'appartenance à l'Union européenne était, jusqu'il y a peu, un processus irréversible dans la mesure où les traités originels ne prévoyaient aucun droit de retrait ni même aucune possibilité d'exclusion définitive. Les traités d'Amsterdam et de Lisbonne apportent des évolutions significatives en la matière en instaurant respectivement un droit de suspension temporaire de l'Union et un droit de retrait volontaire de l'Union.

1. L'APPORT DU TRAITÉ D'AMSTERDAM : L'INSTAURATION D'UN DROIT DE SUSPENSION TEMPORAIRE DE L'UNION

58. L'article 7, du traité UE, tel qu'introduit par le traité d'Amsterdam et modifié par les traités de Nice et de Lisbonne, institue une procédure de sanction qui s'applique s'il existe un risque clair de violation grave par un État membre des valeurs visées à l'article 2, du traité UE ou encore en cas de violation grave et persistante par un État membre de ces mêmes valeurs. L'article 7, du traité UE permet donc à l'Union de réagir à titre préventif à une menace de violation ou d'agir à titre curatif dans l'hypothèse d'une violation avérée des valeurs sur lesquelles est fondée l'Union. Deux procédures sont donc prévues.

A - En cas de menace de violation de l'article 2 du traité sur l'Union européenne

59. L'article 7, § 1er, du traité UE prévoit :

« Sur proposition motivée d'un tiers des États membres[9], du Parlement européen ou de la Commission européenne, le Conseil, statuant à la majorité des quatre cinquièmes de ses membres[10] après approbation du Parlement européen[11], peut constater qu'il existe un risque clair de violation grave par un État membre des valeurs visées à l'article 2. Avant de procéder à cette constatation, le Conseil entend l'État membre en question et peut lui adresser des recommandations, en statuant selon la même procédure.

Le Conseil vérifie régulièrement si les motifs qui ont conduit à une telle constatation restent valables. »

B - En cas de violation avérée de l'article 2 du traité sur l'Union européenne

60. L'article 7, § 2, du traité UE prévoit :

« Le Conseil européen, statuant à l'unanimité[12] sur proposition d'un tiers des États membres[13] ou de la Commission européenne et après approbation du Parlement européen[14], peut constater l'existence d'une violation grave et persistante par un État membre des valeurs visées à l'article 2, après avoir invité cet État membre à présenter toute observation en la matière. »

Lorsque le Conseil européen a constaté la réalité d'une telle violation, le Conseil, statuant à la majorité qualifiée, peut décider « de suspendre certains droits découlant de l'application des traités à l'État membre en question, y compris les droits de vote du représentant du gouvernement de cet État membre au sein du Conseil ». Dans une telle hypothèse, le Conseil se doit de tenir compte des conséquences éventuelles d'une telle suspension sur les droits et obligations des personnes physiques et morales (TUE, art. 7, § 3, al. 1er). Par

---

9. L'État membre concerné n'est pas pris en compte dans ce calcul du tiers des États membres (TFUE, art. 354, § 1er).
10. L'État membre concerné n'est pas pris en compte dans ce calcul des quatre cinquièmes des membres du Conseil (TFUE, art. 354 § 1er).
11. Le Parlement européen statue à la majorité des deux tiers des suffrages exprimés, représentant la majorité des membres qui le composent (TFUE, art. 354, § 4).
12. L'abstention de membres présents ou représentés ne fait pas obstacle à la constatation par le Conseil européen d'une violation grave et persistante par un État membre des valeurs visées à l'article 2, du traité UE (TFUE, art. 354, § 1er).
13. L'État membre concerné n'est pas pris en compte dans ce calcul du tiers des États membres (TFUE, art. 354, § 1er).
14. Le Parlement européen statue à la majorité des deux tiers des suffrages exprimés, représentant la majorité des membres qui le composent (TFUE, art. 354, § 4).

ailleurs, le traité de Lisbonne prend soin de préciser que « les obligations qui incombent à l'État membre en question au titre des traités restent en tout état de cause contraignantes pour cet État » (TUE, art. 7, § 3, al. 2). Les mesures prises à l'encontre de cet État membre peuvent être modifiées ou annulées par le Conseil statuant à la majorité qualifiée si « des changements de la situation » le justifient (TUE, art. 7, § 4).

Quelle que soit la procédure mise en œuvre, le membre du Conseil européen ou du Conseil représentant l'État membre en cause ne prend pas part au vote. Le dispositif instauré par l'article 7, du traité UE ne peut être assimilé à un droit d'exclusion temporaire car l'État membre qui ferait l'objet de mesures restrictives reste membre à part entière de l'Union et se voit seulement privé de l'exercice de certains droits qui y sont attachés.

2. L'APPORT DU TRAITÉ DE LISBONNE : L'INSTAURATION D'UN DROIT DE RETRAIT VOLONTAIRE DE L'UNION

61. Tout comme le prévoyait déjà le traité établissant une Constitution pour l'Europe (TC Eur., art. I-60), le traité de Lisbonne institue une procédure de retrait volontaire de l'Union. En effet, tout État membre peut décider désormais, conformément à ses règles constitutionnelles, de se retirer de l'Union (TUE, art. 50, § 1er). L'État membre qui décide de procéder de la sorte notifie son intention au Conseil européen[15]. À la lumière des orientations dégagées par le Conseil européen, l'Union négocie et conclut avec cet État un accord fixant les modalités de son retrait, en tenant compte du cadre de ses relations futures avec l'Union[16]. Cet accord, négocié conformément à l'article 218, § 3, du traité FUE, est conclu au nom de l'Union par le Conseil, statuant à la majorité qualifiée, après approbation du Parlement européen (TUE, art. 50, § 2). Les traités cessent d'être applicables à l'État concerné à partir de la date d'entrée en vigueur de l'accord de retrait ou, à défaut, deux ans après la notification par l'État membre de son intention de se retirer au Conseil européen. Toutefois, le Conseil européen peut décider à l'unanimité, et en accord avec l'État membre concerné, de proroger ce délai (TUE, art. 50, § 3). Si l'État qui s'est retiré de l'Union demande à adhérer à nouveau, sa demande est soumise à la procédure visée à l'article 49, du traité UE (TUE, art. 50, § 5).

62. À ce jour, le Royaume-Uni est le seul État membre à s'être retiré de l'UE. En effet, lors du référendum du 23 juin 2016, 51,9 % des Britanniques (taux d'abstention :

---

15. La Cour de justice a d'ailleurs jugé que l'article 50, du traité UE permet à un État membre de révoquer unilatéralement la notification de son intention de se retirer de l'Union (**arrêt du 10 décembre 2018, Wightman e.a., C-621/18, EU:C:2018:999, pt 75**). Par ailleurs, le Tribunal a précisé que « la possibilité pour un État membre de se retirer de l'Union repose sur une décision unilatérale de celui-ci prise en vertu de ses règles constitutionnelles » qui n'est en rien « soumise à une autorisation des institutions de l'Union » (**arrêt du 26 novembre 2018, Harry Shindler/Conseil, T-458/17, EU:T:2018:838, pts 56 et 57**).

16. Sur ce point voy., Benredouane N., « Les modalités du droit de retrait d'un État membre de l'Union européenne : qualification et régime contentieux de l'accord de retrait », Rev. dr. UE, n° 3-4/2016, p. 609.

27,8 %) se sont prononcés en faveur du retrait du Royaume-Uni de la construction européenne. Conformément à l'article 50, du traité UE, le gouvernement britannique a notifié au Conseil européen l'intention du Royaume-Uni de se retirer de l'UE le 29 mars 2017[17]. Alors même que ce retrait aurait dû être effectif au plus tard le 29 mars 2019, la Commission européenne (représentée par le Français Michel Barnier) et le gouvernement britannique (d'abord de Theresa May puis de Boris Johnson) ne sont parvenus à un accord de retrait que le 17 octobre 2019 et qu'après que le Conseil européen a accepté de répondre plusieurs fois favorablement aux demandes de prorogation formulées par le gouvernement britannique[18]. Cet accord se compose de deux documents principaux : l'accord de retrait lui-même[19], qui s'accompagne d'un protocole sur l'Irlande et l'Irlande du Nord[20] et d'une déclaration politique établissant le cadre du futur partenariat entre l'UE et le Royaume-Uni[21]. Cet accord a été ratifié par la Chambre des communes le 9 janvier 2020 (suite aux élections générales britanniques anticipées de 2019 qui ont vu la victoire décisive des conservateurs) et par le Parlement européen le 29 janvier suivant, ouvrant ainsi la voie à une sortie ordonnée du Royaume-Uni de l'UE le 31 janvier 2020 à minuit. Le Royaume-Uni n'est plus un État membre de l'UE et de la Communauté européenne de l'énergie atomique depuis le 1er février 2020, date à laquelle s'est ouverte une période dite « de transition », selon les conditions actées par l'accord de retrait. Pendant cette période, qui s'est achevée le 31 décembre 2020, le droit de l'Union a continué à s'appliquer au Royaume-Uni. Le 24 décembre 2020, le Royaume-Uni et l'UE sont parvenus à un accord de commerce et de coopération post-Brexit[22]. Cet accord de commerce et de coopération, signé par les deux parties le 30 décembre 2020, s'est appliqué, à titre provisoire, dès le 1er janvier 2021 afin de limiter au maximum les perturbations entre les nouveaux partenaires[23] et en attendant

17. Voy., European Council, document n° XT 20001/17 of 25 march 2017. Document disponible sur le site : *http://data.consilium.europa.eu/doc/document/XT-20001-2017-INIT/en/pdf*
18. Voy., décision (UE) 2019/476 du Conseil européen prise en accord avec le Royaume-Uni du 22 mars 2019 prorogeant le délai au titre de l'article 50, paragraphe 3, du TUE, *JOUE* n° L80I/1 du 22 mars 2019 (report jusqu'au 22 mai 2019) ; Décision (UE) 2019/584 du Conseil européen prise en accord avec le Royaume-Uni du 11 avril 2019 prorogeant le délai au titre de l'article 50, paragraphe 3, du TUE, *JOUE* n° L101/1 du 11 avril 2019 (report jusqu'au 31 octobre 2019) ; Décision (UE) 2019/1810 du Conseil européen prise en accord avec le Royaume-Uni du 29 octobre 2019 prorogeant le délai au titre de l'article 50, paragraphe 3, du TUE, *JOUE* n° L278I/1 du 30 octobre 2019 (report jusqu'au 31 janvier 2020).
19. Accord sur le retrait du Royaume-Uni de Grande-Bretagne et d'Irlande du Nord de l'Union européenne et de la Communauté européenne de l'énergie atomique, *JOUE* n° L29/7 du 31 janvier 2020 ; Voy. égal., décision (UE) 2020/135 du Conseil du 30 janvier 2020 relative à la conclusion de l'accord sur le retrait du Royaume-Uni de Grande-Bretagne et d'Irlande du Nord de l'Union européenne et de la Communauté européenne de l'énergie atomique, *JOUE* n° L29/1 du 31 janvier 2020.
20. *JOUE* n° L29/102 du 31 janvier 2020.
21. Déclaration politique fixant le cadre des relations futures entre l'Union européenne et le Royaume-Uni, *JOUE* n° C 34/1 du 31 janvier 2020.
22. Accord de commerce et de coopération entre l'Union européenne et la Communauté européenne de l'énergie atomique, d'une part, et le Royaume-Uni de Grande-Bretagne et d'Irlande du Nord, d'autre part, *JOUE* n° L444/14 du 31 décembre 2020.
23. Voy. en ce sens, décision (UE) 2020/2252 du Conseil du 29 décembre 2020 relative à la signature, au nom de l'Union, et à l'application provisoire de l'accord de commerce et de coopération entre l'Union européenne et la Communauté européenne de l'énergie atomique, d'une part, et le Royaume-Uni de Grande-Bretagne et d'Irlande du Nord, d'autre part, *JOUE* n° L444/2 du 31 décembre 2020.

l'approbation du Parlement européen[24]. Cet accord, entré en vigueur le 1er mai 2021, régit désormais les relations entre le Royaume-Uni et l'UE et établit des régimes préférentiels dans des domaines tels que le commerce de marchandises et de services, le commerce numérique, la propriété intellectuelle, les marchés publics, l'aviation et le transport routier, l'énergie, la pêche ou encore la coopération policière et judiciaire en matière pénale. Il s'appuie sur des dispositions garantissant des conditions de concurrence équitables et le respect des droits fondamentaux. Bien qu'il ne corresponde en aucun cas au niveau d'intégration économique qui existait lorsque le Royaume-Uni était un État membre de l'UE, l'accord de commerce et de coopération va au-delà des accords de libre-échange traditionnels et constitue une base solide pour l'avenir des relations entre l'UE et le Royaume-Uni. La réussite de cet accord, qui repose sur l'engagement politique des deux parties, est encore loin d'être acquise tant les points de tensions restent encore persistants et nombreux entre les Britanniques et les Européens comme par exemple la question de l'Irlande du Nord, l'accès des pêcheurs européens aux eaux britanniques ou encore la place accordée aux services financiers de la City dans le marché intérieur. Il est vrai que depuis la sortie du Royaume-Uni de la construction européenne, le gouvernement britannique de Boris Johnson souffle le chaud et le froid sur l'avenir de l'accord de commerce et de coopération de décembre 2020 et ne cesse de provoquer l'Union européenne. La réussite de cet accord est pourtant tout autant primordiale pour les Britanniques que pour les Européens et il est certain, et pour ne prendre en compte que les intérêts de ces derniers, que si cet accord venait à capoter le Royaume-Uni deviendrait alors un farouche concurrent aux portes de l'Union[25].

---

24. L'accord de commerce et de coopération entre l'UE et le Royaume-Uni a été formellement approuvé par le Parlement européen, par 660 députés européens sur 697, le 27 avril 2021.

25. Sur l'après Brexit voy. not. les contributions collectives de Torcol S. e.a. dans le dossier « Le Brexit ... et après ? », Rev. UE, n° 640/2020, pp. 398-442.

Les moyens de l'Union européenne

L'Union européenne dispose de moyens juridiques, humains et financiers lui permettant de remplir les différents objectifs qui lui sont dévolus par les traités constitutifs.

CHAPITRE 3

Les moyens juridiques de l'Union européenne

Section 1

Le statut juridique de l'Union

63. L'Union européenne dispose d'un statut juridique fonctionnel. Celui-ci a pour objet de lui permettre de remplir les missions et d'atteindre les objectifs qui lui sont assignés. À ce titre, elle est dotée d'une personnalité juridique et de certains privilèges et immunités.

1. LA PERSONNALITÉ JURIDIQUE

64. Avant l'entrée en vigueur du traité de Lisbonne, seules les Communautés européennes disposaient d'une personnalité juridique (TCE, art. 281 ; TCEEA, art. 184)[1]. Depuis lors, et puisque l'Union s'est substituée et a succédé à la Communauté européenne (TUE, art. 1er, al. 3), c'est l'Union européenne qui se voit désormais dotée d'une personnalité juridique pleine et entière (TUE, art. 47). Il s'agit dans tous les cas,

---

1. Jusqu'au traité de Lisbonne, l'Union européenne en était explicitement dépourvue. Toutefois, ce silence du traité n'excluait pas l'existence d'une personnalité juridique implicite de l'Union. En effet, si l'on se réfère aux critères retenus par la Cour internationale de justice (CIJ) dans son avis consultatif du 11 avril 1949 dans lequel la CIJ avait admis l'existence d'une personnalité juridique de l'ONU en l'absence d'une disposition explicite dans la Charte de San Francisco, compte tenu de la mission et des droits et obligations qui lui sont assignés par cette même Charte (Avis consultatif de la CIJ du 11 avril 1949, Réparation des dommages subis au service des Nations Unies – affaire dite « du comte Bernadotte »), on est obligé d'admettre que l'Union européenne disposait implicitement d'une personnalité juridique. En effet, et sans prétendre être exhaustif, l'Union européenne était déjà instituée pour une durée illimitée et elle pouvait adopter certains actes juridiques, parfois à la majorité qualifiée, que les États membres avaient l'obligation de respecter. Par ailleurs, conformément aux objectifs qui lui sont assignés, l'Union s'était affirmée sur la scène internationale notamment en se dotant d'un Haut représentant pour la PESC depuis le traité d'Amsterdam et en nommant parfois des envoyés spéciaux (Moyen-Orient, Kosovo, etc.). Enfin, le Conseil était habilité, depuis le traité d'Amsterdam, à conclure des accords avec un ou plusieurs États tiers ou organisations internationales dans les domaines de la PESC et de la CPJP (TUE, ex-art. 24, § 1er ; art. 38).

et comme auparavant, d'une personnalité juridique fonctionnelle, c'est-à-dire limitée et qui n'existe que dans la mesure et pour autant qu'elle contribue à la réalisation des objectifs fixés par les traités. La déclaration n° 24 sur la personnalité juridique de l'Union européenne, annexée au traité UE et au traité FUE par le traité de Lisbonne, corrobore d'ailleurs cette observation : « La Conférence confirme que le fait que l'Union européenne a une personnalité juridique n'autorisera en aucun cas l'Union à légiférer ou à agir au-delà des compétences que les États membres lui ont attribuées dans les traités. » La personnalité juridique de l'Union déploie ses effets tant dans les ordres juridiques des États membres que dans l'ordre juridique international.

A - La personnalité juridique interne de l'Union européenne

65. L'article 47, du traité UE dispose que « l'Union a la personnalité juridique[2] ». L'article 335, alinéa 1er, du traité FUE précise que « dans chacun des États membres, l'Union possède la capacité juridique la plus large reconnue aux personnes morales par les législations nationales ; elle peut notamment acquérir ou aliéner des biens immobiliers et mobiliers et ester en justice. À cet effet, elle est représentée par la Commission[3] ». L'Union européenne est donc assimilée à une personne morale de droit public (sur ce point voy., **arrêt du 5 mai 2011, Région de Bruxelles-Capitale, C-137/10, EU:C:2011:280, pt 18**) disposant d'une personnalité juridique propre distincte de celle des États membres comme en atteste le fait qu'elle est dotée d'attributions et d'organes distincts de ceux des États membres, d'un budget autonome mais aussi d'un patrimoine et d'agents qui lui sont propres.

La reconnaissance de cette personnalité juridique interne de l'Union, et non des institutions de l'Union même si c'est la Commission européenne qui est habilitée à l'exercer pour son compte et en son nom (sur ce point voy. not., **arrêt du 6 novembre 2012, Otis e.a., C-199/11, EU:C:2012:684, pt 36**), lui permet d'accomplir tous les actes indispensables à son fonctionnement dans chacun des États membres : acquérir ou aliéner des biens, passer des contrats, ester en justice, etc. La Commission peut néanmoins déléguer ce pouvoir par un mandat accordé aux autres institutions pour les cas concernant leur fonctionnement respectif. Ainsi, dorénavant, en vertu de l'article 335, du traité FUE, chacune des institutions, au titre de son autonomie administrative, peut représenter l'Union pour les questions liées à son fonctionnement (**arrêt du 5 mai 2011, Région de Bruxelles-Capitale, C-137/10, EU:C:2011:280, pt 22**). Par exception, d'autres institutions et organes jouissent d'une personnalité juridique distincte de celle de l'Union en raison de leur indépendance comme, par exemple, dans le cadre du traité FUE, la Banque européenne d'investissement (TFUE, art. 308, al. 1er) et la Banque centrale européenne (TFUE, art. 282, § 3).

2.　TCEEA, art. 184 : « La Communauté a la personnalité juridique. »
3.　TCEEA, art. 185 : « Dans chacun des États membres, la Communauté possède la capacité juridique la plus large reconnue aux personnes morales par les législations nationales ; elle peut notamment acquérir ou aliéner des biens immobiliers et mobiliers et ester en justice. À cet effet, elle est représentée par la Commission. »

B - La personnalité juridique internationale de l'Union européenne

66. L'Union européenne dispose, tout comme auparavant la Communauté européenne, d'une personnalité juridique internationale même en l'absence de référence explicite des traités. La Cour de justice a en effet admis, depuis l'arrêt *A.E.T.R.* (**arrêt du 31 mars 1971, Commission/Conseil, 22/70, EU:C:1971:32**), qu'indépendamment de compétences expressément prévues par certaines dispositions du traité CEE – et donc aujourd'hui du traité FUE[4] –, la Communauté économique européenne – et donc aujourd'hui l'Union européenne – est compétente, même en l'absence d'une attribution explicite du traité, pour conclure des accords externes dans tous les domaines où la Communauté économique européenne – et donc aujourd'hui l'Union européenne – dispose d'une compétence interne en vue de réaliser un objectif déterminé par le traité et où l'adoption d'un engagement international apparaît nécessaire à la réalisation de cet objectif (sur ce point voy. égal., **arrêt du 14 juillet 1976, Kramer e.a., 3/76, 4/76 et 6/76, EU:C:1976:114, pt 20**; avis du **26 avril 1977, Projet d'accord relatif à l'institution d'un Fonds européen d'immobilisation de la navigation intérieure, 1/76, EU:C:1977:63, pt 3**; avis du **19 mars 1993, Convention n° 170 de l'Organisation internationale du Travail concernant la sécurité dans l'utilisation des produits chimiques au travail, 2/91, EU:C:1993:106, pt 7**). La Cour de justice a d'ailleurs précisé dans cette même jurisprudence que la formule retenue dans les traités de Rome selon laquelle « la Communauté a la personnalité juridique » vise surtout la personnalité internationale des Communautés – et donc aujourd'hui de l'Union.

L'Union européenne est donc un sujet de droit international disposant notamment du droit d'entretenir des relations avec d'autres sujets du droit international à savoir des pays tiers ou des organisations internationales (droit de légation passif et actif)[5], d'ester en justice et le cas échéant d'engager la responsabilité internationale, de conclure des accords avec des pays tiers ou des organisations internationales, d'adopter des sanctions économiques ou encore de devenir membre d'organisations internationales.

2. LES PRIVILÈGES ET IMMUNITÉS

67. L'Union européenne jouit sur le territoire des États membres des privilèges et immunités nécessaires à l'accomplissement de sa mission (TFUE, art. 343). Ces privilèges et immunités, qui bénéficient également aux membres des institutions et à leur

---

4. Ex. : Dans le domaine monétaire ou de change (TFUE, art. 219, § 1er et 3) ; Dans le cadre de la politique commerciale commune (TFUE, art. 207, § 3) et des accords d'association (TFUE, art. 217). En matière de recherche et de développement technologique (TFUE, art. 186), d'environnement (TFUE, art. 191, § 4) et de coopération au développement (TFUE, art. 209, § 2).
5. L'article 221, § 1er, du traité FUE pose expressément ce droit de représentation puisqu'il prévoit que « les délégations de l'Union dans les pays tiers et auprès des organisations internationales assurent la représentation de l'Union ».

personnel, sont fixés par le protocole (n° 7) sur les privilèges et immunités de l'Union européenne annexé aux traités applicables également à la Banque européenne d'investissement et, depuis le traité UE, à la Banque centrale européenne.

A - Les privilèges et immunités de l'Union européenne

68. Le protocole (n° 7) sur les privilèges et immunités accorde à l'Union européenne :

– l'inviolabilité des locaux, bâtiments, archives et communications officielles, y compris lors du transfert des documents (PPIUE, art. 1er, 2 et 5)

Les bâtiments et locaux de l'Union sont exempts de perquisition, réquisition, confiscation ou expropriation. Aucun agent d'autorité publique ne peut donc y pénétrer sans une autorisation préalable. Les États membres sur les territoires desquels les locaux sont situés prennent toutes les dispositions nécessaires pour les protéger et empêcher tout acte qui serait susceptible de porter atteinte au bon fonctionnement de l'Union[6].

– l'immunité d'exécution (PPIUE, art. 1er)

Les biens et avoirs de l'Union ne peuvent être l'objet d'aucune mesure de contrainte administrative ou judiciaire sans une autorisation de la Cour de justice. La Cour contrôle d'ailleurs uniquement si la mesure est susceptible d'avoir des implications sur le bon fonctionnement et l'indépendance de l'Union (la Cour de justice a fait usage de cette disposition à plusieurs reprises à l'occasion de demandes de saisie-arrêt concernant des sommes dues par des fonctionnaires de l'Union à des créanciers. Voy. not., **saisie-arrêt du 13 octobre 2005, Intek/Commission, C-1/05 SA, non publié, EU:C:2005:610 ; ordonnance du 19 novembre 2012, Marcuccio/Commission, C-1/11 SA, non publiée, EU:C:2012:729**). En revanche, l'Union européenne ne dispose pas d'une immunité de juridiction. L'article 274, du traité FUE[7] pose en effet le principe de la compétence des juridictions nationales pour les litiges dans lesquels l'Union est partie sous réserve des compétences attribuées à la Cour de justice de l'UE.

– des exonérations fiscales (PPIUE, art. 3)

L'Union, ses avoirs, revenus et autres biens sont exonérés de tout impôt direct.

Les gouvernements des États membres prennent, chaque fois qu'il leur est possible, les dispositions appropriées en vue de la remise ou du remboursement du montant des droits indirects et des taxes à la vente entrant dans les prix des biens immobiliers ou mobiliers lorsque l'Union effectue pour son usage officiel des achats importants dont le prix comprend des droits et taxes de cette nature. Toutefois, l'application de ces dispositions ne doit pas avoir pour effet de fausser la concurrence à l'intérieur de l'Union. En revanche, l'Union est assujettie aux impôts, taxes et droits qui constituent la simple rémunération de services d'utilité générale (sur ce point voy. not., **arrêt du 14 janvier 2016, Commission/Belgique, C-163/14, EU:C:2016:4, pt 66**).

---

6.   Pour une illustration d'une violation du principe de l'inviolabilité des archives de l'UE voy., **arrêt du 17 décembre 2020, Commission/Slovénie, C-316/19, EU:C:2020:1030**.
7.   Voy. égal., en des termes identiques, l'article 155, du traité CEEA.

– des exonérations douanières (PPIUE, art. 4)

L'Union est exonérée de tout droit de douane, prohibitions et restrictions d'importation et d'exportation à l'égard des articles destinés à son usage officiel ; les articles ainsi importés ne seront pas cédés à titre onéreux ou gratuit sur le territoire du pays dans lequel ils auront été introduits, à moins que ce ne soit à des conditions agréées par le gouvernement de ce pays.

Elle est également exonérée de tout droit de douane et de toute prohibition et restriction d'importation et d'exportation à l'égard de ses publications.

B - Les privilèges et immunités des fonctionnaires et membres des institutions de l'Union européenne

69. Les membres du Parlement européen bénéficient de la liberté de déplacement, de facilités en matière douanière et de contrôle des changes (PPIUE, art. 7), d'une immunité en raison des opinions ou votes émis dans l'exercice de leurs fonctions (PPIUE, art. 8 ; pour une interprétation de cette disposition voy., **arrêt du 6 septembre 2011, Patriciello, C-163/10, EU:C:2011:543**) et d'immunités spécifiques pendant la durée des sessions du Parlement comme par exemple l'exemption de toute poursuite judiciaire sur le territoire des États membres sauf en cas de flagrant délit (PPIUE, art. 9 ; sur le régime de l'immunité parlementaire établi par le PPIUE voy. égal., **arrêt du 17 janvier 2013, Gollnisch/Parlement, T-346/11 et T-347/11, EU:T:2013:23, pt 34 et s.**). Le même régime bénéficie également :

– aux membres de la Commission européenne (PPIUE, art. 19) ;
– aux juges, aux avocats généraux, aux greffiers et aux rapporteurs adjoints de la Cour de justice de l'UE (PPIUE, art. 20) ;
– à la BEI, aux membres de ses organes, à son personnel et aux représentants des États membres qui participent à ses travaux et à ses agents (PPIUE, art. 21) ;
– à la BCE, aux membres de ses organes et à son personnel (PPIUE, art. 22).

Les représentants des États membres (ainsi que leurs conseillers et experts techniques) participant aux travaux des institutions ainsi que les membres des organes consultatifs se voient reconnaître des privilèges et immunités ou des facilités d'usage pendant l'exercice de leurs fonctions et au cours de leurs voyages à destination ou en provenance du lieu de la réunion (PPIUE, art. 10). Les missions d'États tiers accréditées auprès de l'Union se voient accorder par l'État membre sur le territoire duquel est situé le siège de l'Union les immunités et privilèges diplomatiques d'usage (PPIUE, art. 16).

Les fonctionnaires et autres agents de l'Union, quelle que soit leur nationalité, bénéficient de privilèges et immunités leur permettant d'exercer leurs fonctions en toute indépendance vis-à-vis des États membres et plus particulièrement de l'État du siège. Ainsi, sur le territoire de chacun des États membres, les fonctionnaires et autres agents de l'Union jouissent de l'immunité de juridiction pendant et après la cessation de leurs fonctions pour les actes qu'ils ont accomplis en leur qualité officielle, y compris leurs paroles et écrits (**arrêt du 11 juillet 1968, Sayag e.a./Leduc e.a., 5/68, EU:C:1968:42**) (PPIUE, art. 11, pt a). Ils jouissent, en ce qui concerne les réglementations monétaires ou de change, des facilités reconnues par l'usage aux fonctionnaires des organisations internationales (PPIUE, art. 11, pt c). Ils bénéficient également du droit d'importer en franchise leur mobilier et leurs effets à l'occasion de leur première prise de fonctions et de les réexporter en franchise à la cessation de leurs fonctions (PPIUE, art. 11, pt d). Il en est de même pour leur automobile affectée à leur usage personnel (PPIUE, art. 11, pt e). Les fonctionnaires et autres agents de l'Union sont dispensés, ainsi que leurs conjoints et les membres de leur famille vivant à leur charge, des dispositions limitant l'immigration et des formalités d'enregistrement des étrangers (**arrêt du 18 mars 1986, Commission/ Belgique, 85/85, EU:C:1986:129**) (PPIUE, art. 11, pt b).

Les fonctionnaires et autres agents de l'Union sont également exempts d'impôts nationaux sur les traitements, salaires et émoluments versés par l'Union (**arrêt du 16 décembre 1960, Humblet/État belge, 6/60, EU:C:1960:48**). La Cour de justice a rappelé que cette soustraction des rémunérations versées aux fonctionnaires de l'Union à la souveraineté fiscale des États membres est indispensable « non seulement pour renforcer l'indépendance des cadres administratifs de l'Union à l'égard des pouvoirs nationaux, mais également pour garantir l'égalité du traitement des fonctionnaires de nationalités différentes » (sur ce point voy., **arrêt du 5 juillet 2012, Bourges-Maunoury et Heintz, C-558/10, EU:C:2012:418, pt 21**). Ceci ne signifie pas pour autant que ces fonctionnaires et autres agents de l'Union jouissent d'une immunité fiscale. En effet, les traitements, salaires et émoluments versés par l'Union sont soumis à un impôt prélevé à la source à son profit (PPIUE, art. 12).

Les privilèges, immunités et facilités sont accordés aux fonctionnaires et aux autres agents exclusivement dans l'intérêt de l'Union (sur la nature fonctionnelle des privilèges et immunités voy. not., **arrêt du 19 novembre 1992, Campogrande/Commission, T-80/91, EU:T:1992:110, pt 42**). D'ailleurs, les institutions de l'Union sont tenues de lever l'immunité accordée à un fonctionnaire ou à un autre agent dans tous les cas où elles estiment que la levée de cette immunité n'est pas contraire aux intérêts de l'Union (PPIUE, art. 17).

Section 2

Les compétences de l'Union

70. Lorsque l'on évoque la question des compétences de l'Union, on en revient à déterminer les domaines dans lesquels l'Union européenne est autorisée par les traités à intervenir. Jusqu'à l'entrée en vigueur du traité de Lisbonne, la délimitation de la sphère des compétences de l'Union n'était pas aisée car il n'existait pas dans les traités de clauses générales de compétence ni même de liste établissant une répartition stricte des domaines relevant de la compétence Communautés-Union ou États membres. En effet, les traités se bornaient à fixer des objectifs et à définir les pouvoirs et les moyens d'action permettant aux institutions de les atteindre. Ceci explique en grande partie l'enchevêtrement des compétences européennes et nationales qui existait jusqu'à présent. Le traité de Maastricht apporte une première réponse à cet imbroglio en introduisant les principes de subsidiarité et de proportionnalité dans le système institutionnel, principes destinés tous deux à régir l'exercice des compétences de l'Union. Le traité de Lisbonne contribue également à la clarification des compétences de l'Union en définissant, pour la première fois et conformément aux innovations institutionnelles agréées lors de la CIG 2004, une typologie des compétences de l'Union. En effet, le Titre I de la première partie du traité FUE intitulé « Catégories et domaines de compétences de l'Union » classifie non seulement les compétences de l'Union en trois grandes catégories mais dresse pour chacune d'entre elles une liste, parfois exhaustive, parfois seulement indicative, des domaines concernés.

1• LE PRINCIPE D'ATTRIBUTION DES COMPÉTENCES

71. À l'instar des organisations internationales classiques, l'Union européenne est régie par le principe d'attribution des compétences (également dénommé « principe de spécialité »). Autrement dit, les États membres possèdent une compétence de droit commun et l'Union n'est titulaire que des compétences qui lui ont été attribuées par ces derniers. Ainsi, l'Union ne peut et surtout ne doit exercer ses activités que dans les domaines limitativement énumérés par les traités.

Le principe de spécialité apparaît expressément dans les dispositions liminaires du traité UE. Sa vocation est double :
– le principe d'attribution des compétences régit tout d'abord la répartition des compétences entre les États membres et l'Union :
  • « L'Union poursuit ses objectifs par des moyens appropriés, en fonction des compétences qui lui sont attribuées dans les traités » (TUE, art. 3, § 6) ;
  • « Le principe d'attribution des compétences régit la délimitation des compétences de l'Union » (TUE, art. 5, § 1er) ;
  • « En vertu du principe d'attribution, l'Union n'agit que dans les limites des compétences que les États membres lui ont attribuées dans les traités pour atteindre les objectifs que ces traités établissent. Toute compétence non attribuée à l'Union dans les traités appartient aux États membres » (TUE, art. 5, § 2).
– le principe d'attribution des compétences s'applique également aux institutions de l'Union : « Chaque institution agit dans les limites des attributions qui lui sont conférées dans les traités, conformément aux procédures, conditions et fins prévues par ceux-ci » (TUE, art. 13, § 2).

72. Pour la Cour de justice, l'attribution de compétences à l'Union est assimilable à un transfert de compétences de la part des États membres au profit de l'Union. Dès la jurisprudence *Costa c. E.N.E.L.* de 1964, la Cour de justice mentionne qu'en instituant la CEE « dotée d'institutions propres, de la personnalité, de la capacité juridique, d'une capacité de représentation internationale et plus particulièrement de pouvoirs réels issus d'une limitation de compétence ou d'un transfert d'attributions des États à la Communauté, ceux-ci ont limité, bien que dans des domaines restreints, leurs droits souverains [...] ». La Cour de justice précise également dans cet arrêt « que le transfert opéré par les États, de leur ordre juridique interne au profit de l'ordre juridique communautaire, des droits et obligations correspondant aux dispositions du traité, entraîne donc une limitation définitive de leurs droits souverains [...] » **(arrêt du 15 juillet 1964, Costa/E.N.E.L., 6/64, EU:C:1964:66).** Sean Van

Raepenbusch note d'ailleurs fort justement que « la notion d'"attribution" est préférable à celle de "transfert" puisque les compétences de l'Union ne sont pas nécessairement le décalque des compétences nationales : elles peuvent s'exercer sur un terrain vierge sur le plan national[8] ».

73. L'attribution de compétences à l'Union a pour corollaire la limitation irréversible des pouvoirs des États membres et, par conséquent, de leur souveraineté. La Cour de justice avait ainsi été amenée à juger que l'Union et les Communautés ne pouvaient être dessaisies d'une compétence attribuée par un traité au seul motif qu'elle n'avait jamais été exercée par les institutions. En d'autres termes, la carence des institutions ne pouvait donc priver l'Union et les Communautés européennes de leurs compétences et restituer aux États membres leur liberté d'action (sur ce point voy. not., **arrêt du 14 décembre 1971, Commission/France, 7/71, EU:C:1971:121, pt 20** ; **arrêt du 10 juillet 1980, Commission/Royaume-Uni, 32/79, EU:C:1980:189, pt 15**). Le traité de Lisbonne apporte une évolution sur la question du caractère irréversible des compétences attribuées à l'Union puisqu'il prévoit qu'en matière de compétences partagées entre l'Union et les États membres (voy. *infra*, n° 82 et 83), ces derniers exercent à nouveau leur compétence dans la mesure où l'Union a décidé de cesser d'exercer la sienne (TUE, art. 2, § 2).

2. LES CORRECTIFS AU PRINCIPE D'ATTRIBUTION DES COMPÉTENCES

74. Alors même que le traité UE confère encore aujourd'hui à l'UE une stricte compétence d'attribution – tout comme le faisait auparavant le traité CE au profit de la Communauté européenne –, c'est finalement en pratique une conception beaucoup plus extensive de ses compétences qui s'est progressivement imposée. En effet, outre le fait que les traités eux-mêmes comportent une réserve de compétences subsidiaires, la Cour de justice a également reconnu l'existence de compétences implicites.

A - Les compétences subsidiaires

75. À l'origine du processus d'intégration, les États signataires des traités de Rome étaient parfaitement conscients que les compétences conférées sous forme d'attributions spécifiques ne seraient pas suffisantes pour réaliser l'ensemble des objectifs assignés à ces deux Communautés. C'est donc pour corriger la rigidité du principe d'attribution des compétences que les articles 235 du traité CEE (TFUE, devenu art. 352, § 1er) et 203, du traité CEEA intègrent dès l'origine une réserve de compétence subsidiaire. Plus particulièrement, l'article 352, § 1er, du traité FUE dispose, « si une action de l'Union paraît nécessaire, dans le cadre des politiques définies par les traités, pour

---

8.   Van Raepenbusch S., *Droit institutionnel de l'Union européenne*, 2e éd., 2016, Larcier, spéc. p. 163.

atteindre l'un des objectifs visés par les traités, sans que ceux-ci n'aient prévu les pouvoirs d'action requis à cet effet, le Conseil, statuant à l'unanimité sur proposition de la Commission et après approbation du Parlement européen, adopte les dispositions appropriées[9] ». Ainsi, cette clause de flexibilité permet au Conseil, moyennant le respect d'une procédure assez lourde – vote à l'unanimité du Conseil et approbation du Parlement européen – mais exclusivement institutionnelle[10], de combler les lacunes et les carences qui peuvent apparaître dans les pouvoirs attribués aux institutions pour réaliser les objectifs de l'Union. En pratique, l'article 352, § 1er, du traité FUE a joué un rôle déterminant dans le processus d'intégration. En effet, suite au Sommet de Paris des 19 et 20 octobre 1972 à l'issue duquel les chefs d'État ou de gouvernement marquent leur volonté politique de voir « utiliser aussi largement que possible toutes les dispositions des traités, y compris l'article 235, du traité de la CEE », le Conseil a fait usage de cette disposition soit pour renforcer certaines actions communautaires[11], soit encore pour instaurer des politiques totalement nouvelles[12]. L'insertion progressive des compétences subsidiaires développées sur le fondement de l'article 352, § 1er, du traité FUE dans les traités a aujourd'hui pour effet de réduire quelque peu l'intérêt opérationnel de cette disposition[13]. Toutefois, le caractère évolutif de l'Union fait de l'article 352, § 1er, du traité FUE une disposition qui garde encore aujourd'hui tout son intérêt et toute sa potentialité car l'Union aura peut-être un jour besoin d'intervenir dans des domaines jusqu'à présent insoupçonnés.

76. L'existence d'un vote à l'unanimité du Conseil explique à elle seule pourquoi cette institution est parfois tentée de recourir à l'article 352, § 1er, du traité FUE alors même qu'il existe d'autres bases juridiques pour fonder son intervention. La Cour de justice s'emploie à empêcher tout usage abusif de l'article 352, § 1er, du traité FUE et a donc été amenée à annuler certains actes émanant du Conseil au motif qu'ils auraient dû être fondés sur une autre disposition du traité (prévoyant un vote à la majorité du

9. Voy. égal. en des termes quasi identiques, l'article 203, du traité CEEA.
10. C'est-à-dire sans qu'il soit nécessaire de recourir aux procédures de révision des traités prévues à l'article 48, du traité UE.
11. Ex. : En matière sociale : Règlement (CEE) n° 337/75 du Conseil du 10 février 1975 portant création d'un centre européen pour le développement de la formation professionnelle, *JOCE* n° L39/1 du 13 février 1975 ; directive 76/207/CEE du Conseil du 9 février 1976 relative à la mise en œuvre du principe de l'égalité de traitement entre les hommes et femmes en ce qui concerne l'accès à l'emploi, à la formation et la promotion professionnelles, et les autres conditions de travail, *JOCE* n° L39/40 du 14 février 1976 ; En matière monétaire : Règlement (CEE), n° 907/73 du Conseil du 3 avril 1973 instituant un Fonds européen de coopération monétaire, *JOCE* n° L89/2 du 5 avril 1973 ; règlement (CEE) n° 3181/78 du Conseil du 18 décembre 1978 relatif au système monétaire européen, *JOCE* n° L379/2 du 30 décembre 1978.
12. Ex. : En matière régionale : Règlement (CEE) n° 724/75 du Conseil du 18 mars 1975 portant création d'un Fonds européen de développement régional, *JOCE* n° L102/24 du 22 avril 1975 ; règlement (CEE) n° 2088/85 du Conseil du 23 juillet 1985 relatif aux programmes intégrés méditerranéens, *JOCE* n° L197/1 du 27 juillet 1985 ; En matière d'environnement : Directive 79/409/CEE du conseil du 2 avril 1979 concernant la conservation des oiseaux sauvages, *JOCE* n° L103/1 du 25 avril 1979 ; directive 80/778/CEE du conseil du 15 juillet 1980 relative à la qualité des eaux destinées à la consommation humaine, *JOCE* n° L229/11 du 30 août 1980.
13. L'Acte unique européen : la cohésion économique et sociale, l'environnement et la recherche et développement technologique ; le traité de Maastricht : la santé publique, la culture, la protection des consommateurs et la politique industrielle ; le traité d'Amsterdam : la protection des droits fondamentaux.

Conseil) (pour une illustration voy., **arrêt du 7 juillet 1992, Parlement/Conseil, C-295/90, EU:C:1992:294**). Selon la Cour de justice, le recours à l'article 352, § 1er, du traité FUE comme base juridique n'est justifié que si aucune autre disposition des traités ne confère aux institutions de l'Union la compétence nécessaire pour arrêter l'acte concerné (sur ce point voy. not., **arrêt du 12 novembre 1996, Royaume-Uni/ Conseil, C-84/94, EU:C:1996:431, pt 48** ; **arrêt du 28 mai 1998, Parlement/Conseil, C-22/96, EU:C:1998:258, pt 22** ; **arrêt du 2 mai 2006, Parlement/Conseil, C-436/03, EU:C:2006:277, pt 36** ; **arrêt du 3 septembre 2009, Parlement/Conseil, C-166/07, EU:C:2009:499, pt 40**). Selon une jurisprudence constante de la Cour de justice, « cette base juridique vise [simplement] à suppléer l'absence de pouvoirs d'action conférés expressément ou de façon implicite aux institutions communautaires par des dispositions spécifiques du traité dans la mesure où de tels pouvoirs apparaissent néanmoins nécessaires pour que la Communauté puisse exercer ses fonctions en vue d'atteindre l'un des objectifs fixés par ce traité » (**avis du 28 mars 1994, Adhésion de la Communauté à la Convention de sauvegarde des droits de l'homme et des libertés fondamentales, 2/94, EU:C:1996:140, pt 29** ; **arrêt du 3 septembre 2008, Kadi et Al Barakaat International Foundation/Conseil et Commission, C-402/05 P et C-415/05 P, EU:C:2008:461, pt 211** ; **arrêt du 3 septembre 2009, Parlement/ Conseil, C-166/07, EU:C:2009:499, pt 41**).

B - La théorie des compétences implicites

77. C'est en fondant principalement son raisonnement sur le principe de l'effet utile et en procédant à une interprétation téléologique du traité[14] que la Cour de justice a admis que les institutions pouvaient exercer non seulement les attributions qui leur sont conférées par les traités mais aussi celles qui, sans y être expressément mention-nées, s'avèrent indispensables pour réaliser les objectifs définis dans les traités. La Cour de justice a plus particulièrement fait application de cette théorie des compétences implicites en matière de compétences externes de la Communauté économique euro-péenne – aujourd'hui de l'Union européenne –. Ainsi, alors que le traité CEE n'avait accordé à cette Communauté la compétence de conclure avec des États tiers que des accords commerciaux et des accords d'association, la Cour de justice lui reconnaît dans la jurisprudence *A.E.T.R.* le pouvoir de conclure des accords externes dans tous les domaines où cette Communauté dispose d'une compétence interne même si aucune disposition du traité CEE ne lui accorde expressément un tel pouvoir et sous réserve qu'un tel accord soit indispensable à la réalisation des objectifs poursuivis par la Communauté économique européenne (**arrêt du 31 mars 1971, Commission/ Conseil, 22/70, EU:C:1971:32, pts 19 et 27** ; **arrêt du 14 juillet 1976, Kramer e.a., 3/76, 4/76 et 6/76, EU:C:1976:114, pts 15 à 33**).

78. L'article 3, § 2, du traité FUE, tel qu'il résulte du traité de Lisbonne, confirme d'ail-leurs implicitement et conforte la théorie des compétences implicites lorsqu'il précise que, dans les autres domaines que l'union douanière, l'établissement des règles de concurrence nécessaires au fonctionnement du marché intérieur, la politique

---

14. C'est-à-dire fondée sur les buts et les finalités des traités.

monétaire pour les États membres dont la monnaie est l'euro, la conservation des ressources biologiques de la mer dans le cadre de la politique commune de la pêche et la politique commerciale commune, l'Union dispose également d'une compétence exclusive pour la conclusion d'un accord international « lorsque cette conclusion est nécessaire pour lui permettre d'exercer sa compétence interne ». L'article 216, § 1er, du traité FUE en fait également de même quand il mentionne que « l'Union peut conclure un accord avec un ou plusieurs pays tiers ou organisations internationales [...] lorsque la conclusion d'un accord [...] est nécessaire pour réaliser, dans le cadre des politiques de l'Union, l'un des objectifs visés par les traités [...] ».

3. LA RÉPARTITION DES COMPÉTENCES ENTRE L'UNION EUROPÉENNE ET LES ÉTATS MEMBRES

79. Avant le traité de Lisbonne, les traités constitutifs ne comportaient aucune disposition spécifique consacrée à la question de la répartition des compétences entre l'Union européenne ou les Communautés européennes et les États membres. Il convenait donc de se référer aux dispositions matérielles des traités (libre circulation des marchandises, agriculture, transports, emploi, industrie, environnement...) pour déterminer, au cas par cas et avec plus ou moins de précision, les pouvoirs impartis aux institutions ainsi que les formes et les conditions d'exercice de ces pouvoirs. De plus, les traités constitutifs se gardaient bien de régler le problème de cette répartition sous forme de matières comme dans la plupart des constitutions fédérales ou régionalistes, mais optaient au contraire pour une répartition sous forme d'objectifs à atteindre et d'actions à mener. Ainsi, la répartition des compétences entre l'Union ou les Communautés européennes et ses États membres relevaient donc principalement d'une démarche fonctionnelle. De fait, l'étendue et l'intensité des compétences de l'Union et des Communautés européennes variaient selon les domaines concernés. Conformément aux innovations institutionnelles agréées lors de la CIG 2004 et contrairement aux traités antérieurs, le traité de Lisbonne clarifie et énonce les compétences de l'Union en trois catégories génériques : les compétences exclusives, les compétences partagées et les compétences d'appui, de coordination ou de complément. Par ailleurs, le traité de Lisbonne énumère également les domaines d'action relevant de ces trois catégories de compétences. Toutefois, et pour être exhaustif, on envisagera également l'hypothèse des compétences retenues des États membres.

A - Les compétences retenues

80. Il s'agit des domaines qui n'ont fait l'objet d'aucune attribution à l'Union européenne. Les articles 4, § 1er, et 5, § 2, du traité UE, ainsi que la déclaration n° 18 annexée à l'acte final de la CIG qui a adopté le traité de Lisbonne, évoquent d'ailleurs implicitement ces compétences retenues lorsqu'ils disposent que « toute compétence non attribuée à l'Union dans les traités appartient aux États membres ». Même si les États membres conservent dans ces domaines l'intégralité de leurs pouvoirs, la Cour de justice a admis toutefois « des incursions de la compétence communautaire dans les souverainetés nationales, là où elles sont nécessaires pour que, du fait des pouvoirs retenus par les États membres, l'effet utile du traité ne soit pas grandement diminué et sa finalité grandement compromise » (**arrêt du 23 février 1961, De Gezamenlijke Steenlolenmijnen in Limburg/Haute Autorité de la CECA, 30/59, EU:C:1961:2**). Plus largement, les États membres doivent s'abstenir, en vertu de leur obligation de coopération loyale, de toute mesure susceptible de mettre en péril la réalisation des objectifs de l'Union (TUE, art. 4, § 3, al. 3). À ce titre, la Cour de justice a précisé que les États membres devaient exercer leurs compétences retenues dans le respect du droit de l'Union (en ce qui concerne la compétence des États membres en matière d'impôts directs voy., **arrêt du 3 octobre 2006, FKP Scorpio Konzertproduktionen, C-290/04, EU:C:2006:630, pt 30** ; **arrêt du 19 juin 2014, Strojírny Prostejov et ACO Industries Tábor, C-53/13 et C-80/13, EU:C:2014:2011, pt 23** ; en ce qui concerne la compétence des États membres pour aménager leurs systèmes de sécurité sociale et pour organiser leurs services de santé voy., **arrêt du 27 janvier 2011, Commission/Luxembourg, C-490/09, EU:C:2011:34, pt 32** ; **arrêt du 21 juin 2012, Susisalo e.a., C-84/11, EU:C:2012:374, pt 26** ; **arrêt du 10 septembre 2015, Wojciechowski, C-408/14, EU:C:2015:591, pt 35** ; en ce qui concerne la compétence des États membres, et le cas échéant des partenaires sociaux, en matière de politique sociale et de l'emploi voy., **arrêt du 26 septembre 2013, HK Danmark, C-476/11, EU:C:2013:590, pt 60**).

B - Les compétences exclusives

81. Il s'agit des domaines qui ont été intégralement attribués à l'Union européenne. Lorsque les traités attribuent une compétence exclusive dans un domaine déterminé, seule l'Union peut légiférer et adopter des actes juridiquement contraignants. Les États membres ont donc perdu dans ces domaines le pouvoir de légiférer ou de réglementer sauf s'ils sont habilités par l'Union[15] ou s'ils assurent la mise en œuvre des actes de l'Union (TFUE, art. 2, § 1er).

L'article 3, § 1er, du traité FUE énumère limitativement les domaines constituant une compétence exclusive par nature de l'Union, à savoir : l'union douanière, l'établissement des règles de concurrence nécessaires au fonctionnement du marché intérieur, la politique monétaire pour les États membres dont la monnaie est l'euro, la conservation des ressources biologiques de la mer dans le cadre de la politique commune de la pêche[16] et

---

15. Cette première hypothèse constitue une reprise de la jurisprudence antérieure puisque la Cour de justice avait déjà eu l'occasion de préciser que les États membres avaient perdu dans les domaines de compétences exclusives de la Communauté le pouvoir de légiférer sauf s'ils bénéficiaient d'une « habilitation spécifique de la part de la Communauté » (**arrêt du 15 décembre 1976, Donckerwolcke e.a./Procureur de la République e.a., 41/76, EU:C:1976:182, pt 32**).
16. Le juge de Luxembourg avait déjà reconnu depuis longtemps que la politique commune de conservation des ressources biologiques de la mer constituait une compétence exclusive par nature de la Communauté économique européenne (voy., **arrêt du 14 juillet 1976, Kramer e.a., 3/76, 4/76 et 6/76, EU:C:1976:114, pt 30** ; **arrêt du 5 mai 1981, Commission/Royaume-Uni, 804/79, EU:C:1981:93, pt 12**).

la politique commerciale commune[17]. Par ailleurs, l'article 3, § 2, du traité FUE précise que l'Union dispose également d'une compétence exclusive pour la conclusion d'un accord international lorsque cette conclusion est prévue dans un acte législatif de l'Union, ou est nécessaire pour lui permettre d'exercer sa compétence interne (confirmation de la théorie des compétences implicites), ou dans la mesure où elle est susceptible d'affecter des règles communes ou d'en altérer la portée (sur ce point voy., **arrêt du 4 septembre 2014, Commission/Conseil, C-114/12, EU:C:2014:2151, pt 64 et s.** ; pour une illustration voy. égal., **avis du 14 février 2017, Traité de Marrakech, 3/15, EU:C:2017:114**).

C - Les compétences partagées

82. Il s'agit des domaines dans lesquels la compétence de l'Union européenne coexiste avec celle des États membres. Lorsque les traités attribuent à l'Union une telle compétence dans un domaine déterminé, l'Union et les États membres peuvent donc légiférer et adopter des actes juridiquement contraignants dans ce domaine. Toutefois, les États membres exercent leur compétence dans la mesure où l'Union n'a pas exercé la sienne et l'exercent à nouveau dans la mesure où l'Union a décidé de cesser d'exercer la sienne (TUE, art. 2, § 2). On peut donc en déduire qu'il s'agit de domaines dans lesquels il y a coexistence de la compétence de l'Union et de celle des États membres aussi longtemps que l'Union n'est pas intervenue.

En effet, à partir du moment où les institutions de l'Union se saisissent d'un domaine de compétences partagées, les États membres perdent du même coup la possibilité d'y intervenir, c'est-à-dire de légiférer ou de prendre des engagements conventionnels avec des pays tiers. Ainsi, la compétence étatique n'est donc que transitoire et subsiste, tout en étant encadrée par le droit de l'Union[18], tant que les institutions de l'Union n'ont pas adopté d'actes contraignants dans le domaine couvert. Une fois la compétence de l'Union exercée, l'intervention des États membres est alors prohibée dans le domaine couvert par la législation de l'Union. En définitive, seul l'exercice effectif de la compétence de l'Union est de nature à exclure progressivement la compétence nationale évitant ainsi tout risque de vide juridique. Si le domaine est intégralement préempté par l'Union, la compétence de l'Union devient alors exclusive en ce sens qu'elle prive, selon la Cour de justice, « les États membres d'une compétence qu'ils pouvaient exercer auparavant à titre transitoire » (**avis du 19 mars 1993, Convention n° 170 de l'Organisation internationale du Travail concernant la sécurité dans l'utilisation des produits chimiques au travail, 2/91, EU:C:1993:106, pt 9**). Dès lors que l'Union

---

17. Le juge de Luxembourg avait déjà reconnu depuis longtemps que la politique commerciale commune constituait une compétence exclusive par nature de la Communauté économique européenne (voy., not., **arrêt du 15 décembre 1976, Donckerwolcke e.a./Procureur de la République e.a., 41/76, EU:C:1976:182, pt 32** ; arrêt du 18 février 1986, Bulk Oil/Sun International, 174/84, EU:C:1986:60, pt 31).

18. L'intervention des États membres reste possible mais doit cependant respecter les règles générales des traités, les principes généraux du droit et l'obligation de coopération loyale prévue par l'article 4, § 3, alinéa 2, du traité UE. Quoi qu'il en soit, les États membres sont tenus de s'abstenir de toute mesure qui serait de nature à déroger ou à porter atteinte à la législation de l'Union (sur ce point voy. not., **arrêt du 18 mai 1977, Officier van Justitie/Beert van den Hazel, 111/76, EU:C:1977:83, pt 13**).

a exercé sa compétence, « les dispositions prises par elle sont exclusives de toutes dispositions divergentes des États membres » (**arrêt du 16 février 1978, Commission/Irlande, 61/77, EU:C:1978:29, pt 64**). Toutefois, il convient de ne pas faire d'amalgames entre de telles compétences exclusives (dites compétences exclusives par exercice) et les compétences exclusives par nature évoquées précédemment dans la mesure où, s'agissant des premières, il est toujours possible de revenir en arrière soit à l'occasion d'un dessaisissement de compétence de l'Union soit encore en abrogeant la législation de l'Union en vigueur – permettant ainsi aux États membres de se réapproprier le domaine en question et de légiférer – alors que, s'agissant des secondes, seule une modification du traité peut permettre aux États membres de se réapproprier une compétence exclusive par nature attribuée à l'Union. Si l'Union décide de cesser d'exercer sa compétence dans un domaine partagé, l'article 2, § 2, du traité FUE prévoit que les États membres exercent alors à nouveau la leur. Cette hypothèse est confirmée par la déclaration n° 18 annexée à l'acte final de la CIG qui a adopté le traité de Lisbonne : « Lorsque les traités attribuent à l'Union une compétence partagée avec les États membres dans un domaine déterminé, les États membres exercent leur compétence dans la mesure où l'Union n'a pas exercé la sienne ou a décidé de cesser de l'exercer. Ce dernier cas de figure peut se produire lorsque les institutions compétentes de l'Union décident d'abroger un acte législatif, en particulier en vue de mieux garantir le respect constant des principes de subsidiarité et de proportionnalité. Sur l'initiative d'un ou de plusieurs de ses membres (représentants des États membres) et conformément à l'article 241, du traité sur le fonctionnement de l'Union européenne, le Conseil peut demander à la Commission de soumettre des propositions visant à abroger un acte législatif. La Conférence se félicite que la Commission déclare qu'elle accordera une attention particulière à ce type de demande. »

83. L'article 4, § 1er, du traité FUE prévoit que l'Union dispose d'une compétence partagée avec les États membres lorsque les traités lui attribuent une compétence qui ne relève ni d'un domaine visé à l'article 3, du traité FUE (compétence exclusive) ni à l'article 6, du traité FUE (compétence d'appui, de coordination et de complément). Toutefois, l'article 4, § 2, du traité FUE énumère les principaux domaines de compétences partagées entre l'Union et les États membres tout en ayant soin de bien préciser qu'il ne s'agit en rien d'une liste exhaustive. Sont ainsi concernés : le marché intérieur, la politique sociale – pour les aspects définis dans le traité FUE –, l'environnement, les transports, la cohésion économique, sociale et territoriale, l'agriculture et la pêche – à l'exclusion de la conservation des ressources biologiques de la mer –, la protection des consommateurs, les réseaux transeuropéens, l'énergie, l'Espace de liberté, de sécurité et de justice et les enjeux communs de sécurité en matière de santé publique – pour les aspects définis dans le traité FUE.

Les paragraphes 3 et 4 de l'article 4, du traité FUE envisagent à part les domaines de la recherche, du développement technologique et de l'espace ainsi que ceux de la coopération au développement et de l'aide humanitaire. En effet, s'agissant de ces domaines spécifiques, le traité FUE prend soin de préciser que l'Union dispose d'une compétence pour y mener des actions sans pour autant « que l'exercice de cette compétence ne puisse avoir pour effet d'empêcher les États membres d'exercer la leur ». On doit déduire de cette formulation que les domaines de la recherche, du développement technologique et de l'espace ainsi que ceux de la coopération au développement et de l'aide humanitaire sont, plutôt que des compétences partagées, des compétences conjointes dans la mesure où dans ces domaines la compétence de l'Union coexistera toujours avec celle des États membres. Il s'agit de domaines pour lesquels le traité FUE n'envisage absolument pas une préemption intégrale de la compétence par l'UE.

D - Les compétences d'appui, de coordination ou de complément

84. Il s'agit des domaines dans lesquels l'Union européenne dispose seulement d'une compétence pour appuyer, coordonner ou compléter l'action des États membres, sans pour autant remplacer leur compétence dans ces domaines. La compétence de l'Union n'est donc qu'accessoire à celle des États membres et ne peut, en aucune manière, s'y substituer. D'ailleurs, les actes juridiquement contraignants de l'Union adoptés dans ces domaines de compétence ne peuvent pas comporter d'harmonisation des dispositions législatives et réglementaires des États membres. L'article 6, du traité FUE énumère limitativement les domaines constituant une compétence d'appui, de coordination ou de complément. Sont ainsi visés la protection et l'amélioration de la santé humaine, l'industrie, la culture, le tourisme, l'éducation, la formation professionnelle, la jeunesse et le sport, la protection civile et enfin la coopération administrative.

La question de la délimitation des compétences entre l'UE et les États membres n'est pas pour autant définitivement épuisée par le traité de Lisbonne dans la mesure où l'article 48, § 2, du traité UE prévoit que les traités peuvent être révisés conformément à la procédure de révision ordinaire[19] en vue d'accroître ou de réduire les compétences attribuées à l'Union par les traités[20].

---

19. Sur la procédure ordinaire de révision des traités voy., Leclerc S., *Droit de l'Union européenne*, préc., spéc. p. 23.
20. Voy. égal. en ce sens, déclaration n° 18 concernant la délimitation des compétences adoptée par la CIG 2007.

Les compétences de l'Union européenne

Union européenne

Les compétences exclusives	Les compétences partagées	Les compétences d'appui, de coordination ou de complément
(domaines intégralement attribués à l'UE. L'UE légifère seule)	(domaines dans lesquels la compétence de l'UE coexiste avec celles des États membres. Les États membres exercent leur compétence dans la mesure où l'UE n'a pas exercé la sienne)	(domaines dans lesquels les États membres sont compétents mais où l'UE peut intervenir à titre accessoire pour appuyer, coordonner ou compléter les actions des États membres)
Article 3, TFUE	**Article 4, TFUE**	**Article 6, TFUE**
Union douanière Concurrence Politique monétaire (euro) Ressources biologiques de la mer Politique commerciale commune	Marché intérieur Politique sociale Transports Environnement Cohésion Agriculture Pêche Protection des consommateurs Énergie .../...	Santé humaine Industrie Culture Tourisme Éducation Formation professionnelle Jeunesse & Sport Protection civile Coopération administrative

4. L'EXERCICE DES COMPÉTENCES DE L'UNION EUROPÉENNE

85. L'extension progressive des compétences communautaires et leur exercice suscitant des réactions de crainte des États membres, ces derniers décidèrent qu'après l'Acte unique européen ils ne consentiraient plus aucun nouveau transfert d'attributions sans définir au préalable un processus de rationalisation et de régulation des compétences communautaires. Il n'est donc pas surprenant que la question du rééquilibrage entre compétences communautaires et nationales fût au cœur du débat politique que suscitent l'élaboration puis la ratification du traité UE. Ce traité introduit donc deux nouveaux principes permettant à la fois de rationaliser et de réguler l'exercice des compétences de l'UE : le principe de subsidiarité[21] et le principe de proportionnalité[22]. Selon les termes mêmes de l'article 5, § 1er, du traité UE, « les principes de subsidiarité et de proportionnalité régissent l'exercice des compétences de l'Union ». Le premier permet de déterminer si la compétence de l'Union doit être exercée, le second concerne l'ampleur de son intervention.

A - Le principe de subsidiarité

86. L'article 5, § 3, du traité UE, tel qu'il résulte du traité de Lisbonne, énonce le principe de subsidiarité dans les termes suivants : « En vertu du principe de subsidiarité, dans les domaines qui ne relèvent pas de sa compétence exclusive, l'Union intervient seulement si, et dans la mesure où, les objectifs de l'action envisagée ne peuvent pas être atteints de manière suffisante par les États membres, tant au niveau central qu'au niveau régional et local, mais peuvent l'être mieux, en raison des dimensions ou des effets de l'action envisagée, au niveau de l'Union. »

1) Le contenu de la subsidiarité

87. La formulation du principe de subsidiarité, telle que mentionnée à l'article 5, § 3, du traité UE, est quelque peu ambiguë dans la mesure où le principe de subsidiarité pourrait tout autant fonder une extension qu'une limitation des compétences de l'Union. Cependant, une seule lecture de l'article 5, § 3, du traité UE s'impose pour ses rédacteurs : le principe de subsidiarité n'est pas un principe d'attribution des compétences ni même de limitation des compétences mais un principe régulateur de l'exercice des seules compétences partagées.

D'un point de vue fonctionnel, le principe de subsidiarité permet donc de déterminer si une compétence partagée doit être exercée par l'Union ou par les États membres. Il constitue de ce fait un concept dynamique et évolutif de nature à modifier l'exercice des compétences partagées en fonction des dimensions ou des effets de l'action envisagée. Le principe de subsidiarité n'a donc pas vocation à établir une frontière stricte et figée entre les compétences de l'Union et celles des États membres mais permet, au contraire, une nouvelle régulation des compétences partagées fondée sur des critères d'efficacité (« [...] les objectifs de l'action envisagée ne peuvent pas être atteints de manière suffisante par les États membres [...] ») et de valeur ajoutée de l'action

---

21. Le principe de subsidiarité ne constituait pas à proprement parler une nouveauté dans le système communautaire dans la mesure où l'Acte unique européen de 1986 avait déjà introduit cette notion – mais pas cette expression – dans deux nouveaux domaines d'action de la Communauté : la recherche et développement technologique (TCEE, art. 130G) et l'environnement (TCEE, art. 130R, § 4). Le traité UE procédait donc plutôt à la généralisation de son application à l'ensemble du système communautaire.
22. La mention du principe de proportionnalité à compter du traité de Maastricht ne constituait pas non plus une réelle nouveauté dans la mesure où la Cour de justice l'avait déjà introduit depuis longtemps dans l'ordre juridique communautaire en qualité de principe général du droit. La Cour limitait cependant son application à la protection des opérateurs économiques contre les dommages pouvant résulter de la réglementation communautaire. La consécration du principe de proportionnalité dans le droit primaire lui a ainsi conféré une portée générale.

européenne (« [...] les objectifs de l'action envisagée [...] peuvent l'être mieux, en raison des dimensions ou des effets de l'action envisagée, au niveau de l'Union »). C'est donc en réalisant un véritable test d'efficacité comparative entre l'action de l'Union et celle des États membres qu'on détermine, au cas par cas, qui des États ou de l'Union doit intervenir. Dès lors, l'exercice de chaque compétence partagée est susceptible d'évoluer dans le temps en fonction des nécessités et des circonstances propres aux objectifs poursuivis.

2) La mise en œuvre de la subsidiarité

88. Les modalités d'application du principe de subsidiarité avaient été définies par le Conseil européen d'Édimbourg des 11 et 12 décembre 1992 puis dans un accord interinstitutionnel entre le Parlement européen, le Conseil et la Commission sur les procédures pour la mise en œuvre du principe de subsidiarité du 29 octobre 1993. Les trois institutions s'engageaient notamment à travers cet accord à vérifier de façon régulière, à tous les différents stades de la procédure décisionnelle, la conformité des actions envisagées au regard du principe de subsidiarité. Le protocole (n° 2) sur l'application des principes de subsidiarité et de proportionnalité annexé au traité UE et au traité FUE codifie les textes existants en déterminant les conditions d'application du principe de subsidiarité et en précisant les implications procédurales de ce principe pour les institutions de l'Union. La Commission européenne présente chaque année au Conseil européen, au Parlement européen, au Conseil et aux parlements nationaux un rapport sur l'application de l'article 5, du traité UE. Ce rapport annuel est également transmis au Comité économique et social européen et au Comité européen des régions.

3) Le contrôle de la subsidiarité

a) Le contrôle parlementaire de la subsidiarité

89. Le traité de Lisbonne renforce le rôle des parlements nationaux dans le contrôle de la subsidiarité par rapport aux dispositions agréées lors de la CIG 2004 puisqu'il institue un mécanisme de contrôle renforcé de la subsidiarité à leur profit. En application des articles 5, § 3 et 12, point b, du traité UE, les parlements nationaux sont désormais chargés de veiller au respect du principe de subsidiarité conformément à la procédure prévue au protocole (n° 2) sur l'application des principes de subsidiarité et de proportionnalité.

Les institutions de l'Union ont obligation de transmettre pour examen leurs projets d'actes législatifs aux parlements nationaux (Protocole n° 2, art. 4), projets qui doivent impérativement être motivés notamment au regard du principe de subsidiarité (Protocole n° 2, art. 5). Tout Parlement national ou toute chambre de l'un de ces parlements peut, dans un délai de huit semaines à compter de la date de la transmission d'un projet d'acte législatif, adresser aux présidents du Parlement européen, du Conseil et de la Commission un avis motivé exposant les raisons pour lesquelles il estime que le projet en cause n'est pas conforme au principe de subsidiarité. Il appartient à chaque parlement national ou à chaque chambre d'un parlement national de consulter, le cas échéant, les parlements régionaux possédant des pouvoirs législatifs. Si le projet d'acte législatif émane d'un groupe d'États membres, le président du Conseil transmet l'avis aux gouvernements de ces États membres. Si le projet d'acte législatif émane de la Cour de justice, de la Banque centrale européenne ou de la Banque européenne d'investissement, le président du Conseil transmet l'avis à l'institution ou organe concerné (Protocole n° 2, art. 6). Le Parlement européen, le Conseil et la Commission, ainsi que, le cas échéant, le groupe d'États membres, la Cour de justice, la Banque centrale européenne ou la Banque européenne d'investissement, si le projet d'acte législatif émane d'eux, tiennent compte des avis motivés adressés par les parlements nationaux ou par une chambre de l'un de ces parlements. Chaque parlement national dispose de deux voix, réparties en fonction du système parlementaire national. Dans un système parlementaire bicaméral, chacune des deux chambres dispose d'une voix (Protocole n° 2, art. 7, § 1ᵉʳ). Dans le cas où les avis motivés sur le non-respect par un projet d'acte législatif du principe de subsidiarité représentent au moins un tiers de l'ensemble des voix attribuées aux parlements nationaux, le projet doit être réexaminé. Ce seuil est d'un quart lorsqu'il s'agit d'un projet d'acte législatif présenté sur la base de l'article 76, du traité FUE relatif à l'Espace de liberté, de sécurité et de justice. À l'issue de ce réexamen, la Commission européenne ou, le cas échéant, le groupe d'États membres, le Parlement européen, la Cour de justice, la Banque centrale européenne ou la Banque européenne d'investissement, si le projet d'acte législatif émane d'eux, peut décider, soit de maintenir le projet, soit de le modifier, soit de le retirer. Cette décision doit être motivée (Protocole n° 2, art. 7, § 2).

En outre, dans le cadre de la procédure législative ordinaire (voy. *infra*, n° 269 et 270), dans le cas où les avis motivés sur le non-respect par une proposition d'acte législatif du principe de subsidiarité représentent au moins une majorité simple des voix attribuées aux parlements nationaux, la proposition doit être réexaminée. À l'issue de ce réexamen, la Commission européenne peut décider, soit de maintenir la proposition, soit de la modifier, soit de la retirer. Si elle choisit de la maintenir, la Commission devra alors, dans un avis motivé, justifier la raison pour laquelle elle estime que la proposition est conforme au principe de subsidiarité. Cet avis motivé ainsi que les avis motivés des parlements nationaux doivent être soumis au législateur de l'Union (Conseil et Parlement européen) afin d'être pris en compte dans le cadre de la procédure législative. Une procédure spécifique s'enclenche alors : avant d'achever la première lecture dans le cadre de la procédure législative ordinaire, le législateur examine si la proposition législative émise par la Commission européenne est compatible avec le principe de subsidiarité en tenant compte des motifs invoqués et partagés par la majorité des parlements nationaux ainsi que de l'avis motivé de la Commission. Si, en vertu d'une majorité de 55 % des membres du Conseil et d'une majorité des voix exprimées au Parlement européen, le législateur est d'avis que la proposition n'est pas compatible avec le principe de subsidiarité, l'examen de la proposition législative n'est pas poursuivi (Protocole n° 2, art. 7, § 3).

b) Le contrôle juridictionnel de la subsidiarité

90. Le principe de subsidiarité est soumis à un contrôle du juge de l'Union. Toutefois, sa mise en œuvre laissant une large place à des éléments d'opportunité comme en témoignent d'ailleurs certaines expressions qu'on retrouve dans la formulation de l'article 5, § 3, du traité UE (« manière suffisante », « être mieux réalisés »), la Cour de justice n'exerce qu'un contrôle minimum du principe de subsidiarité. Elle considère en effet que « le contrôle juridictionnel de l'exercice d'une telle compétence doit se limiter à examiner s'il n'est pas entaché d'une erreur manifeste ou de détournement de pouvoir ou si l'institution concernée n'a pas manifestement dépassé les limites de son pouvoir d'appréciation » (**arrêt du 12 novembre 1996, Royaume-Uni/Conseil, C-84/94, EU:C:1996:431, pt 58**). De fait, la Cour de justice a rendu, jusqu'à présent, peu d'arrêts concernant le principe de subsidiarité (pour des applications voy. not., **arrêt du 8 juin 2010, Vodafone e.a., C-58/08, EU:C:2010:321 ; arrêt du 12 mai 2011, Luxembourg/Parlement et Conseil, C-176/09, EU:C:2011:290**). Elle a ainsi précisé dans un arrêt du 13 mai 1997 le contenu de l'obligation de motivation des actes de l'Union au regard de ce principe. Elle estime qu'une telle obligation n'est pas violée au seul motif qu'un acte ne fait pas expressément référence au principe de subsidiarité dès lors que l'auteur de l'acte justifie son adoption au regard de ce principe (**arrêt du 13 mai 1997, Allemagne/Parlement et Conseil, C-233/94, EU:C:1997:231, pts 22 à 29**). Par ailleurs, l'article 8 du protocole (n° 2) sur l'application des principes de subsidiarité et de proportionnalité confère compétence à la Cour de justice de l'UE pour se prononcer sur les recours pour violation, par un acte législatif, du principe de subsidiarité formés, conformément aux modalités prévues à l'article 263, du traité FUE, par un État membre ou transmis par celui-ci conformément à son ordre juridique au nom de son parlement national ou d'une chambre de celui-ci. De tels recours peuvent aussi être formés par le Comité européen des régions contre des actes législatifs pour l'adoption desquels le traité FUE prévoit sa consultation.

B - Le principe de proportionnalité

91. L'article 5, § 4, du traité UE, tel qu'il résulte du traité de Lisbonne, énonce le principe de proportionnalité dans les termes suivants : « En vertu du principe de proportionnalité, le contenu et la forme de l'action de l'Union n'excèdent pas ce qui est nécessaire pour atteindre les objectifs des traités. »

À la différence du principe de subsidiarité, le principe de proportionnalité s'applique à toutes les actions des institutions puisqu'il couvre non seulement les domaines de compétences partagées mais également ceux de compétences exclusives. Selon la Cour de justice, le principe de proportionnalité « exige que les actes des institutions communautaires ne dépassent pas les limites de ce qui est approprié et nécessaire à la réalisation des objectifs légitimes poursuivis par la réglementation en cause, étant entendu que, lorsqu'un choix s'offre entre plusieurs mesures appropriées, il convient de recourir à la moins contraignante, et que les inconvénients causés ne doivent pas être démesurés par rapport aux buts visés » (**arrêt du 5 octobre 1994, Crispoltoni e.a./Fattoria Autonoma Tabacchi e.a., C-133/93, C-300/93 et C-362/93, EU:C:1994:364, pt 41**).

Ainsi, le principe de proportionnalité concerne tout autant le contenu de l'intervention que la forme qu'elle revêt. S'agissant du contenu de l'intervention, le principe de proportionnalité suppose qu'à partir du moment où les institutions adoptent un acte législatif, elles doivent se garder de tout excès de législation. S'agissant de la forme de l'intervention, l'article 5 du protocole (n° 2) indique que tout projet d'acte législatif doit être accompagné d'une fiche comportant des éléments permettant d'évaluer son impact financier et, lorsqu'il s'agit d'un projet de directive, ses implications sur la réglementation à mettre en œuvre par les États membres, y compris, le cas échéant, la législation régionale. Par ailleurs, les projets d'actes législatifs doivent tenir compte de la nécessité de faire en sorte que toute charge financière ou administrative, incombant à l'Union, aux gouvernements nationaux, aux autorités régionales ou locales, aux opérateurs économiques et aux citoyens soit la plus réduite possible et à la mesure de l'objectif à atteindre. Ainsi, dès lors que les institutions ont une liberté de choix entre plusieurs modes d'intervention, elles se doivent alors de privilégier, à efficacité égale, le mode d'action qui est le moins contraignant pour l'Union, les États membres, les opérateurs économiques ou encore les particuliers.

Le principe de proportionnalité est lui aussi soumis à un contrôle juridictionnel. Toutefois, la Cour de justice considère qu'à partir du moment où le législateur de l'Union dispose d'un pouvoir normatif étendu impliquant de sa part des choix de nature politique, économique ainsi que sociale et dans lequel il est appelé à effectuer des appréciations complexes (**arrêt du 12 mai 2011, Luxembourg/Parlement et Conseil, C-176/09, EU:C:2011:290, pt 62 ; arrêt du 18 juin 2015, Estonie/Parlement et Conseil, C-508/13, EU:C:2015:403, pt 29**), il ne lui appartient pas d'apprécier l'opportunité d'un acte législatif qui relève de la seule compétence des instances politiques. Ainsi, lors de l'examen du respect du principe de proportionnalité, le juge de l'Union se limite à sanctionner tout dépassement manifeste des limites du pouvoir d'appréciation des institutions de l'Union ou encore le caractère manifestement inapproprié d'une mesure arrêtée par rapport à l'objectif qu'elles entendent poursuivre (pour une illustration voy., **arrêt du 5 octobre 1994, Allemagne/Conseil, C-280/93, EU:C:1994:367**).

5. LES COOPÉRATIONS RENFORCÉES OU L'EXERCICE LIMITÉ DES COMPÉTENCES DE L'UNION

92. La perspective d'un cinquième élargissement avait propulsé la question de l'intégration différenciée au cœur de la CIG 1996. Il est en effet évident pour les États membres que l'élargissement de l'Union aux pays d'Europe centrale et orientale aurait nécessairement pour conséquence d'augmenter significativement la diversité politique et socio-économique au sein de l'Union et qu'il risquait donc d'enrayer la dynamique de l'intégration européenne. Si le traité UE comportait déjà les germes de l'intégration différenciée[23], le traité d'Amsterdam en marque l'avènement puisqu'il autorisait désormais les États membres à mettre en place des coopérations renforcées dans le cadre des piliers I et III. Le traité d'Amsterdam consacrait ainsi le concept d'Europe « à géométrie variable » ou « à plusieurs vitesses ». Le traité de Nice est venu modifier et compléter les dispositions introduites par le traité d'Amsterdam en introduisant une simplification des coopérations renforcées qui étaient désormais également possibles dans le domaine de la PESC.

Depuis l'entrée en vigueur du traité de Lisbonne, plusieurs dispositions des traités actuels font expressément référence aux coopérations renforcées : l'article 20, du traité UE (Titre IV du TUE intitulé « Dispositions sur les coopérations renforcées ») et les articles 326

---

23. Ainsi, le passage à la troisième phase de l'UEM (adoption d'une monnaie unique) nécessitait au préalable le respect par les États membres des critères de convergence (TCE, art. 121, § 4).

à 334, du traité FUE (Titre III intitulé « Coopérations renforcées »). La mise en œuvre d'une coopération plus étroite entre certains États membres est subordonnée au respect de conditions de fond et de forme.

A - Les conditions de fond

93. Les coopérations renforcées ne peuvent être engagées qu'en dernier ressort, lorsqu'il a été établi au sein du Conseil que les objectifs recherchés par cette coopération ne peuvent être atteints, dans un délai raisonnable par l'Union dans son ensemble, en appliquant les dispositions appropriées des traités (TUE, art. 20, § 2).

Une coopération renforcée entre certains États membres est possible à condition qu'elle :

- ne porte pas sur les domaines relevant de la compétence exclusive de l'Union (TUE, art. 20, § 1er) ;
- réunisse au moins neuf États membres (TUE, art. 20, § 2) ;
- tende à favoriser les objectifs de l'Union, à préserver ses intérêts et à renforcer son processus d'intégration (TUE, art. 20, § 1er) ;
- respecte les traités et le droit de l'Union – soit l'acquis de l'Union (TFUE, art. 326, al. 1er) ;
- ne porte atteinte ni au marché intérieur ni à la cohésion économique, sociale et territoriale (TFUE, art. 326, al. 2) ;
- ne constitue ni une entrave ni une discrimination aux échanges entre les États membres et ne provoque pas de distorsions de concurrence entre ceux-ci (TFUE, art. 326, al. 2) ;
- respecte les compétences, droits et obligations des États membres qui n'y participent pas (TFUE, art. 327) ;
- soit ouverte, dès le début, à tous les États membres[24], sous réserve de respecter les conditions éventuelles de participation fixées par la décision d'autorisation, et qu'elle le soit également à tout autre moment sous réserve de respecter, outre les conditions éventuelles de participation évoquées précédemment, les actes déjà adoptés dans ce cadre (TUE, art. 20, § 1er ; TFUE, 328, § 1er).

B - Les conditions de forme

94. Lorsque des États membres se proposent d'instaurer entre eux une coopération renforcée, ils doivent obtenir l'autorisation du Conseil. Certaines nuances subsistent selon que la coopération renforcée est envisagée dans le cadre de la Politique étrangère et de sécurité commune ou dans les autres domaines.

---

24. À ce titre, la Commission européenne et les États membres participant à une coopération renforcée veillent à promouvoir la participation du plus grand nombre possible d'États membres (TFUE, art. 328, § 1er).

1) *Pour une coopération renforcée dans le domaine de la PESC*

95. Les États membres qui se proposent d'instaurer entre eux une coopération renforcée dans le cadre de la PESC adressent directement une demande au Conseil (TFUE, art. 329, § 2) qui est transmis au haut représentant de l'Union pour avis sur la cohérence de la coopération renforcée envisagée avec la PESC de l'Union ainsi qu'à la Commission européenne qui donne son avis, notamment sur la cohérence de la coopération renforcée envisagée avec les autres politiques de l'Union. Cette demande est également transmise au Parlement européen pour information. L'autorisation de procéder à une coopération renforcée est alors accordée par une décision du Conseil statuant à l'unanimité.

Tout État membre qui souhaite par la suite participer à une coopération renforcée en cours dans le cadre de la PESC doit notifier son intention au Conseil, au haut représentant de l'Union et à la Commission européenne. Le Conseil, statuant à l'unanimité, confirme la participation de l'État membre en question, après consultation du haut représentant de l'Union et après avoir constaté, le cas échéant, que les conditions de participation sont remplies. Le Conseil, sur proposition du haut représentant de l'Union, peut également adopter les mesures transitoires nécessaires concernant l'application des actes déjà adoptés dans le cadre de la coopération renforcée. Toutefois, si le Conseil estime que les conditions de participation ne sont pas remplies, il indique les dispositions à prendre pour remplir ces conditions et fixe un délai pour réexaminer la demande de participation (TFUE, art. 331, § 2).

2) *Pour une coopération renforcée dans les autres domaines que la PESC*

96. Les États membres qui se proposent d'instaurer entre eux une coopération renforcée dans les domaines autres que la PESC adressent une demande à la Commission européenne en précisant le champ d'application et les objectifs poursuivis par la coopération renforcée envisagée. La Commission peut soumettre au Conseil une proposition dans ce sens[25] (TFUE, art. 329, § 1er). Si la Commission ne soumet pas de proposition, elle doit en communiquer les raisons aux États membres concernés[26]. L'autorisation d'engager une coopération renforcée est accordée par le Conseil statuant à la majorité qualifiée sur proposition de la Commission et après approbation du Parlement européen.

Tout État membre qui souhaite par la suite participer à une coopération renforcée existante doit notifier son intention au Conseil et à la Commission. La Commission dispose d'un délai de quatre mois à compter de la date de la réception de la notification, pour confirmer la participation de l'État membre en question. Elle constate, le cas échéant, que les conditions de participation sont remplies et adopte les mesures transitoires nécessaires concernant l'application des actes déjà adoptés dans le cadre de la coopération renforcée. Toutefois, si la Commission estime que les conditions de participation ne

---

25. La Commission européenne juge alors s'il est dans l'intérêt de l'Union de soumettre une proposition de coopération renforcée au Conseil.

26. Jusqu'à l'entrée en vigueur du traité de Lisbonne, les États membres qui avaient vu leur demande de coopération renforcée écartée par la Commission européenne pouvaient alors décider de soumettre tout de même au Conseil une initiative visant à obtenir l'autorisation pour la coopération renforcée en question.

sont pas remplies, elle indique les dispositions à prendre pour remplir ces conditions et fixe un délai pour réexaminer la demande. Si à l'expiration de ce délai, la Commission européenne estime que les conditions de participation ne sont toujours pas remplies, l'État membre en question peut saisir le Conseil à ce sujet, qui se prononce sur la demande. Si, en revanche, la Commission européenne estime que les conditions de participation sont remplies mais nécessitent quand même l'adoption de mesures transitoires, le Conseil statue également (TFUE, art. 331, § 1er).

C - La mise en œuvre des coopérations renforcées

97. Lorsqu'il s'agit d'adopter les actes nécessaires à la mise en œuvre d'une coopération renforcée, tous les membres du Conseil peuvent participer aux délibérations mais seuls ceux représentant les États membres participant à la coopération renforcée prennent part au vote (TUE, art. 20, § 3 ; TFUE, 330, al. 1er). La majorité qualifiée qui s'applique en la matière est la même que celle fixée à l'article 238, § 3, du traité FUE (TFUE, art. 330, al. 3). L'unanimité est constituée par les voix des seuls représentants des États membres participants (TFUE, art. 330 al. 2). Les actes adoptés dans le cadre d'une coopération renforcée ne lient que les États membres participants. De tels actes ne sont pas considérés comme un acquis devant être accepté par les États candidats à l'adhésion à l'Union et sont donc exclus de l'acquis de l'Union (TUE, art. 20, § 4). Les États membres ne participant pas à une coopération renforcée n'entravent pas sa mise en œuvre par les États membres qui y participent (TFUE, art. 327). Les dépenses résultant de la mise en œuvre d'une coopération renforcée, autres que les coûts administratifs occasionnés pour les institutions, sont à la charge des États membres qui y participent, à moins que le Conseil, statuant à l'unanimité de tous ses membres après consultation du Parlement européen, n'en décide autrement (TFUE, art. 332). Le Conseil et la Commission européenne assurent la cohérence des actions entreprises dans le cadre d'une coopération renforcée, ainsi que la cohérence de ces actions avec les politiques de l'Union, et coopèrent à cet effet (TFUE, art. 334). La Commission européenne et, le cas échéant, le haut représentant de l'Union informent régulièrement le Parlement européen et le Conseil de l'évolution des coopérations renforcées (TFUE, art. 328, § 2). Enfin, le traité de Lisbonne introduit dans le cadre des coopérations renforcées des clauses passerelles permettant de faire évoluer dans l'avenir l'intégration différenciée. Tout d'abord, lorsqu'une disposition des traités susceptible d'être appliquée dans le cadre d'une coopération renforcée prévoit que le Conseil statue à l'unanimité, le Conseil, statuant à l'unanimité, pourra adopter une décision prévoyant qu'il statuera à la majorité qualifiée (TFUE, art. 333, § 1er). De même, lorsqu'une disposition des traités susceptible d'être appliquée dans le cadre d'une coopération renforcée prévoit que le Conseil adopte des actes conformément à une procédure législative spéciale, le Conseil, statuant à l'unanimité et après consultation du Parlement européen, pourra adopter une décision prévoyant qu'il statuera conformément à la procédure législative ordinaire (TFUE, art. 333, § 2).

Les premiers pas de l'Europe à géométrie variable

Objet des coopérations renforcées	États membres participants
Coopération renforcée dans le domaine de la loi applicable au divorce et à la séparation de corps Décision 2010/405/UE du Conseil, *JOUE* n° L189/12 du 22 juillet 2010. Date d'entrée en vigueur : 12 juillet 2010	Depuis 2010 : Allemagne, Autriche, Belgique, Bulgarie, Espagne, France, Hongrie, Italie, Lettonie, Luxembourg, Malte, Portugal, Roumanie, Slovénie Depuis 2012 : Lituanie Décision 2012/714/UE de la Commission Depuis 2014 : Grèce Décision 2014/39/UE de la Commission Depuis 2016 : Estonie Décision (UE) 2016/1366 de la Commission
Coopération renforcée dans le domaine de la création d'une protection par brevet unitaire Décision 2011/167/UE du Conseil, *JOUE* n° L76/53 du 22 mars 2011. Date d'entrée en vigueur : 10 mars 2011	Depuis 2011 : Allemagne, Autriche, Belgique, Bulgarie, Chypre, Danemark, Estonie, Finlande, France, Grèce, Hongrie, Irlande, Lettonie, Lituanie, Luxembourg, Malte, Pays-Bas, Pologne, Portugal, République tchèque, Roumanie, Slovaquie, Slovénie, Suède, Royaume-Uni Depuis 2015 : Italie Décision (UE) 2015/1753 de la Commission
Coopération renforcée dans le domaine de la taxe sur les transactions financières Décision 2013/52/UE du Conseil, *JOUE* n° L22/11 du 25 janvier 2013. Date d'entrée en vigueur : 22 janvier 2013	Allemagne, Autriche, Belgique, Espagne, Estonie, France, Grèce, Italie, Portugal, Slovaquie, Slovénie
Coopération renforcée dans le domaine de la compétence, de la loi applicable, de la reconnaissance et de l'exécution des décisions en matière de régimes patrimoniaux des couples internationaux, concernant les questions relatives tant aux régimes matrimoniaux qu'aux effets patrimoniaux des partenariats enregistrés Décision (UE) 2016/954 du Conseil, *JOUE* n° L159/16 du 16 juin 2016. Date d'entrée en vigueur : 9 juin 2016	Allemagne, Autriche, Belgique, Bulgarie, Chypre, Croatie, Espagne, Finlande, France, Grèce, Italie, Luxembourg, Malte, Pays-Bas, Portugal, République tchèque, Slovénie, Suède
Coopération renforcée concernant la création du Parquet européen (pour plus de détails sur le Parquet européen voy. *infra*, n° 335 à 338) Règlement (UE) 2017/1939 du Conseil, *JOUE* n° L283/1 du 31 octobre 2017. Date d'entrée en vigueur : 20 novembre 2017	Allemagne, Autriche, Belgique, Bulgarie, Chypre, Croatie, Espagne, Estonie, Finlande, France, Grèce, Italie, Lettonie, Lituanie, Luxembourg, Portugal, République tchèque, Roumanie, Slovaquie, Slovénie Depuis 2018 : Pays-Bas et Malte Décision (UE) 2018/1094 de la Commission Décision (UE) 2018/1103 de la Commission

98. Parallèlement aux coopérations renforcées, le traité de Lisbonne introduit par ailleurs le régime juridique de la coopération structurée permanente (CSP). La CSP constitue un dispositif propre et spécifique à la politique de sécurité et de défense commune (PSDC) permettant à un noyau d'États membres de développer des collaborations dans le domaine de la défense (TUE, art. 42, § 6). Initialement prévue en 2010[27], la CSP n'a finalement vu le jour qu'à partir de 2017 sous l'impulsion du Conseil européen[28]. Cette CSP, qui compte actuellement pas moins de vingt-cinq États membres de l'UE[29], leur permet notamment de prendre des engagements réciproques en matière d'augmentation et de coordination de leurs dépenses de défense, de participation à des programmes européens d'équipement militaire et de renforcement des capacités opérationnelles de leurs forces armées[30].

---

27. Sur ce point voy., Protocole (n° 10) sur la coopération structurée permanente établie par l'article 42 du traité sur l'Union européenne.

28. Décision (PESC) 2017/2315 du Conseil du 11 décembre 2017 établissant une coopération structurée permanente (CSP) et fixant la liste des États membres participants, *JOUE* n° L331/57 du 14 décembre 2017.

29. La CSP devrait compter très prochainement un nouvel État membre puisque le Danemark vient de renoncer à la clause d'exemption dont cet État membre bénéficie en matière de PSDC depuis le traité de Maastricht (référendum du 1er juin 2022 – 66,87 %).

30. Voy. not., décision (PESC) 2018/340 du Conseil du 6 mars 2018 établissant la liste des projets à mettre sur pied dans le cadre de la CSP, *JOUE* n° L65/24 du 8 mars 2018 ; décision (PESC) 2018/909 du Conseil du 25 juin 2018 établissant un ensemble commun de règles de gouvernance pour les projets CSP, *JOUE* n° L161/37 du 26 juin 2018 ; décision (PESC) 2020/1639 du Conseil du 5 novembre 2020 établissant les conditions générales selon lesquelles des États tiers pourraient être invités, à titre exceptionnel, à participer à des projets CSP donnés, *JOUE* n° L371/3 du 6 novembre 2020.

CHAPITRE 4

Les moyens humains et matériels de l'Union européenne

Section 1

Les ressources humaines : la fonction publique de l'Union européenne

99. L'expression « fonction publique de l'Union européenne » désigne l'ensemble des personnes travaillant pour les institutions, organes et organismes de l'Union européenne. Au 1er janvier 2022, l'Union européenne employait un peu plus de 48 000 personnes réparties entre les institutions et organes de l'Union européenne de la façon suivante :

Les effectifs des institutions et des principaux organes de l'Union européenne

Institutions, organes et organismes de l'Union européenne	2022		2021	
	Emplois permanents	Emplois temporaires	Emplois permanents	Emplois temporaires
Parlement européen	5 409	1 364	5 438	1 282
Conseil européen et Conseil	2 994	35	2 994	35
Commission	23 070	404	23 120	406
– Administration	18 362	375	18 366	375
– Recherche et innovation	3 094	5	3 120	5
– Office des publications	591	–	593	–
– Office européen de lutte antifraude (OLAF)	300	22	305	24
– Office européen de sélection du personnel	108	1	106	1
– Office de gestion et de liquidation des droits individuels	166	–	160	–
– Office pour les infrastructures et la logistique à Bruxelles	334	1	354	1

– Office pour les infrastructures et la logistique à Luxembourg	120	–	121	–
Cour de justice de l'Union européenne	1 546	564	1 534	563
Cour des comptes européenne	687	186	687	166
Comité économique et social européen	629	40	630	39
Comité européen des régions	437	59	435	59
Médiateur européen	41	32	41	32
Contrôleur européen de la protection des données	84	–	84	–
Service européen pour l'action extérieure	1 752	1	1 741	1
Organismes décentralisés	89	7 624	93	7 064
Entreprises communes européennes	48	242	49	241
Institut européen d'innovation et de technologie	–	45	–	45
Agences exécutives	–	840	–	807
TOTAL	36 786	11 436	36 846	10 740

Source: Budget général de l'Union européenne pour l'exercice 2022, *JOUE* n° L45/30 du 24 février 2022.

Ce tableau appelle deux observations. Tout d'abord, si la fonction publique de l'Union semble de prime abord relativement bien nantie, il convient toutefois de relativiser cette remarque dans la mesure où son effectif n'est en rien comparable proportionnellement avec celui des fonctions publiques des États membres, et en particulier celui de la France[1]. Ceci amène d'ailleurs Jean-Paul Jacqué à préciser fort justement que la fonction publique de l'Union « est relativement restreinte si on la compare à celle d'une ville comme Paris (56000)[2] ». Selon Claude Blumann et Louis Dubouis, cette limitation du nombre de fonctionnaires de l'Union s'explique « par les tâches qu'ils accomplissent. En raison du principe d'administration indirecte, ils [les fonctionnaires européens] se limitent à des fonctions de préparation du travail des institutions de l'Union, d'étude, d'analyse, d'expertise ou de recherche ; les hypothèses d'administration directe, telles celles de contrôle et de surveillance exercées dans le cadre du droit de la concurrence ou dans le secteur vétérinaire ou alimentaire, outre leur rareté, ne s'accompagnent pas de moyens particuliers[3] ». De plus, on constate que la répartition de l'effectif total est

---

1. Au 31 décembre 2019, 5,61 millions de personnes travaillaient dans les trois versants de la Fonction publique française soit 19,8 % de l'emploi total (salarié et non salarié) en France (Direction générale de l'administration et de la fonction publique, *Fonction publique : faits et chiffres. Chiffres-clés 2021*, collection de la DGAFP, 2021, disponible sur le site :
https://www.fonction-publique.gouv.fr/files/files/statistiques/chiffres_cles/pdf/CC-2021-web.pdf).
2. Jacque J.-P., *Droit institutionnel de l'Union européenne*, 8e éd., 2015, Dalloz, spéc. pt 320.
3. Blumann C., Dubouis L., *Droit institutionnel de l'Union européenne*, 7e éd., 2019, LexisNexis, spéc pt 479.

complètement déséquilibrée au profit de la Commission européenne puisque cette institution dispose à elle seule d'un peu de plus de 48 % du total des effectifs de la fonction publique de l'Union. Cette situation s'explique par l'importance des compétences et des tâches d'exécution qui lui sont conférées par les traités.

En pratique, la fonction publique de l'Union se compose de fonctionnaires permanents et d'agents temporaires. L'ensemble de ces personnels est soumis au statut des fonctionnaires de l'Union européenne et au régime applicable aux autres agents de l'Union européenne[4].

1. LES FONCTIONNAIRES DE L'UNION

100. Les fonctionnaires sont soumis au statut des fonctionnaires de l'Union européenne qui s'inspire assez largement du modèle français d'organisation et de fonctionnement de l'administration publique.

« Est fonctionnaire de l'Union au sens du présent statut toute personne qui a été nommée dans les conditions prévues à ce statut dans un emploi permanent d'une des institutions de l'Union par un acte écrit de l'autorité investie du pouvoir de nomination de cette institution » (statut, art. 1 *bis*). Les fonctionnaires sont répartis en trois groupes de fonctions : les administrateurs (AD), les assistants (AST) et les assistants-secrétaires (AST/SC). Il existe également un cadre spécial pour les traducteurs et interprètes (AD Linguiste).

« Le recrutement doit viser à assurer à l'institution le concours de fonctionnaires possédant les plus hautes qualités de compétence, de rendement et d'intégrité, recrutés sur une base géographique aussi large que possible parmi les ressortissants des États membres de l'Union » (statut, art. 27). Le recrutement des fonctionnaires s'effectue par voie de concours. Ces derniers sont ouverts par chaque institution mais peuvent également être communs à plusieurs institutions (il s'agit alors de concours interinstitutionnels). Ces concours, organisés depuis janvier 2003 par l'Office européen de sélection du personnel (EPSO)[5], sont ouverts, sauf dérogation, aux seuls ressortissants des États membres de l'Union (statut, art. 28). Un jury est nommé pour chaque concours. À l'issue d'épreuves écrites et/ou orales, il appartient au jury d'établir une liste d'aptitude des candidats. La réussite à un concours de la fonction publique de l'Union n'induit donc pas automatiquement l'obtention d'un poste pour tous les candidats puisque l'institution qui a organisé ce concours choisit sur cette liste le ou les candidats qu'elle nomme aux postes vacants (statut, art. 30).

Les droits et obligations des fonctionnaires sont fixés par les articles 11 à 26 *bis* du statut. Les fonctionnaires sont notamment soumis à des obligations d'indépendance, de réserve, de discrétion, de loyauté, de résidence et d'impartialité. Tout manquement à ces obligations, commis volontairement ou par négligence, expose un fonctionnaire à une sanction disciplinaire pouvant aller du simple avertissement à la révocation avec déchéance des droits à pension. Les fonctionnaires bénéficient principalement des libertés d'expression, d'opinion, d'association et de se syndiquer. Par ailleurs, ils

---

4. Une version codifiée est disponible sur le site :
   https://eur-lex.europa.eu/legal-content/FR/TXT/PDF/?uri=CELEX:01962R0031-20220101&from=FR
5. Des informations sur les concours publiés ou planifiés sont disponibles sur le site de l'EPSO :
   https://epso.europa.eu

disposent également de privilèges et immunités qui leur sont conférés exclusivement dans l'intérêt de l'Union par l'article 11 du Protocole (n° 7) sur les privilèges et immunités de l'Union européenne (ex. : immunité de juridiction pour les actes accomplis par les fonctionnaires et les autres agents de l'Union, y compris leurs paroles et écrits ; non-soumission des fonctionnaires et des autres agents de l'Union, ainsi que leurs conjoints et les membres de leur famille vivant à leur charge, aux dispositions adoptées par les États membres limitant l'immigration et aux formalités d'enregistrement des étrangers).

En vertu de l'article 270, du traité FUE, la Cour de justice de l'UE est compétente pour statuer sur tout litige entre l'Union et ses agents. Depuis la réforme du système judiciaire européen de 2015 (voy. *infra*, n° 179 et 180), ce contentieux relève de la compétence du Tribunal sous réserve d'un pourvoi devant la Cour de justice. Avant de saisir le Tribunal d'un litige l'opposant à son institution, le fonctionnaire doit lui adresser au préalable une réclamation et ce n'est qu'après décision explicite ou implicite de rejet qu'un recours peut être formé dans un délai de trois mois (statut, art. 91).

2. LES AUTRES AGENTS DE L'UNION

101. Outre les fonctionnaires, les institutions, organes et organismes de l'Union emploient également d'autres personnes afin de pourvoir à certains postes spécifiques. Ce personnel, soumis au régime applicable aux autres agents de l'Union européenne (RAA), est désormais regroupé en cinq catégories : les agents temporaires, les agents contractuels, les agents locaux, les conseillers spéciaux et les assistants parlementaires accrédités (RAA, art. 1er). Les agents temporaires et contractuels sont principalement engagés en vue d'exercer des fonctions spécifiques dans les institutions et les organismes de l'Union (RAA, art. 2 et 3 *bis* et *ter*). Ils sont recrutés pour une durée déterminée conformément aux dispositions prévues par le RAA. Ces agents relèvent du droit de l'Union. Le régime qui leur est applicable est sensiblement comparable à celui des fonctionnaires, notamment en ce qui concerne leurs droits et obligations (RAA, art. 11), exception faite des dispositions relatives au recrutement (par voie de contrat et non de concours) et à la carrière (contrat à durée déterminée). Les agents locaux sont engagés dans des pays situés en dehors de l'UE en vue d'exécuter des tâches manuelles ou de service (ex. : les représentations et les délégations des institutions de l'Union dans les pays tiers) (RAA, art. 4). Ces agents sont soumis aux règles du droit du travail en vigueur dans le pays où ils sont recrutés et tous les litiges pouvant naître entre l'institution et l'agent local en service dans un pays tiers sont soumis à une instance d'arbitrage dans les conditions définies dans une clause compromissoire figurant dans le contrat de l'agent local. Les conseillers spéciaux sont engagés en raison de leurs qualifications exceptionnelles, et nonobstant d'autres activités professionnelles, pour prêter leur concours aux institutions de l'Union soit de façon régulière soit pendant des périodes déterminées (RAA, art. 5). Enfin, les assistants parlementaires accrédités sont des personnes choisies par un ou plusieurs députés européens et engagées sous contrat direct avec le Parlement européen pour apporter une assistance directe, dans les locaux du Parlement européen, sur l'un de ses trois lieux de travail, à ce ou à ces députés dans l'exercice de leurs fonctions de députés au Parlement européen, sous leur direction et leur autorité et dans une relation de confiance mutuelle (RAA, art. 5 *bis*).

Section 2

Les ressources matérielles

1. LE SIÈGE DES INSTITUTIONS DE L'UNION

102. Dans la mesure où, initialement, les Communautés européennes et, aujourd'hui, l'Union européenne ne disposent pas d'une capitale (apanage des seuls États), les traités constitutifs avaient prévu que les gouvernements des États membres fixent d'un commun accord le siège des institutions communautaires[6]. Toutefois, l'absence d'un tel accord conduit les institutions à vivre dans le provisoire. Une décision des représentants des gouvernements des États membres accompagnant le traité de Bruxelles d'avril 1965 réalise un premier compromis entre les États membres[7]. Cette décision précise notamment que Bruxelles, Strasbourg et Luxembourg demeurent les lieux de travail provisoires des institutions des Communautés européennes.

En fait, les difficultés principales résultent du Parlement européen dont l'activité est partagée entre les trois villes. Cette institution a donc tenté à plusieurs reprises de regrouper toutes ses activités à Bruxelles. Ces velléités ont suscité de nombreux litiges avec la France et le Luxembourg car ces deux États membres n'entendaient pas voir cette institution quitter leur territoire[8]. La décision des représentants des gouvernements des États membres adoptée à l'occasion du Conseil européen d'Édimbourg des 11 et 12 décembre 1992 semblait avoir mis fin au contentieux. Une ultime tentative du Parlement européen de contourner cette décision, condamnée par la Cour de justice[9], décide les États membres à transformer cette décision en un protocole au traité d'Amsterdam. Ce protocole[10] précise que le siège du Parlement européen est à Strasbourg où se tiennent les périodes de sessions plénières mensuelles, y compris la session budgétaire. Par contre, les périodes de sessions plénières additionnelles, les commissions parlementaires et les réunions des groupes politiques se tiennent à Bruxelles. Enfin, le secrétariat général du Parlement européen et ses services administratifs restent installés à Luxembourg. Ce protocole a mis un terme aux joutes récurrentes opposant le Parlement européen à la France et au Luxembourg[11]. Désormais, seul un acte de droit primaire pourrait venir modifier le siège des institutions de l'Union.

---

6. Le traité de Lisbonne n'apporte pas d'évolutions en la matière puisque l'article 341, du traité FUE prévoit, comme auparavant, que « le siège des institutions de l'Union est fixé du commun accord des gouvernements des États membres ».
7. *JOCE* n° 152/18 du 13 juillet 1967.
8. Sur cette question voy. not., **arrêt du 10 février 1983, Luxembourg/Parlement, 230/81, EU: C:1983:32** ; **arrêt du 22 septembre 1988, France/Parlement, 358/85 et 51/86, EU:C:1988:431** ; **arrêt du 28 novembre 1991, Luxembourg/Parlement, C-213/88 et C-39/89, EU:C:1991:449.**
9. **Arrêt du 1er octobre 1997, France/Parlement, C-345/95, EU:C:1997:450.**
10. Voy., protocole (n° 6) sur la fixation des sièges des institutions et certains organes, organismes et services de l'Union européenne.
11. Voy. néanmoins l'annulation du calendrier des périodes de sessions plénières du Parlement européen pour les années 2012 et 2013 par la Cour de justice, **arrêt du 13 décembre 2012, France/Parlement, C-237/11 et C-238/11, EU:C:2012:796.**

Cet éparpillement est préjudiciable à un fonctionnement rationnel des institutions de l'Union et il faudra bien qu'à terme et dans cette perspective on admette que le Parlement européen siège à Bruxelles au côté du Conseil et de la Commission européenne.

Le siège des institutions et des principaux organes de l'Union européenne

Conseil européen	Bruxelles
Parlement européen	Strasbourg
Conseil	Bruxelles[12]
Commission	Bruxelles[13]
Cour de justice de l'Union européenne	Luxembourg
Cour des comptes européenne	Luxembourg
Comité économique et social européen	Bruxelles
Comité européen des régions	Bruxelles
Banque centrale européenne	Francfort-sur-le-Main
Banque européenne d'investissement	Luxembourg

2. LE BUDGET DE L'UNION EUROPÉENNE

103. Conformément à l'article 312, du traité FUE, le budget annuel de l'UE s'inscrit dans le cadre financier pluriannuel (CFP). Il s'agit d'un plan financier qui traduit sur plusieurs années les priorités politiques et économiques de l'UE en priorités budgétaires. Le CFP fournit ainsi un cadre financier permettant d'assurer une évolution ordonnée des dépenses de l'Union dans la limite de ses capacités financières et de concentrer ses ressources et investissements dans les domaines prioritaires pour l'UE. Les budgets annuels de l'UE doivent être compatibles avec le CFP dans la mesure où ce dernier impose une discipline budgétaire.

104. Lors de sa réunion des 17 au 21 juillet 2020, le Conseil européen est parvenu à un accord politique sur le CFP 2021-2027. Les dirigeants européens ont convenu de réhausser sensiblement le plafond des dépenses de l'UE par rapport au précédent CFP 2014-2020. En effet, les Chefs d'État ou de gouvernement ont décidé d'accroître pour la période 2021-2027 le montant des dépenses à 1 074,30 milliards EUR en crédits pour engagements (en place et lieu de 959,98 milliards EUR pour la période 2014-2020) et à 1 061,05 milliards EUR en crédits pour paiements (en place et lieu de 908,40 milliards EUR pour la période 2014-2020) alors même que l'Union européenne

---

12. L'essentiel des sessions du Conseil se déroule à Bruxelles. Cependant, pendant les mois d'avril, de juin et d'octobre, le Conseil tient ses sessions à Luxembourg. En cas de circonstances exceptionnelles, le Conseil ou le Coreper, statuant à l'unanimité, peut décider qu'une session du Conseil se tiendra dans un autre lieu.

13. En application de la décision des représentants des gouvernements des États membres du 8 avril 1965 relative à l'installation provisoire de certaines institutions et de certains services des Communautés (67/446/CEE : 67/30/Euratom) (*JOCE* n° L152/18 du 13 juillet 1967), certains services de la Commission européenne sont cependant établis à Luxembourg comme par exemple l'Office des publications de l'Union européenne chargé notamment de la publication du *Journal officiel de l'Union européenne* (dans toutes les langues officielles de l'UE) et de sa diffusion dans tous les États membres.

ne compte plus désormais que vingt-sept États membres. Conformément aux orientations définies par le Conseil européen des 17 au 21 juillet 2020, le Conseil a ensuite finalisé et parachevé le CFP 2021-2027[14].

Cadre financier pluriannuel 2021-2027 (UE-27)

(en millions d'EUR – prix de 2018)

CRÉDITS D'ENGAGEMENT	2021	2022	2023	2024	2025	2026	2027	Total 2021-2027
1. Marché unique, innovation et numérique	19 712	19 666	19 133	18 633	18 518	18 646	18 473	**132 781**
2. Cohésion, résilience et valeurs	49 741	51 101	52 194	53 954	55 182	56 787	58 809	**377 768**
2a. Cohésion économique, sociale et territoriale	*45 411*	*45 951*	*46 493*	*47 130*	*47 770*	*48 414*	*49 066*	*330 235*
2b. Résilience et valeurs	*4 330*	*5 150*	*5 701*	*6 824*	*7 412*	*8 373*	*9 743*	*47 533*
3. Ressources naturelles et environnement	55 242	52 214	51 489	50 617	49 719	48 932	48 161	**356 374**
dont : dépenses liées au marché et paiements directs	*38 564*	*38 115*	*37 604*	*36 983*	*36 373*	*35 772*	*35 183*	*258 594*
4. Migration et gestion des frontières	2 324	2 811	3 164	3 282	3 672	3 682	3 736	**22 671**
5. Sécurité et défense	1 700	1 725	1 737	1 754	1 928	2 078	2 262	**13 185**
6. Le voisinage et le monde	15 309	15 522	14 789	14 056	13 323	12 592	12 828	**98 419**
7. Administration publique européenne	10 021	10 215	10 342	10 454	10 554	10 673	10 843	**73 102**
dont : dépenses administratives des institutions	*7 742*	*7 878*	*7 945*	*7 997*	*8 025*	*8 077*	*8 188*	*55 852*
TOTAL DES CRÉDITS D'ENGAGEMENT	154 049	153 254	152 848	152 750	152 896	153 390	155 113	1 074 300
TOTAL DES CRÉDITS DE PAIEMENT	156 557	154 822	149 936	149 936	149 936	149 936	149 936	1 061 058

Source : règlement (UE, Euratom) 2020/2093 du Conseil du 17 décembre 2020 fixant le cadre financier pluriannuel pour les années 2021 à 2027, *JOUE* n° L433I/21 du 22 décembre 2020.

105. C'est également lors du Conseil européen de Bruxelles des 17 au 21 juillet 2020 que les chefs d'État et de gouvernement sont parvenus à un accord politique sur un plan de relance pour l'Europe en vue de surmonter les conséquences économiques et sociales de la pandémie de la Covid-19. Cet instrument financier temporaire, destiné à stimuler la reprise et dénommé NextGenerationEU, est doté d'un budget de 750 milliards d'EUR[15]. NextGenerationEU repose en tout premier lieu sur la facilité pour la reprise et la résilience[16]. Dotée d'un budget de 672,5 milliards d'EUR sous

---

14. Voy., règlement (UE, Euratom) 2020/2093 du Conseil du 17 décembre 2020 fixant le cadre financier pluriannuel pour les années 2021 à 2027, *JOUE* n° L433I/11 du 22 décembre 2020.
15. Voy., règlement (UE) 2020/2094 du Conseil du 14 décembre 2020 établissant un instrument de l'Union européenne pour la relance en vue de soutenir la reprise à la suite de la crise liée à la Covid-19, *JOUE* n° L433I/23 du 22 décembre 2020.
16. Voy., règlement (UE) 2021/241 du Parlement européen et du Conseil du 12 février 2021 établissant la facilité pour la reprise et la résilience, *JOUE* n° L57/17 du 18 février 2021.

forme de prêts (360 milliards d'EUR) et de subventions (312,5 milliards d'EUR), la faci-lité pour la reprise et la résilience est destinée à soutenir les réformes et les investisse-ments entrepris par les États membres de l'UE. Les États membres ont élaboré leurs plans de reprise et de résilience afin d'accéder aux fonds mis à disposition au titre de cette facilité européenne[17]. NextGenerationEU comprend également une nouvelle initiative pour préparer une reprise écologique, numérique et résiliente de l'économie, dénommée REACT-EU[18]. Gratifiée d'une enveloppe de 47,5 milliards d'EUR, REACT-EU soutient la reprise en faveur de la cohésion et des territoires de l'UE. Cette initiative est mise à disposition des États membres par l'intermédiaire du Fonds européen de déve-loppement régional (FEDER), du Fonds social européen (FSE) et du nouveau Fonds européen d'aide aux plus démunis (FEAD). Enfin, NextGenerationEU alloue des fonds supplémentaires à d'autres programmes ou fonds européens tels qu'Horizon 2020 (+ 5 milliards d'EUR), InvestEU (+ 5,6 milliards d'EUR), le développement rural (+ 5 milliards d'EUR) ou encore le Fonds pour une transition juste (FTJ) (+ 10 milliards d'EUR). L'instrument de relance NextGenerationEU est intégralement financé par l'intermédiaire d'emprunts réalisés par la Commission européenne, au nom de l'UE, sur les marchés des capitaux. Les fonds levés par l'UE seront remboursés par les États membres soit directement (pour les prêts) soit au moyen du budget de l'UE (pour les subventions) au plus tard en décembre 2058[19].

Ventilation globale de NextGenerationEU

(en milliards d'EUR – prix de 2018)

Facilité pour la reprise et la résilience	**672,5**
dont prêts	*360*
dont subventions	*312,5*
React-EU	47,5
Horizon Europe	5
InvestEU	5,6
Développement rural	7,5
Fonds pour une transition juste (FTJ)	10
RescEU	1,9
TOTAL	750

Source : Conseil européen des 17 au 21 juillet 2020.

---

17. Pour une illustration voy. le plan national de relance et de résilience présenté par le gouvernement français à la Commission européenne le 29 avril 2021, *https://www.economie.gouv.fr/files/files/directions_services/plan-de-relance/PNRR%20Francais.pdf*
18. Voy., règlement (UE) 2020/2221 du Parlement européen et du Conseil du 23 décembre 2020 modi-fiant le règlement (UE) n° 1303/2013 en ce qui concerne des ressources supplémentaires et des moda-lités d'application afin de fournir un soutien pour favoriser la réparation des dommages à la suite de la crise engendrée par la pandémie de Covid-19 et de ses conséquences sociales et pour préparer une reprise écologique, numérique et résiliente de l'économie (REACT-EU), *JOUE* n° L437/30 du 28 décembre 2020.
19. Voy., communication de la Commission, « Une nouvelle stratégie de financement en vue du finance-ment de NextGenerationEU », COM(2021) du 14 avril 2021.

Le CFP 2021-2027, associé à NextGenerationEU, constitue le plus vaste train de mesures de relance jamais financé dans l'Union européenne. Cette enveloppe globale de plus de 1 800 milliards d'EUR, qui contribuera à reconstruire l'Europe post-Covid-19, est ventilée comme suit :

Dotations totales du CFP 2021-2027 par rubrique (UE-27)

(en milliards d'EUR – prix de 2018)

Rubriques	CFP 2021-2027	NextGenerationEU	TOTAL
1. Marché unique, innovation et numérique	132,8	10,6	143,4
2. Cohésion, résilience et valeurs	377,8	721,9	1 099,7
3. Ressources naturelles et environnement	356,4	17,5	373,9
4. Migration et gestion des frontières	22,7	–	22,7
5. Sécurité et défense	13,2	–	13,2
6. Le voisinage et le monde	98,4	–	98,4
7. Administration publique européenne	73,1	–	73,1
TOTAL	1 074,3	750	1 824,3

Source : Commission européenne, *https://ec.europa.eu/info/strategy/recovery-plan-europe_fr*

106. Par ailleurs, les chefs d'État ou de gouvernement des États membres de l'UE se sont accordés lors de leur réunion des 17 au 21 juillet 2020 sur l'introduction d'un régime général de conditionnalité pour la protection du budget de l'Union en cas de violation des principes de l'État de droit dans un État membre[20]. Ce mécanisme de conditionnalité, entériné lors du Conseil européen des 10 et 11 décembre 2020 et validé par la Cour de justice (**arrêt du 16 février 2022, Hongrie/Parlement européen et Conseil, C-156/22, EU:C:2022:97 ; arrêt du 16 février 2022, Pologne/Parlement européen et Conseil, C-157/22, EU:C:2022:98**), permet à l'UE depuis le 1er janvier 2021 de suspendre, de réduire ou de restreindre l'accès aux financements de l'UE pour les États membres qui ne respecteraient pas l'État de droit, c'est-à-dire dans l'hypothèse où l'un d'entre eux agirait en violation des valeurs sur lesquelles l'UE est fondée, telles que consacrées par l'article 2, du traité UE. Il appartient au Conseil, statuant à la majorité qualifiée et sur proposition de la Commission européenne, d'adopter la décision d'exécution arrêtant les mesures appropriées. Ces mesures devront être proportionnées et déterminées en fonction de la nature, la gravité et la portée des violations des principes de l'État de droit. Par ailleurs, le règlement (UE, Euratom) 2020/2092 du Parlement européen et du Conseil du 16 décembre 2020 prend soin de protéger les destinataires finaux et les bénéficiaires des financements de l'UE, comme par exemple les étudiants éligibles au programme Erasmus+ ou les agriculteurs aux financements de la Politique agricole commune, dans la mesure où il prévoit qu'un État membre sanctionné pour violation de l'État de droit est toujours dans l'obligation d'effectuer les paiements qui leur sont dus.

---

20. Voy., règlement (UE, Euratom) 2020/2092 du Parlement européen et du Conseil du 16 décembre 2020 relatif à un régime général de conditionnalité pour la protection du budget de l'Union, *JOUE* n° L433I/1 du 22 décembre 2020.

A - Les ressources propres et les autres recettes

107. Les recettes du budget général de l'UE relèvent de deux catégories principales : les ressources propres et les autres recettes. Cette distinction est mentionnée à l'article 311, alinéa 2, du traité FUE : « Le budget est, sans préjudice des autres recettes, intégralement financé par des ressources propres. ». L'essentiel des dépenses budgétaires de l'UE est financé par le système des ressources propres instauré en 1970 (voy *supra*, n° 14) et les autres recettes ne représentent qu'une toute petite partie du financement de l'UE.

108. Les ressources propres peuvent se définir comme des recettes affectées à titre définitif au budget de l'UE par les États membres et lui revenant de droit afin de financer ses actions et ses politiques sans qu'aucune décision ultérieure des autorités nationales ne soit nécessaire. Les États membres ont l'obligation, en application du principe de coopération loyale posé par l'article 4, § 3, du traité UE, de prendre toutes les mesures nationales de nature à garantir un prélèvement efficace des ressources propres de l'UE et de sanctionner les fraudes correspondantes (**arrêt du 7 avril 2016, Degano Trasporti, C-546/14, EU:C:2016:206, pt 21 ; arrêt du 5 décembre 2017, M.A.S. et M.B., C-42/17, EU:C:2017:936, pt 32**).

109. Le Conseil européen de Bruxelles des 17 au 21 juillet 2020 a augmenté, pour la période 2021-2027, le plafond des ressources propres à 1,40 % de la somme des RNB de tous les États membres (en place et lieu de 1,23 % de la somme des RNB de tous les États membres pour la période 2014-2020 comme pour la période 2007-2013). Le Conseil européen a par ailleurs convenu que le montant total des crédits annuels pour engagements inscrits au budget de l'Union ne dépasse pas 1,46 % de la somme des RNB de tous les États membres.

1) La diversité des ressources propres

110. La décision (UE, Euratom) 2020/2053 du Conseil du 14 décembre 2020[21], la dernière en date relative au système des ressources propres et dénommée « DRP 2021 », distingue :

a) Les ressources propres traditionnelles (dénommées « RPT »)

Introduites par la DRP 1970, les ressources propres traditionnelles sont perçues auprès des opérateurs économiques par les États membres pour le compte de l'UE sur les échanges avec les pays tiers sans qu'il soit désormais établi une quelconque différence entre les prélèvements perçus sur les importations de produits agricoles et les droits de douane encaissés sur les importations de marchandises et de produits industriels. Les États membres ont l'obligation de mettre ces ressources à la disposition de la Commission européenne qui les perçoit au nom et pour le compte de l'UE (**arrêt du 3 avril 2014, Commission/Royaume-Uni, C-60/13, EU:C:2014:219, pt 40**). De fait, si une erreur commise par les autorités douanières d'un État membre dans le classement

---

21. Décision (UE, Euratom) 2020/2053 du Conseil du 14 décembre 2020 relative au système des ressources propres de l'Union européenne, *JOUE* n° L424/1 du 15 décembre 2020 ; voy. égal., règlement (UE, Euratom) 2021/768 du Conseil du 30 avril 2021 portant mesures d'exécution du système des ressources propres de l'Union européenne et abrogeant le règlement (UE, Euratom) n° 608/2014, *JOUE* n° L165/1 du 11 mai 2021.

tarifaire d'une marchandise importée a pour effet que le redevable ne s'est pas acquitté du montant des droits de douane concernés, cette faute ne saurait pour autant dispenser l'État membre en question de l'obligation de verser à la Commission européenne les droits de douane qui auraient dû être constatés dans le cadre de la mise à disposition des ressources propres ainsi que des intérêts de retard (**arrêt du 15 novembre 2005, Commission/Danemark, C-392/02, EU:C:2005:683, pt 58 ; arrêt du 8 juillet 2010, Commission/Italie, C-334/08, EU:C:2010:414, pt 50 ; arrêt du 3 avril 2014, Commission/Royaume-Uni, C-60/13, EU:C:2014:219, pt 45**).

Les États membres conservent 25 % des montants perçus sur les ressources propres traditionnelles au titre des frais de perception (en place et lieu des 20 % prévus dans la DRP 2014) (décision (UE, Euratom) 2020/2053, art. 9, § 2). Plus particulièrement, les recettes provenant des RPT comprennent les « prélèvements, primes, montant supplémentaires ou compensatoires, montants ou éléments additionnels, des droits du tarif douanier commun et autres droits établis ou à établir par les institutions de l'Union sur les échanges avec les pays tiers, des droits de douane sur les produits relevant du traité, arrivé à expiration, instituant la Communauté européenne du charbon et de l'acier ainsi que des cotisations et autres droits prévus dans le cadre de l'organisation commune des marchés dans le secteur du sucre » (décision (UE, Euratom) 2020/2053, art. 2, § 1er, point a). Les droits de douane encaissés sur les importations de marchandises et de produits industriels applicables aux échanges avec les États tiers constituent l'essentiel des ressources propres traditionnelles. L'évolution générale du commerce mondial et des tarifs douaniers dans les négociations commerciales menées dans le cadre de l'OMC ont pour conséquence que ces ressources propres traditionnelles représentent aujourd'hui une faible part des ressources de l'Union européenne.

b) La ressource propre fondée sur la taxe sur la valeur ajoutée (dénommée la ressource propre « TVA »)

Bien que cette ressource ait été également instaurée par la DRP 1970, il a fallu attendre l'harmonisation des systèmes de TVA entre les États membres, en 1979, pour qu'elle soit collectée. La ressource TVA provient de l'application d'un taux d'appel uniforme de 0,30 % pour tous les États membres au montant total des recettes de la TVA perçues sur toutes les opérations imposables, divisé par le taux moyen pondéré de TVA calculé pour l'année civile concernée comme prévu par le règlement (CEE, Euratom) n° 1553/89 du Conseil du 29 mai 1989 concernant le régime uniforme définitif de perception des ressources propres provenant de la taxe sur la valeur ajoutée[22]. Pour chaque État membre, l'assiette TVA à prendre en compte à cet effet n'excède pas 50 % du RNB. Cet écrêtement a pour objectif de corriger les défauts et lacunes de cette ressource propre qui, sans cette correction, pénaliserait les États membres les moins prospères de l'UE (décision (UE, Euratom) 2020/2053, art. 2, § 1er, point b).

---

22. *JOCE* n° L155/9 du 7 juin 1989 ; voy. égal., règlement (UE, Euratom) 2021/769 du Conseil du 30 avril 2021 modifiant le règlement (CEE, Euratom) n° 1553/89 concernant le régime uniforme définitif de perception des ressources propres provenant de la taxe sur la valeur ajoutée, *JOUE* n° L165/9 du 11 mai 2021.

c) La ressource propre fondée sur les déchets d'emballages en plastique non recyclés (qu'on pourrait dénommer la ressource propre « Plastique »)

Cette nouvelle ressource propre, instituée par la DRP 2021, provient de l'application d'un taux d'appel uniforme de 0,80 EUR par kilogramme de déchets d'emballages en plastique non recyclés produits dans chaque État membre (décision (UE, Euratom) 2020/2053, art. 2, § 1er, point c)[23]. Néanmoins, seize États membres bénéficient d'une réduction forfaitaire annuelle de leur contribution respective à cette ressource propre : 22 millions d'EUR pour la Bulgarie, 32,187 millions d'EUR pour la République tchèque, 4 millions d'EUR pour l'Estonie, 33 millions d'EUR pour la Grèce, 142 millions d'EUR pour l'Espagne, 13 millions d'EUR pour la Croatie, 184,048 millions d'EUR pour l'Italie, 3 millions d'EUR pour Chypre, 6 millions d'EUR pour la Lettonie, 9 millions d'EUR pour la Lituanie, 30 millions d'EUR pour la Hongrie, 1,415 million d'EUR pour Malte, 117 millions d'EUR pour la Pologne, 31,322 millions d'EUR pour le Portugal, 60 millions d'EUR pour la Roumanie, 6,279 millions d'EUR pour la Slovénie et enfin 17 millions d'EUR pour la Slovaquie (décision (UE, Euratom) 2020/2053, art. 2, § 2, alinéa 3).

d) La ressource propre fondée sur le revenu national brut (dénommée la ressource propre « RNB »)

Instaurée par la DRP 1988[24] sous la dénomination de ressource PNB[25], la ressource RNB résulte de l'application d'un taux d'appel uniforme à la somme des RNB de tous les États membres, déterminé chaque année dans le cadre de la procédure budgétaire de manière à équilibrer les recettes et les dépenses (décision (UE, Euratom) 2020/2053, art. 2, § 1er, point d)[26]. Le taux uniforme d'appel de la ressource RNB pour le budget 2022 a été fixé à 0,7713 %. Il s'agit donc d'une ressource d'équilibre du budget destinée à alimenter le budget de l'Union au cas où le total des deux autres ressources propres ne serait pas suffisant pour financer l'ensemble des dépenses prévues au budget de l'Union, étant entendu que le total des ressources (et de ce fait des dépenses) ne saurait excéder 1,40 % de la somme des RNB de tous les États membres. Pour la période 2021-2027, plusieurs États membres bénéficient de réductions brutes de leur contribution annuelle fondée sur le RNB s'élevant respectivement à 565 millions d'EUR pour l'Autriche, 377 millions d'EUR pour le Danemark, 3 671 millions d'EUR pour l'Allemagne, 1 921 millions d'EUR pour les Pays-Bas et enfin 1 069 millions d'EUR pour la Suède (décision (UE, Euratom) 2020/2053, art. 2, § 2, alinéa 4). Cette ristourne, octroyée généreusement à nos homologues européens, est supportée par tous les autres États membres en fonction de leur RNB respectif.

23. Sur le mode de calcul de l'éco-RP voy. égal., règlement (UE, Euratom) 2021/770 du Conseil du 30 avril 2021 relatif au calcul de la ressource propre fondée sur les déchets d'emballages en plastique non recyclés, aux modalités et à la procédure de mise à disposition de cette ressource propre, aux mesures visant à faire face aux besoins de trésorerie ainsi qu'à certains aspects de la ressource propre fondée sur le revenu national brut, *JOUE* n° L165/15 du 11 mai 2021.
24. Décision du Conseil du 24 juin 1988 relative au système des ressources propres des Communautés (88/376/CEE, Euratom), *JOCE* n° L293/24 du 15 juillet 1988.
25. Cette transformation résulte de l'application de la nouvelle comptabilité SEC95 qui remplace la notion de « PNB » par celle de « RNB ». Il s'agit donc de deux concepts identiques qui ont cependant engendré une modification des chiffres du PNB et du RNB en raison de changements dans les modes de calcul de ces agrégats statistiques.
26. Voy. égal., règlement (UE, Euratom) 2021/770 du Conseil du 30 avril 2021, préc.

La DRP 2021 est entrée en vigueur le 1er juin 2021 après sa ratification par tous les États membres selon leurs règles constitutionnelles respectives[27]. Tous les ajustements que comporte cette décision ont été appliqués rétroactivement à partir du 1er janvier 2021.

2) L'avenir des ressources propres

111. Outre les dépenses, les chefs d'État ou de gouvernement avaient également convenu lors de leur réunion des 17 au 21 juillet 2020 de réformer le système des ressources propres et d'introduire de nouvelles ressources propres afin notamment de rembourser les fonds levés par l'UE pour financer le volet « subventions » de NextGenerationEU. Conformément aux orientations fixées par le Conseil européen, telles que reprises par l'accord interinstitutionnel entre le Parlement européen, le Conseil et la Commission européenne du 16 décembre 2020[28], la Commission européenne a tout d'abord mise en place, dès le 1er janvier 2021, une nouvelle ressource propre fondée sur les déchets d'emballages en plastique non recyclés (Ressource propre « Plastique »). Cette même institution a par ailleurs présenté en décembre 2021 trois nouvelles sources de recettes qui pourraient constituer à terme la prochaine génération de ressources propres de l'UE[29].

a) La ressource propre fondée sur l'échange de quotas d'émission

La Commission européenne propose de renforcer l'actuel système d'échange de quotas d'émission (SEQE) en l'étendant au transport maritime et en instaurant progressivement la mise aux enchères de l'ensemble des quotas du secteur de l'aviation. Elle préconise par ailleurs d'introduire un nouveau système d'échange de quotas d'émission pour les bâtiments et le transport routier. Dans le cadre de l'actuel système du marché du carbone de l'UE, l'essentiel des recettes provenant de la mise aux enchères des quotas d'émission est transféré aux budgets nationaux. La Commission propose qu'à l'avenir, 25 % des recettes provenant de l'échange de quotas d'émission de l'UE alimentent le budget de l'UE. À terme, les recettes pour le budget de l'UE devraient atteindre environ 12 milliards d'EUR par an en moyenne sur la période 2026-2030 (9 milliards d'EUR en moyenne entre 2023 et 2030).

b) La ressource propre fondée sur le mécanisme d'ajustement carbone aux frontières

La Commission européenne prône l'instauration d'un mécanisme d'ajustement carbone aux frontières (MACF) afin d'encourager les producteurs des pays non membres de l'UE à « verdir » leurs processus de production. Le MACF fixerait un prix du carbone sur les importations, correspondant à ce qui aurait été payé si les marchandises avaient été produites dans l'UE. Ce mécanisme, pleinement conforme aux règles de l'OMC, s'appliquerait dans un premier temps à une sélection ciblée de secteurs.

La Commission propose d'allouer au budget de l'UE 75 % des recettes générées par le MACF. Les recettes générées par cette nouvelle ressource propre pour le budget de l'UE

---

27. Pour la France voy., Loi n° 2021-127 du 8 février 2021 autorisant l'approbation de la décision (UE, Euratom) 2020/2053 du Conseil du 14 décembre 2020 relative au système des ressources propres de l'Union européenne, *JORF* n° 34/1 du 9 février 2021.
28. *JOUE* n° L433I/28 du 22 décembre 2020.
29. Communication de la Commission, « La prochaine génération de ressources propres pour le budget de l'UE », COM(2021) 566 Final du 22 décembre 2021.

pourraient être de l'ordre du milliard d'EUR par an en moyenne sur la période 2026-2030 (un demi-milliard d'EUR en moyenne de 2023 à 2030). Le MACF ne devrait pas générer de recettes durant la période transitoire, de 2023 à 2025.

c) La ressource propre fondée sur les bénéfices réaffectés des grandes entreprises multinationales

Le 8 octobre 2021, plus de cent-trente pays membres du cadre inclusif OCDE/G20 sur l'érosion de la base d'imposition et le transfert de bénéfices (représentant plus de 90 % du PIB mondial) ont approuvé une vaste réforme du cadre fiscal international en vue de lutter contre l'évasion fiscale. Cet accord, qui comprend deux piliers distincts, prévoit dans son « Pilier Un » de réattribuer aux pays participants, quels qu'ils soient, les droits d'imposition d'une partie des bénéfices des plus grandes entreprises multinationales.

La Commission propose que les États membres contribuent au budget de l'UE à hauteur de 15 % de la part des bénéfices imposables des entreprises multinationales qui leur serait réaffectée dans le cadre du « Pilier Un ». Dans l'attente de la finalisation de l'accord, les recettes pour le budget de l'UE pourraient se situer entre 2,5 et 4 milliards d'EUR par an.

112. Afin d'intégrer ces nouvelles ressources propres dans le budget de l'UE, l'UE doit modifier non seulement le règlement (UE, Euratom) 2020/2093 du Conseil du 17 décembre 2020 fixant le CFP 2021-2027[30] mais également la décision (UE, Euratom) 2020/2053 du Conseil du 14 décembre 2020 relative aux ressources propres[31]. La Commission européenne travaille actuellement main dans la main avec le Parlement européen et le Conseil en vue d'une mise en place de ces nouvelles ressources propres au plus tard le 1er janvier 2023. Puis, et sur la base d'analyses d'impact, la gardienne des traités doit proposer d'ici la fin 2023 de nouvelles ressources propres additionnelles qui pourraient inclure une taxe numérique provenant des activités commerciales numériques, une contribution financière liée au secteur des entreprises et une nouvelle assiette commune pour l'impôt sur les sociétés[32]. Ce second train de ressources propres s'appuiera sur la proposition intitulée « Entreprises en Europe : cadre pour l'imposition des revenus (BEFIT) » que la Commission européenne présentera en 2023. Suivant les procédures applicables en vertu des traités et sous réserve de l'approbation des États membres selon leurs règles constitutionnelles respectives, il est prévu de mettre en place ces ressources propres additionnelles d'ici le 1er janvier 2026. Le produit des nouvelles ressources propres introduites après 2021 sera utilisé pour le remboursement anticipé des emprunts contractés dans le cadre de NextGenerationEU et pour le financement du nouveau Fonds social pour le climat.

---

30. Règlement (UE, Euratom) 2020/2093 du Conseil du 17 décembre 2020, préc. Cette modification du règlement CFP 2021-2027 doit être adopté à l'unanimité par le Conseil, après approbation du Parlement européen.
31. Décision (UE, Euratom) 2020/2053 du Conseil du 14 décembre 2020, préc. Cette modification de la décision relative aux ressources propres doit être approuvée à l'unanimité par le Conseil, après consultation du Parlement européen. Elle peut entrer en vigueur une fois qu'elle aura été approuvée par tous les pays de l'UE, conformément à leurs règles constitutionnelles.
32. Sur ce point voy., communication de la Commission, « Fiscalité des entreprises pour le xxie siècle », COM(2021) 251 Final du 18 mai 2021.

3) Les autres recettes

113. Outre les ressources propres, le budget de l'UE est également financé par diverses recettes, tels les excédents dégagés lors des exercices antérieurs, les impôts et prélèvements opérés sur les revenus des personnels de l'Union (impôts sur les traitements et les pensions et cotisations du personnel au régime des pensions), le fonctionnement administratif de l'Union (produit de la vente et de la location de biens meubles et immeubles, de prestations de services et les intérêts bancaires), les contributions des pays tiers à certains programmes de l'UE (ex. : participation de l'Islande, du Liechtenstein, de la Norvège, de la Turquie, de la Macédoine du Nord et de la Serbie au programme *Erasmus* +), le produit et les intérêts de retard des amendes, astreintes et sanctions prononcées par les institutions de l'Union à l'encontre des opérateurs économiques et des États membres ou encore les revenus des fonds placés.

Répartition du financement de l'Union européenne par type de recettes

Nature des recettes	Budget 2022		Budget 2021		Variation (en %)
	Millions EUR	%	Millions EUR	%	
Ressources propres traditionnelles	17 912,606	10,49	17 348,140	10,32	+ 3,25
Ressource propre TVA	19 071,387	11,17	17 940,791	10,67	+ 6,30
Ressource propre Plastique	5 997,306	3,51	5 846,664	3,47	+ 2,58
Ressource fondée sur le RNB	114 719,398	67,24	115 857,763	68,95	− 0,98
Recettes diverses	12 902,615	7,56	9 249,005	5,50	+ 39,50
Excédent disponible de l'exercice précédent	p.m.		1 768,617	1,05	−
Solde et ajustements	p.m.		p.m.		−
TOTAL	170 603,315	100		100	+ 1,54

Source : Budget général de l'Union européenne pour l'exercice 2022, *JOUE* n° L45/42 du 24 février 2022.

La contribution de la France au budget général de l'Union européenne 2022

La France contribue à hauteur de 27,993 milliards d'EUR au budget général de l'UE pour l'année 2022 (soit 1 765 344 559 EUR au titre des ressources propres traditionnelles, 3 584 511 300 EUR au titre de la ressource propre « TVA », 1 257 988 960 EUR au titre de la ressource propre « Plastique », 20 020 976 219 EUR au titre de la ressource propre « RNB » et 1 365 019 165 EUR au titre de différentes réductions financières en faveur de certains États membres prévues par la décision (UE, Euratom) 2020/2053). Elle constitue ainsi le second pourvoyeur financier de l'Union derrière l'Allemagne (37,331 milliards d'EUR). Les contributions nationales françaises représentent à elles seules 18,76 % du budget général de l'UE 2022 (23,88 % pour l'Allemagne).
Source : Budget général de l'Union européenne pour l'exercice 2022, *JOUE* n° L45/48 du 24 février 2022.

B - Les dépenses budgétaires

114. Le budget général de l'Union européenne pour l'exercice 2022 s'élève à 169,515 milliards d'EUR en engagements (CE) et à 170,603 milliards d'EUR en paiements (CP), ce qui représente, respectivement, une variation de + 1,6 % et de + 1,5 % par rapport au budget 2021. Les ressources propres nécessaires au financement du budget 2022 représentent 1,06 % du montant total des RNB des États membres (soit bien au-dessous du plafond de 1,40 % du RNB fixé pour la période 2021-2027).

Budget général de l'Union européenne 2022

(en millions d'EUR – en crédits d'engagement)

Description des dépenses	Budget 2022		Budget 2021		Variation (en %)
1. Marché unique, innovation et numérique	21 775,079	12,84	20 816,799	12,47	+ 4,6
2. Cohésion, résilience et valeurs	56 038,991	33,05	53 097,938	31,82	+ 5,5
2a. Cohésion économique, sociale et territoriale	*49 708,806*	*29,32*	*48 192,116*	*28,88*	*+ 3,1*
2b. Résilience et valeurs	*6 330,185*	*03,73*	*4 905,822*	*02,94*	*+ 29,0*
3. Ressources naturelles et environnement	56 235,443	33,17	58 573,814	35,10	− 4,0
dont : dépenses liées au marché et paiements directs	*40 368,859*	*23,81*	*40 367,954*	*24,19*	*0,0*
4. Migration et gestion des frontières	3 091,247	01,82	2 278,829	01,36	+ 35,7
5. Sécurité et défense	1 785,291	01,05	1 709,261	01,02	+ 4,4
6. Le voisinage et le monde	16 097,196	10,12	10 848,581	10,00	+ 48,4
7. Administration publique européenne	10 620,124	06,26	10 442,813	06,25	+ 1,7
dont : dépenses administratives des institutions	*8 287,945*	*04,88*	*8 030,324*	*04,81*	*+ 3,2*
8. Instruments spéciaux thématiques	2 799,170	01,65	3 216,749	01,92	− 13,0
TOTAL DES CRÉDITS	169 515,791	100	166 833,206	100	+ 1,6
Crédits en % du RNB	1,14 %		1,19 %		

Source : Budget général de l'Union européenne pour l'exercice 2022, *JOUE* n° L45/15-17 du 24 février 2022.

PARTIE 3

La structure institutionnelle de l'Union européenne

L'Union européenne dispose d'un cadre institutionnel unique afin de promouvoir ses valeurs, poursuivre ses objectifs, servir ses intérêts, ceux de ses citoyens, et ceux des États membres, et d'assurer la cohérence, l'efficacité et la continuité de ses politiques et de ses actions. Les institutions de l'Union sont le Conseil européen, le Parlement européen, le Conseil, la Commission européenne, la Cour de justice de l'UE, la Cour des comptes européenne et enfin la Banque centrale européenne (TUE, art. 13, § 1er). Toutefois, et en application du principe d'attribution des compétences, chacune de ses institutions agit dans les limites des attributions qui lui sont conférées par les traités, conformément aux procédures, conditions et fins prévues par ceux-ci (TUE, art. 13, § 2). Il convient en effet de rappeler, comme le fait la Cour de justice à chaque fois qu'elle en a l'occasion, « que les traités ont mis en place un système de répartition des compétences entre les différentes institutions de l'Union qui attribue à chacune de celles-ci sa propre mission dans la structure institutionnelle de l'Union et dans la réalisation des tâches confiées à celle-ci » (**arrêt du 4 octobre 1991, Parlement/Conseil, C-70/88, EU: C:1991:373, pt 21 ; arrêt du 15 novembre 2011, Commission/Allemagne, C-539/09, EU:C:2011:733, pt 56 ; arrêt du 14 avril 2015, Conseil/Commission, C-409/13, EU:C:2015:217, pt 64 ; arrêt du 6 octobre 2015, Conseil/Commission, C-73/14, EU:C:2015:663, pt 61 ; arrêt du 28 juillet 2016, Conseil/Commission, C-660/13, EU:C:2016:616, pt 31**).

Au sommet de l'architecture institutionnelle de l'Union européenne se situe le Conseil européen dans la mesure où cette institution lui donne les impulsions nécessaires à son développement et en définit les orientations et les priorités politiques générales. Puis viennent les autres institutions de l'Union, à savoir, le Parlement européen, le Conseil, la Commission européenne, la Cour de justice de l'Union européenne, la Cour des comptes et, depuis le traité de Lisbonne, la Banque centrale européenne. Chacune d'entre elles est dépositaire au sein de la structure institutionnelle d'une légitimité propre : le Parlement européen représente l'intérêt des citoyens de l'Union, le Conseil l'intérêt des gouvernements des États membres, la Commission européenne l'intérêt général de l'Union, la Cour de justice de l'Union européenne assure le respect du droit de l'Union, la Cour des comptes européenne est garante de l'éthique et des intérêts financiers de l'Union et, enfin, la Banque centrale européenne conduit la politique monétaire des États membres de l'Union dont la monnaie est l'euro.

Les institutions de l'Union européenne

Les chefs d'État ou de gouvernement des États membres de l'UE
Conseil européen
Donne les impulsions politiques nécessaires au développement de l'UE

Un commissaire
pour chaque État membre
de l'UE
Commission européenne
Garante de l'intérêt
général de l'UE

**Trinôme
décisionnel**

Les ministres des États
membres de l'UE
Conseil
Garant des intérêts des
gouvernements des États
membres de l'UE

Les représentants élus
des citoyens de l'UE
Parlement européen
Garant des intérêts des
citoyens des États membres
de l'UE

**Cour de justice
de l'UE**
Garante du respect
du droit de l'Union

**Cour
de justice**

Tribunal

**Cour des
comptes
européenne**
Garante de l'éthique
et des intérêts
financiers
de l'UE

**Banque centrale
européenne**
Conduite de la
politique monétaire
des États membres
de l'UE dont la
monnaie est l'euro

À côté de ces institutions, il existe de multiples organes et organismes qui, bien que n'ayant pas rang d'institution, ne sont pas sans jouer un rôle important dans les domaines qui leur sont impartis. Ces organes et organismes ont été instaurés par les traités ou créés par les institutions elles-mêmes.

CHAPITRE 5

Le Conseil européen

115. Le Conseil européen occupe une place originale dans l'architecture de l'Union européenne. Ceci est dû en grande partie au fait que les traités originels, qui envisageaient explicitement la création d'une Commission européenne (ou Haute Autorité), d'un Conseil, d'une Assemblée parlementaire et d'une Cour de justice, n'avaient absolument pas prévu d'institution ou d'organe réunissant les chefs d'État ou de gouvernement des États membres. Le Conseil européen est donc né de la pratique (voy. *supra*, n° 12).

Le Conseil européen, élevé au rang d'institution de l'Union par le traité de Lisbonne (TUE, art. 13, § 1er), ne doit être confondu ni avec le Conseil de l'Europe – qui est une organisation internationale – ni avec le Conseil – qui est une autre institution de l'Union composée d'un représentant de chaque État membre au niveau ministériel –. Le Conseil européen est, et demeure, principalement une instance de décision et d'impulsion politique. Néanmoins, le traité de Lisbonne lui confère désormais une capacité décisionnelle en matière institutionnelle car cette institution se voit dorénavant chargé d'arrêter les principales décisions nécessaires à l'organisation et au fonctionnement des autres institutions de l'Union (voy. *infra*, n° 118, 132, 135, 148, 163).

Section 1

La composition

116. Le Conseil européen est composé des chefs d'État ou de gouvernement des États membres de l'Union européenne ainsi que de son président et du président de la Commission européenne. Le haut représentant de l'Union pour les affaires étrangères et la politique de sécurité (voy. *infra*, n° 132 à 134) participe à ses travaux (TUE, art. 15, § 2). Lorsque l'ordre du jour l'exige, les chefs d'État ou de gouvernement peuvent décider d'être assistés chacun par un ministre et, en ce qui concerne le président de la Commission européenne, par un membre de cette même institution (TUE, art. 15, § 3).

Section 2

Le fonctionnement

117. Le Conseil européen détermine son règlement intérieur à la majorité simple (TFUE, art. 235, § 3)[1].

1 • LA PRÉSIDENCE DU CONSEIL EUROPÉEN

118. Jusqu'à l'entrée en vigueur du traité de Lisbonne, la présidence du Conseil européen était assurée, pendant une période de six mois et par rotation égalitaire, par le chef de l'exécutif de l'État membre qui exerçait la présidence du Conseil. Il y avait donc concordance des présidences du Conseil européen et du Conseil. Dès lors qu'un État membre présidait pendant six mois aux destinées du Conseil, le chef de l'exécutif de cet État membre assurait alors la présidence du Conseil européen pour le même laps de temps. Cette concordance des présidences assurait la cohérence générale des travaux du Conseil européen et du Conseil. Les présidences du Conseil et du Conseil européen changeaient ainsi le 1er janvier et le 1er juillet de chaque année.

Conformément aux innovations institutionnelles agréées lors de la CIG 2004, le traité de Lisbonne institue une présidence permanente du Conseil européen. Désormais, le Conseil européen élit son président à la majorité qualifiée pour une durée de deux ans et demi, renouvelable une fois. En cas d'empêchement ou de faute grave, le Conseil européen peut mettre fin à son mandat selon la même procédure (TUE, art. 15, § 5). Dans une telle hypothèse, le président du Conseil européen serait remplacé, jusqu'à l'élection de son successeur, par le membre du Conseil européen représentant l'État membre qui exerce la présidence semestrielle du Conseil (annexe de la décision 2009/882/UE, art. 2, § 4). Le président du Conseil européen ne peut pas exercer de mandat national (TUE, art. 15, § 6).

119. Le président du Conseil européen occupe, de part les fonctions qui lui sont conférées, une place primordiale dans cette institution de l'Union. Il préside et anime les travaux du Conseil européen, assure la préparation et la continuité des travaux du Conseil européen en coopération avec le président de la Commission et sur la base des travaux du Conseil des affaires générales, œuvre pour faciliter la cohésion et le consensus au sein du Conseil européen et présente au Parlement européen un rapport à la suite de chacune des réunions du Conseil européen. Par ailleurs, il lui appartient d'assurer, à son niveau et en sa qualité, la représentation extérieure de l'Union pour les matières relevant de la PESC sans préjudice des attributions en la matière du haut représentant de l'Union (TUE, art. 15, § 6). Les chefs d'État ou de gouvernement des États membres de la zone euro ont par ailleurs décidé, en marge du Conseil européen des 1er et 2 mars 2012, de confier à la présidence du Conseil européen la présidence du sommet de la zone euro qui se réunit deux fois par an au moins en complément des réunions du Conseil européen. Ces sommets réguliers de la

---

1. Décision du Conseil européen du 1er décembre 2009 portant adoption de son règlement intérieur (2009/882/UE), *JOUE* n° L315/51 du 2 décembre 2009.

zone euro, qui réunissent les chefs d'État ou de gouvernement des pays de l'euro zone, le président du sommet de la zone euro et le président de la Commission européenne, constituent le « nouveau gouvernement économique de l'union monétaire » qu'impose la crise de la dette dans la zone euro depuis le début de l'année 2010.

120. Le Belge Charles Michel, président du Conseil européen en exercice depuis le 1er décembre 2019, a été réélu à cette fonction le 24 mars 2022 pour la période allant du 1er juin 2022 au 30 novembre 2024[2].

Les présidences du Conseil européen

Herman Van Rompuy (Belgique)	1er janvier 2010 – 30 novembre 2014
Donald Tusk (Pologne)	1er décembre 2014 – 30 novembre 2019
Charles Michel (Belgique)	1er décembre 2019 – ...

Le Conseil européen est assisté par le secrétaire général du Conseil (TFUE, art. 235, § 4) (voy. *infra*, n° 137). Le personnel du secrétariat général du Conseil est par conséquent à la disposition du président, comme par exemple la direction des questions politiques générales, le service juridique, les directions générales du Conseil, le service de traduction, le service du protocole et le bureau de presse.

2. L'ENCHAÎNEMENT DES TRAVAUX DU CONSEIL EUROPÉEN

A - La convocation et le lieu de travail du Conseil européen

121. Le Conseil européen se réunit deux fois par semestre sur convocation de son président (TUE, art. 15, § 3 ; annexe de la décision 2009/882/UE, art. 1er, § 1er) conformément à la pratique que cette institution avait progressivement générée avec le temps avant le traité de Lisbonne. En cas de circonstances exceptionnelles, le président convoque une réunion extraordinaire du Conseil européen.

Étant donné qu'il n'existait pas de siège du Conseil européen (seules les institutions disposent d'un siège), les réunions avaient initialement lieu dans la ville choisie par la présidence, qu'il s'agisse d'une capitale européenne ou d'une autre ville. Désormais, le Conseil européen se réunit, en principe, à Bruxelles (annexe de la décision 2009/882/UE, art. 1er, § 2). Depuis le début de l'année 2017, ces réunions se déroulent au siège commun du Conseil et du Conseil européen dans le bâtiment Europa. Toutefois, et en cas de circonstances exceptionnelles, le président du Conseil européen, avec l'accord du Conseil « Affaires générales » ou du comité des représentants permanents des gouvernements des États membres de l'UE (Coreper) statuant à l'unanimité, peut décider qu'une réunion du Conseil européen se tienne dans un autre lieu.

2.   Décision (UE) 2022/492 du Conseil européen du 24 mars 2022 portant élection du président du Conseil européen, *JOUE* n° L100/54 du 28 mars 2022 ; Voy. égal., décision du Conseil du 1er décembre 2009 portant fixation des conditions d'emploi du président du Conseil européen (2009/909/UE), *JOUE* n° L322/35 du 9 décembre 2009.

B - L'ordre du jour et la préparation des travaux du Conseil européen

122. L'ordre du jour du Conseil européen résulte pour l'essentiel des grandes questions d'actualité et des questions traitées par les institutions de l'Union. Quatre semaines au moins avant chaque réunion ordinaire du Conseil européen, son président, en coopération étroite avec le membre du Conseil européen représentant l'État membre qui exerce la présidence semestrielle du Conseil et le président de la Commission européenne, soumet au Conseil « Affaires générales » un projet d'ordre du jour annoté. Il prépare également, en coopération étroite avec les mêmes autorités, un projet d'orientations pour les conclusions du Conseil européen et, le cas échéant, les projets de conclusions et de décisions du Conseil européen, lesquels font l'objet d'un débat au Conseil « Affaires générales ». Les contributions des autres formations du Conseil aux travaux du Conseil européen sont transmises au Conseil « Affaires générales » au plus tard deux semaines avant la réunion du Conseil européen. Une dernière session du Conseil « Affaires générales » se déroule dans les cinq jours qui précèdent la réunion du Conseil européen. À la lumière de ce dernier débat, le président du Conseil européen établit l'ordre du jour provisoire. Excepté pour des raisons impérieuses et imprévisibles liées, par exemple, à l'actualité internationale, aucune autre formation du Conseil ne peut débattre d'un sujet soumis au Conseil européen entre la session du Conseil « Affaires générales » à l'issue de laquelle l'ordre du jour provisoire du Conseil européen est établi et la réunion du Conseil européen. L'ordre du jour définitif du Conseil européen est arrêté par le Conseil européen lui-même au début de sa réunion.

C - Le déroulement des travaux du Conseil européen

123. Chaque réunion ordinaire du Conseil européen se déroule sur une durée maximale de deux jours, sauf décision contraire du Conseil européen ou du Conseil « Affaires générales », à l'initiative du président du Conseil européen.

Le membre du Conseil européen représentant l'État membre qui exerce la présidence du Conseil rend compte au Conseil européen, en consultation avec son président, des travaux du Conseil. Le président du Parlement européen peut être invité à être entendu par le Conseil européen (TFUE, art. 235, § 2). Cet échange de vues a lieu au début de la réunion du Conseil européen, à moins que ce dernier n'en décide autrement à l'unanimité (annexe de la décision 2009/882/UE, art. 4, § 2)[3].

Les réunions du Conseil européen ne sont pas publiques et ses délibérations relèvent du secret professionnel sauf s'il en décide autrement (annexe de la décision 2009/882/UE, art. 11). Généralement, la première partie de la réunion est consacrée aux questions soulevées par l'UE et la seconde réservée plus spécifiquement à la PESC.

---

3. Jusqu'à l'entrée en vigueur du traité de Lisbonne, la réunion du Conseil européen commençait systématiquement par une intervention du président du Parlement européen. Il informait le Conseil européen, avant le début officiel de ses travaux, de la position du Parlement européen sur les principaux thèmes inscrits à l'ordre du jour et en débattait avec les chefs d'État ou de gouvernement. À l'issue du bref échange entre le Conseil européen et le président du Parlement, ce dernier quittait alors la salle de la réunion.

D - La prise de décision au sein du Conseil européen

124. Le Conseil européen se prononce en principe par consensus[4] sauf dans les cas où les traités en disposent autrement (TUE, art. 15, § 4). C'est ainsi que les traités prévoient que le Conseil européen se prononce parfois :

– à la majorité simple (ex. : la procédure de révision ordinaire des traités prévoit que le Conseil européen peut décider à la majorité simple, après approbation du Parlement européen, de ne pas convoquer de Convention lorsque l'ampleur des modifications ne le justifie pas – TUE, art. 48, § 3 ; Le Conseil européen statue à la majorité simple pour les questions de procédure ainsi que pour l'adoption de son règlement intérieur – TFUE, art. 235, § 3) ;

– à l'unanimité (ex. : le Conseil européen, statuant à l'unanimité sur proposition d'un tiers des États membres ou de la Commission européenne et après approbation du Parlement européen, peut constater l'existence d'une violation grave et persistante par un État membre des valeurs visées à l'article 2, du traité UE, après avoir invité cet État membre à présenter toute observation en la matière – TUE, art. 7, § 2 ; Le Conseil européen adopte à l'unanimité, sur initiative du Parlement européen et avec son approbation, une décision fixant la composition du Parlement européen – TUE, art. 14, § 2) ;

– à la majorité qualifiée (ex. : le Conseil européen élit son président à la majorité qualifiée – TUE, art. 15, § 5 ; Suite à l'approbation par le Parlement européen, du président, du haut représentant de l'Union et des autres membres de la Commission, en tant que collège, la Commission européenne est nommée par le Conseil européen, statuant à la majorité qualifiée – TUE, art. 17, § 7 ; Le Conseil européen, statuant à la majorité qualifiée, avec l'accord du président de la Commission, nomme le haut représentant de l'Union – TUE, art. 18, § 1er).

Les règles de vote qui s'appliquent au Conseil européen sont les mêmes que celles qui s'appliquent au Conseil lorsqu'il recourt à l'une ou à l'autre de ces modalités de vote (voy. *infra*, n° 141 à 145).

125. Lorsque le Conseil européen adopte une décision et procède à un vote, celui-ci a lieu à l'initiative de son président. Ce dernier est, par ailleurs, tenu d'ouvrir une procédure de vote à l'initiative d'un membre du Conseil européen, pour autant que la majorité de ses membres se prononcent en ce sens. La présence des deux tiers des membres du Conseil européen est requise pour que le Conseil européen puisse procéder à un vote. Au moment du vote, le président vérifie que le *quorum* est atteint. Ni le président du Conseil européen, ni le président de la Commission européenne n'entrent dans le calcul de ce *quorum*. En cas de vote, chaque membre du Conseil européen peut recevoir délégation d'un seul des autres membres (TFUE, art. 235, § 1er, al. 1er). Lorsque le Conseil européen se prononce par un vote, son président et le président de la Commission européenne n'y prennent pas part (TFUE, art. 235, § 1er, al. 2). Les décisions du Conseil européen relatives à une affaire urgente

---

4. Il s'agit d'un processus de prise de décision, d'une méthode d'adoption des décisions, qui consiste à rechercher une convergence générale des opinions en vue d'aboutir à un accord mutuel au sein du Conseil européen sans procéder pour autant à un vote formel et qui évite ainsi de faire apparaître les objections et les abstentions.

peuvent être adoptées au moyen d'un vote par écrit lorsque le président du Conseil européen propose de recourir à cette procédure. Le recours à cette procédure écrite peut avoir lieu lorsque tous les membres du Conseil européen ayant le droit de vote acceptent de l'utiliser. Le secrétaire général du Conseil établit périodiquement un relevé des actes adoptés selon la procédure écrite (annexe de la décision 2009/882/UE, art. 7).

E - Le procès-verbal de la réunion du Conseil européen

126. Il est établi un procès-verbal de chaque réunion du Conseil européen dont le projet est préparé par le secrétaire général du Conseil dans le délai de quinze jours qui fait suite à sa réunion. Ce projet est soumis pour approbation au Conseil européen puis signé par le secrétaire général du Conseil. Ce procès-verbal, dénommé les conclusions de la présidence, comprend la mention des documents transmis au Conseil européen, la mention des conclusions approuvées, les décisions prises et les déclarations faites par le Conseil européen ainsi que celles dont un membre du Conseil européen a demandé l'inscription (annexe de la décision 2009/882/UE, art. 8).

F - La représentation du Conseil européen devant le Parlement européen

127. Le Conseil européen est représenté devant le Parlement européen par son président. Le président du Conseil européen présente au Parlement européen un rapport à la suite de chacune des réunions du Conseil européen (TUE, art. 15, § 6, pt d). Le membre du Conseil européen représentant l'État membre qui exerce la présidence du Conseil présente au Parlement européen les priorités de sa présidence et les résultats atteints pendant le semestre (annexe de la décision 2009/882/UE, art. 5).

CHAPITRE 6

Le Conseil

128. Le Conseil, couramment dénommé Conseil des ministres ou Conseil de l'Union européenne, représente les gouvernements des États membres. Cette institution incarne de ce fait la légitimité interétatique de l'Union.

Section 1

Les compositions

129. L'article 16, § 2, du traité UE dispose que « le Conseil est composé d'un représentant de chaque État membre au niveau ministériel, habilité à engager le gouvernement de l'État membre qu'il représente et à exercer le droit de vote ». La formulation de cette disposition, qui résulte du traité de Lisbonne, permet aux États membres de faire siéger, outre les ministres compétents de leurs gouvernements, les représentants d'entités infra-étatiques (ex.: Länder allemands, Communautés belges) lorsque le Conseil examine des questions relevant de leurs compétences.

La composition du Conseil varie en fonction des questions inscrites à son ordre du jour. Toutefois, et afin d'éviter une dispersion de cette institution, le Conseil européen de Séville des 21 et 22 juin 2002 avait déjà limité le nombre des formations du Conseil à neuf. Le traité de Lisbonne reprend à son compte cette limitation des formations du Conseil. L'article 16, § 6, du traité UE prévoit en effet que cette institution siège en différentes formations dont la liste est définie par le Conseil européen conformément à l'article 236, du traité FUE. En application de l'article 16, § 6, du traité UE, le Conseil européen a donc adopté à la majorité qualifiée la décision 2010/594/UE[1] établissant la liste des formations du Conseil qui reprend largement à son compte la décision provisoire en la matière adoptée dès l'entrée en vigueur du traité de Lisbonne par le Conseil conformément à l'article 4 du protocole (n° 36) sur les dispositions transitoires annexé aux traités[2].

---

1. Décision du Conseil européen du 16 septembre 2010 portant modification de la liste des formations du Conseil (2010/594/UE), *JOUE* n° L263/12 du 6 octobre 2010.
2. Décision du Conseil (affaires générales) du 1er décembre 2009 établissant la liste des formations du Conseil autres que celles visées à l'article 16, paragraphe 6, deuxième et troisième aliénas, du traité sur l'Union européenne (2009/878/UE), *JOUE* n° L315/46 du 2 décembre 2009.

Les différentes formations du Conseil

1. Affaires générales (TUE, art. 16, § 6, al. 2) (GAC)
2. Affaires étrangères (TUE, art. 16, § 6, al. 3) (FAC)
3. Affaires économiques et financières (y inclus le budget) (ECOFIN)
4. Justice et affaires intérieures (y inclus la protection civile) (JHA)
5. Emploi, politique sociale, santé et consommateurs (EPSCO)
6. Compétitivité (marché intérieur, industrie, recherche et espace) (y inclus le tourisme) (COMPET)
7. Transports, télécommunications et énergie (TTE)
8. Agriculture et pêche (AGRI)
9. Environnement (ENV)
10. Éducation, jeunesse, culture et sport (y inclus l'audiovisuel) (EYCS)

130. En pratique, cette institution se réunit donc en dix formations différentes en fonction des sujets et des problèmes qu'elle aborde. Par exemple, la formation « Justice et affaires intérieures » est composée des ministres de la Justice ou de l'Intérieur, la formation « Environnement » des ministres de l'Environnement etc. Le caractère multiforme du Conseil n'altère en rien son unité en tant qu'institution. Le Conseil constitue donc une entité juridique unique qui dispose à chaque fois qu'il se réunit de la plénitude des pouvoirs et des compétences qui lui sont dévolues par les traités quelle que soit sa formation[3]. Le traité UE distingue toutefois le Conseil « Affaires générales » et le Conseil « Affaires étrangères » des autres formations du Conseil, appelés les Conseils spécialisés.

Tout d'abord, le Conseil « Affaires générales » a pour fonction d'assurer la préparation et le suivi des réunions du Conseil européen en liaison avec le président du Conseil européen et la Commission européenne. Cette formation du Conseil assure également, en coopération avec la Commission européenne, la cohérence et la continuité des travaux des différentes formations du Conseil dans le cadre d'une programmation pluriannuelle. Le Conseil « Affaires générales » veille ainsi à l'harmonie des travaux des différentes formations du Conseil lorsqu'il s'agit de dossiers horizontaux susceptibles d'affecter plusieurs politiques de l'Union et donc plusieurs formations du Conseil comme par exemple les négociations en vue de l'élargissement de l'UE, la préparation du cadre financier pluriannuel ou des questions administratives ou institutionnelles (TUE, art. 16, § 6, al. 2). Se réunissant une fois par mois, il est en principe composé des ministres des Affaires européennes des États membres.

Par ailleurs, le Conseil « Affaires étrangères » a pour mission, d'une part, d'élaborer l'ensemble de l'action extérieure de l'Union selon les lignes stratégiques fixées par le Conseil européen et, d'autre part, de s'assurer de sa cohérence (TUE, art. 16, § 6, al. 3). Outre la Politique étrangère et de sécurité commune et la politique de sécurité et de

---

3. Néanmoins, il serait incorrect de se représenter le Conseil comme un gouvernement et s'imaginer qu'il est un peu comme le pendant à l'échelle européenne de notre conseil des ministres français. En effet, il existe bien au sein du Conseil une majorité et une opposition, une droite et une gauche qui oscillent au gré des échéances électorales nationales. Sur ce point voy. not., Cohen A., *Le régime politique de l'Union européenne*, 2014, La Découverte, coll. « Repères », n° 638, 128 p.

défense commune, cette formation du Conseil est également responsable de la politique commerciale commune, de la coopération au développement et de l'aide humanitaire. Le Conseil « Affaires étrangères » est présidé par le haut représentant de l'Union. C'est d'ailleurs à ce titre que ce dernier est appelé à participer aux travaux du Conseil européen (TUE, art. 15, § 2). Le Conseil « Affaires étrangères » est composé en principe des ministres des Affaires étrangères des États membres de l'UE mais peut également, en fonction de l'ordre du jour, réunir les ministres de la défense (politique de sécurité et de défense commune) ou encore les ministres en charge du développement (coopération au développement et aide humanitaire) ou du commerce (politique commerciale commune). Dans la pratique, cette formation du Conseil se réunit généralement une fois par mois.

Section 2

Le fonctionnement

131. Le Conseil arrête lui-même son règlement intérieur en vue d'assurer son fonctionnement et celui de ses services. Il statue en la matière à la majorité simple (TFUE, art. 240, § 3)[4].

1. LE HAUT REPRÉSENTANT DE L'UNION POUR LES AFFAIRES ÉTRANGÈRES ET LA POLITIQUE DE SÉCURITÉ

132. Le traité établissant une Constitution pour l'Europe prévoyait l'instauration d'un ministre des Affaires étrangères de l'Union qui résultait de la fusion des fonctions du haut représentant pour la PESC (voy. *supra*, n° 33), instauré par le traité d'Amsterdam, et de celles du commissaire européen en charge des relations extérieures (TC Eur., art. I-28). Le traité de Lisbonne reprend à son compte cette innovation institutionnelle agréée lors de la CIG 2004. Toutefois, et conformément aux souhaits exprimés par les Britanniques, les Polonais et les Tchèques, le terme de « ministre » est abandonné dans le traité de Lisbonne au profit de celui de haut représentant de l'Union pour les affaires étrangères et la politique de sécurité.

Le Conseil européen, statuant à la majorité qualifiée, avec l'accord du président de la Commission européenne, nomme le haut représentant de l'Union pour les affaires étrangères et la politique de sécurité pour un mandat de cinq ans (TUE, art. 18, § 1er). C'est également la même procédure qui s'applique si le Conseil européen entend mettre fin à son mandat (TUE, art. 18, § 1er) ou encore s'il convient de le remplacer dans l'hypothèse de sa démission volontaire, de sa démission d'office ou encore de son décès (TFUE,

---

4. Décision du Conseil du 1er décembre 2009 portant adoption de son règlement intérieur (2009/937/UE), *JOUE* n° L325/35 du 11 décembre 2009.

art. 246, al. 5). L'Espagnol Josep Borrell a été nommé à cette fonction par le Conseil euro-péen le 2 juillet 2019 pour la période allant du 1er novembre 2019 au 31 octobre 2024[5].

**Les hauts représentants de l'Union
pour les affaires étrangères et la politique de sécurité**

Catherine Ashton (Royaume-Uni)	1er décembre 2009 – 31 octobre 2014
Federica Mogherini (Italie)	1er novembre 2014 – 30 novembre 2019
Josep Borrell (Espagne)	1er décembre 2019 – ...

Tout comme le prévoyait déjà le traité établissant une Constitution pour l'Europe, le haut représentant de l'Union exerce, dans le domaine des affaires étrangères, les fonc-tions qui, jusqu'à l'entrée en vigueur du traité de Lisbonne, étaient exercées par la prési-dence semestrielle du Conseil, le haut représentant pour la PESC et le membre de la Commission chargé des relations extérieures. Ainsi, cette fonction se situe « à cheval » entre la Commission européenne et le Conseil dans la mesure où, conformément aux articles 18 et 27, du traité UE, le traité UE lui assigne une double fonction.

A - La conduite de la politique étrangère et de sécurité commune de l'Union au sein du Conseil

133. Le haut représentant de l'Union contribue par ses propositions à l'élaboration de la PESC et l'exécute en tant que mandataire du Conseil. Il agit de même pour la poli-tique de sécurité et de défense commune (TUE, art. 18, § 2). À ce titre, il préside le Conseil « Affaires étrangères » (TUE, art. 18, § 3)[6].

Le haut représentant de l'Union est donc à la fois un organe d'initiative – il contribue par ses propositions à l'élaboration de PESC – et d'exécution de la PESC – il assure la mise en œuvre des décisions adoptées par le Conseil européen et le Conseil – (TUE, art. 27, § 1er) en utilisant les moyens nationaux et ceux de l'Union (TUE, art. 26, § 3). Il représente l'Union pour les matières relevant de la PESC, conduit au nom de l'Union le dialogue politique avec les tiers et exprime la position de l'Union dans les organisations internatio-nales et au sein des conférences internationales (TUE, art. 27, § 2). Dans l'accomplisse-ment de son mandat, il s'appuie sur le service européen pour l'action extérieure (SEAE) (voy. *infra*, n° 349) ainsi que sur les délégations de l'Union dans les pays tiers et auprès des organisations internationales. Placé sous l'autorité unique du haut représentant de l'Union, ce service, qui compte actuellement près de 1 700 personnes, travaille en colla-boration avec les services diplomatiques des États membres et se compose de fonction-naires des services compétences du secrétariat général du Conseil et de la Commission européenne ainsi que de personnels détachés des services diplomatiques nationaux

---

5. Décision (UE) 2019/1330 du Conseil européen du 5 août 2019 portant nomination du haut représen-tant de l'Union pour les affaires étrangères et la politique de sécurité, *JOUE* n° L207/36 du 7 août 2019 ; Voy. égal., décision du Conseil du 1er décembre 2009 portant fixation des conditions d'emploi du haut représentant de l'Union pour les affaires étrangères et la politique de sécurité (2009/910/UE), *JOUE* n° L322/36 du 9 décembre 2009.
6. Par ailleurs, la présidence du comité politique et de sécurité instituée par l'article 38, du traité UE est assurée par un délégué du haut représentant de l'Union pour les affaires étrangères et la politique de sécurité (décision 2009/881/UE, art. 2, al. 2).

(TUE, art. 27, § 3). Le SEAE a pour mission d'aider le haut représentant de l'Union à veiller à la cohérence et à la coordination de l'action extérieure de l'Union ainsi qu'à élaborer des propositions relatives à la politique à mener et à mettre en œuvre après leur approbation par le Conseil. En application de l'article 27, § 3, du traité UE, la décision 2010/427/UE du Conseil du 26 juillet 2010 est venue fixer l'organisation et le fonctionnement du service européen pour l'action extérieure[7].

B - La coordination de tous les autres aspects des relations extérieures et de l'action extérieure de l'Union au sein de la Commission européenne

134. Le haut représentant de l'Union veille ainsi, en sa qualité de vice-président de la Commission européenne (TUE, art. 17, § 4), à la cohérence de l'ensemble de l'action extérieure de l'Union et plus particulièrement à l'adéquation entre les actions menées dans le cadre de la PESC au sein du Conseil et celles menées au titre des autres volets des relations extérieures de l'Union relevant de la compétence de la Commission européenne comme le commerce extérieur, la coopération au développement ou encore l'aide humanitaire. Dans l'exercice de ces responsabilités au sein de la Commission européenne, et pour ces seules responsabilités, le haut représentant de l'Union est soumis aux procédures qui régissent le fonctionnement de cette institution pour autant qu'elles soient compatibles avec l'article 18, § 2, et 3, du traité UE (TUE, art. 18, § 4).

2. LA PRÉSIDENCE DU CONSEIL

135. Jusqu'à l'entrée en vigueur du traité de Lisbonne, la présidence du Conseil – quelle qu'en soit la formation – était exercée à tour de rôle par chaque État membre pour une durée de six mois selon un ordre fixé par le Conseil statuant à l'unanimité (TCE, art. 203, al. 2). Le traité de Lisbonne n'apporte pas d'évolutions significatives à ce système puisque l'article 16, § 9, du traité UE prévoit désormais, qu'à l'exception de la présidence du Conseil « Affaires étrangères » confiée au haut représentant de l'Union (TUE, art. 27, § 1er), la présidence des autres formations du Conseil est assurée par les représentants des États membres au Conseil selon un système de rotation égalitaire déterminé par une décision du Conseil européen adoptée à la majorité qualifiée (TFUE, art. 236, pt b).

En application de cette disposition, le Conseil européen a approuvé, le 1er décembre 2009, la décision 2009/881/UE fixant les modalités générales d'exercice de la présidence du Conseil[8]. Cette décision, dont les termes étaient déjà connus à l'avance[9], prévoit que la présidence du Conseil, exception faite de la formation « Affaires étrangères », est

---

7. Décision du Conseil du 26 juillet 2010 fixant l'organisation et le fonctionnement du service européen pour l'action extérieure (2010/427/UE), *JOUE* n° L201/30 du 3 août 2010.
8. Décision du Conseil européen du 1er décembre 2009 relative à l'exercice de la présidence du Conseil (2009/881/UE), *JOUE* n° L315/50 du 2 décembre 2009.
9. Voy., déclaration n° 9 *ad* article 16, paragraphe 9, du traité sur l'Union européenne concernant la décision du Conseil européen relative à l'exercice de la présidence du Conseil.

assurée par des groupes prédéterminés de trois États membres pour une période de dix-huit mois. Ces groupes sont composés par rotation égale des États membres, en tenant compte de leur diversité et des équilibres géographiques au sein de l'Union (décision 2009/881/UE, art. 1er, § 1er). Plus particulièrement, chaque membre du groupe assure à tour de rôle, pour une période de six mois, la présidence de toutes les formations du Conseil, à l'exception de la formation « Affaires étrangères ». Les autres membres du groupe assistent la présidence dans toutes ses responsabilités, sur la base d'un programme commun. Les membres du groupe peuvent convenir entre eux d'autres arrangements (décision 2009/881/UE, art. 1er, § 2). Ce système de présidence ne constitue pas, à proprement parler, une nouveauté dans le fonctionnement du Conseil dans la mesure où il existait déjà, depuis le 1er janvier 2007, et conformément à son règlement intérieur, un système fondé sur un programme de dix-huit mois arrêté par les trois présidences en exercice pendant la période concernée.

Le Conseil a ensuite adopté la décision 2009/908/UE établissant les mesures d'application de la décision 2009/881/UE du Conseil européen[10] et plus particulièrement l'ordre dans lequel les groupes prédéterminés de trois États membres exercent la présidence pour des périodes consécutives de dix-huit mois. Cette décision a été modifiée en juillet 2016 par le Conseil en vue de fixer la présidence de cette institution à compter du 1er juillet 2017 et jusqu'au 31 décembre 2030 en tenant compte de l'adhésion à l'UE de la Croatie depuis le 1er juillet 2013 et en anticipant, suite au référendum du 26 juin 2016, le retrait de l'UE du Royaume-Uni qui aurait dû assurer, au titre de la décision 2009/908/UE, la présidence du Conseil de juillet à décembre 2017[11].

Les présidences du Conseil entre 2022 et 2030

France	janvier-juin 2022	Irlande	juillet-décembre 2026
République tchèque	juillet-décembre 2022	Lituanie	janvier-juin 2027
Suède	janvier-juin 2023	Grèce	juillet-décembre 2027
Espagne	juillet-décembre 2023	Italie	janvier-juin 2028
Belgique	janvier-juin 2024	Lettonie	juillet-décembre 2028
Hongrie	juillet-décembre 2024	Luxembourg	janvier-juin 2029
Pologne	janvier-juin 2025	Pays-Bas	juillet-décembre 2029
Danemark	juillet-décembre 2025	Slovaquie	janvier-juin 2030
Chypre	janvier-juin 2026	Malte	juillet-décembre 2030

136. La présidence du Conseil constitue un rouage primordial de cette institution dans la mesure où, durant le court laps de temps qui lui est imparti, elle exerce la responsabilité politique générale de la gestion des activités de cette institution conformément au programme commun défini par chaque groupe prédéterminé de trois États membres. En pratique, c'est donc le même État membre qui préside non seulement tous les Conseils – exception faite du Conseil « Affaires étrangères » – mais également

---

10. Décision du Conseil du 1er décembre 2009 établissant les mesures d'application de la décision du Conseil européen relative à l'exercice de la présidence du Conseil, et concernant la présidence des instances préparatoires du Conseil (2009/908/UE), *JOUE* n° L322/28 du 9 décembre 2009 ; Voy. égal. le rectificatif, *JOUE* n° L344/56 du 23 décembre 2009.

11. Voy. en ce sens, décision (UE) 2016/1316 du Conseil du 26 juillet 2016 modifiant la décision 2009/908/UE, établissant les mesures d'application de la décision du Conseil européen relative à l'exercice de la présidence du Conseil, et concernant la présidence des instances préparatoires du Conseil, *JOUE* n° L208/42 du 2 août 2016.

le comité des représentants permanents des gouvernements des États membres (décision 2009/881/UE, art. 2, al. 1er) ainsi que plusieurs autres instances préparatoires du Conseil[12]. Conformément au règlement intérieur du Conseil en vigueur, la présidence a notamment pour fonction de convoquer le Conseil, à son initiative, à celle d'un État membre ou de la Commission européenne (RI/Cons., art. 1er, § 1er), d'établir l'ordre du jour provisoire de chaque session en tenant compte du programme de dix-huit mois du Conseil (RI/Cons., art. 3, § 1er), d'assurer l'application du règlement intérieur du Conseil et de veiller au bon déroulement des débats (RI/Cons., art. 20, § 1er), de vérifier le *quorum* et de faire procéder au vote (RI/Cons., art. 11, § 1er) et de signer les actes du Conseil (RI/Cons., art. 15).

3. LE SECRÉTARIAT GÉNÉRAL

137. Le Conseil est assisté dans sa tâche par un secrétariat général qui constitue l'administration stable et propre à cette institution de l'Union. Le secrétariat général est placé sous la responsabilité d'un secrétaire général nommé par le Conseil. Le Danois Jeppe Tranholm-Mikkelsen a été reconduit au poste de secrétaire général du Conseil pour un second mandat allant du 1er juillet 2020 au 30 juin 2025[13]. Il appartient également au Conseil de décider à la majorité simple de l'organisation du secrétariat général (TFUE, art. 240, § 2)[14].

4. LE COMITÉ DES REPRÉSENTANTS PERMANENTS

138. Le comité des représentants permanents des gouvernements des États membres de l'UE (Coreper) est composé des représentants permanents des États membres auprès de l'UE. En pratique, et bien qu'il n'existe qu'un Coreper, cet organe se ramifie en deux formations : le Coreper II qui réunit les représentants permanents auprès de l'UE et le Coreper I les représentants permanents adjoints auprès de l'UE. Les premiers ont rang d'ambassadeurs, les seconds de ministres plénipotentiaires. En règle générale, le Coreper I se charge des dossiers techniques dépendant par exemple des Conseils « Environnement », « Transports, télécommunications et énergie » ou « Agriculture et Pêche » et le Coreper II se consacre aux questions politiques, commerciales, économiques et institutionnelles relevant notamment des Conseils « Affaires économiques et financières » ou « Justice et affaires intérieures ». La présidence du Coreper est assurée par un représentant de l'État membre qui assure la présidence du Conseil (décision 2009/881/UE, art. 2).

---

12. Voy., annexe III de la décision 2009/908/UE du Conseil du 1er décembre 2009, préc.
13. Décision (UE) 2020/618 du Conseil du 30 avril 2020 portant nomination du secrétaire général du Conseil de l'Union européenne pour la période allant du 1er juillet 2020 au 30 juin 2025, *JOUE* n° L143/11 du 6 mai 2020.
14. Pour une présentation du secrétaire général voy., Mangenot M., « Secrétaires généraux (Conseil de l'UE) », *in* Lambert Abdelgawad E., Michel H. (dir.), *Dictionnaire des acteurs de l'Europe*, 2015, Larcier, coll. « Dictionnaires Larcier », p. 345.

Conformément aux articles 240, § 1er, du traité FUE et 19, du RI/Cons., le Coreper assure une double fonction qui lui confère une place centrale dans le système de prise de décision de l'UE.

A - La responsabilité de la préparation des travaux des sessions du Conseil

139. En amont des sessions du Conseil, le Coreper assure le suivi des travaux préparatoires. En pratique, c'est donc le Coreper qui examine en premier lieu les propositions et projets d'actes soumis par la Commission européenne et engage, si nécessaire, un dialogue avec elle. Il s'efforce de trouver, à son niveau, un accord sur chaque dossier, à défaut il peut présenter des orientations au Conseil. D'ailleurs, l'ordre du jour des réunions du Conseil est élaboré en fonction de l'avancement des travaux du Coreper. Ainsi, lorsqu'un accord intervient au sein du Coreper les textes sont inscrits au point *A* de l'ordre du jour du Conseil (vote sans débat) et lorsqu'aucun accord n'est intervenu, pour des raisons techniques ou politiques, les textes sont alors inscrits au point *B* de l'ordre du jour (vote avec débat). Même s'il est indéniable que le Coreper constitue le véritable « creuset » de la décision européenne, dans la mesure où il est une instance de dialogue politique à la fois entre les représentants permanents et entre chacun d'entre eux et leur capitale respective, il convient toutefois de ne pas surestimer son rôle en la matière en considérant notamment que le Coreper pourrait se substituer au Conseil. En effet, les membres du Coreper prennent position en fonction des instructions de leurs autorités nationales et tout membre du Conseil ou de la Commission européenne peut demander qu'une question inscrite au point *A* de l'ordre du jour soit basculée dans son point *B*. Ainsi, et en tout état de cause, le Coreper ne peut bénéficier d'aucune délégation du pouvoir décisionnel qui appartient à titre exclusif au Conseil (**arrêt du 19 mars 1996, Commission/Conseil, C-25/94, EU:C:1996:114, pt 27**).

B - La responsabilité de l'exécution des mandats confiés par le Conseil

140. En aval des sessions du Conseil, le Coreper peut être chargé par ce dernier de poursuivre l'examen d'un dossier particulier en tenant compte des orientations qu'il dégage ou de préparer un rapport sur un point spécifique. Le Coreper veille enfin à la cohérence des politiques et actions de l'Union et au respect des règles et principes suivants : les principes de légalité, de subsidiarité, de proportionnalité et de motivation des actes ; les règles fixant les attributions des institutions et organes de l'Union ; les dispositions budgétaires et enfin les règles de procédure, de transparence et de qualité rédactionnelle (RI/Cons., art. 19, § 1er, pt a à d).

Les compétences du Coreper s'appliquent à tous les domaines d'activité du Conseil sauf aux questions agricoles pour lesquelles le comité spécial agricole (CSA) prépare les dossiers du Conseil « Agriculture ». Lorsqu'il existe un comité particulier, comme dans le cas de la PESC avec le comité politique et de sécurité (COPS) ou de l'emploi avec le comité de l'emploi, ces comités fonctionnent dans le respect des prérogatives du Coreper.

Le Coreper ne dispose d'aucune compétence propre et constitue même, selon l'expression de la Cour de justice, seulement « un auxiliaire du Conseil assurant pour ce dernier des tâches de préparation et d'exécution » (**arrêt du 19 mars 1996, Commission/ Conseil, C-25/94, EU:C:1996:114, pt 26**). Toutefois, l'article 240, § 1er, du traité FUE prévoit que ce comité peut désormais adopter des décisions de procédure dans les cas prévus par le règlement intérieur du Conseil[15][16].

5. LES MODES DE VOTATION AU SEIN DU CONSEIL

141. Le Conseil siège en public lorsqu'il délibère et vote sur un projet d'acte législatif. À cet effet, chaque session du Conseil est divisée en deux parties, consacrées respectivement aux délibérations sur les actes législatifs de l'Union et aux activités non législatives (TUE, art. 16, § 8). En cas de vote, chaque membre du Conseil peut recevoir délégation d'un seul des autres membres de cette institution (TFUE, art. 329). Les délibérations du Conseil sont acquises à la majorité simple, à l'unanimité ou à la majorité qualifiée.

A - Le vote à la majorité simple

142. Les délibérations du Conseil sont adoptées à la majorité simple lorsqu'elles recueillent au minimum la moitié des voix plus une (soit au minimum 14 voix favorables sur 27) (TFUE, art. 238, § 1er). La majorité simple constituait, avant l'entrée en vigueur du traité de Lisbonne, la modalité de vote de droit commun dans le traité CE. Aujourd'hui, le vote à la majorité simple n'a plus qu'une fonction résiduelle (ex. : Institution d'un comité de l'emploi à caractère consultatif afin de promouvoir la coordination, entre les États membres, des politiques d'emploi et de marché du travail – TFUE, art. 150 ; Institution d'un comité de la protection sociale à caractère consultatif afin de promouvoir la coopération en matière de protection sociale entre les États membres et avec la Commission – TFUE, art. 160 ; Adoption du règlement intérieur par le Conseil – TFUE, art. 260, § 3 ; Détermination des limites et des conditions des pouvoirs d'investigation et de vérification de la Commission – TFUE, art. 337 ; Demande du Conseil à la Commission de procéder à toute étude qu'il juge opportune

---

15. Ainsi, conformément à l'article 19, § 7, du RI/Cons., le Coreper peut notamment adopter les décisions de procédures suivantes : décision de tenir une session du Conseil dans un autre lieu que Bruxelles ou Luxembourg (RI/Cons., art. 1er, § 3), autorisation de production en justice d'une copie ou d'un extrait d'un document du Conseil (RI/Cons., art. 6, § 2), décision de tenir un débat public du Conseil ou de ne pas tenir en public une délibération donnée du Conseil (RI/Cons., art. 8, § 1er, 2 et 3), décision de recourir à la procédure écrite (RI/Cons., art. 12, § 1er), approbation ou amendement du procès-verbal du Conseil (RI/Cons., art. 13, § 2 et 3), décision de publier ou non un texte ou un acte au *Journal officiel de l'Union européenne* (RI/Cons., art. 17, § 2, 3 et 4).
Pour une illustration relative à l'article 12, § 1er, du RI/Cons. voy., décision (UE) 2020/430 du Conseil du 23 mars 2020 portant dérogation temporaire au règlement intérieur du Conseil eu égard aux difficultés de déplacement causées dans l'Union par la pandémie de Covid-19, *JOUE* n° L88I/1 du 24 mars 2020.
16. Pour une présentation des représentants permanents voy., Chatzistavrou F., « Représentants permanents », in *Dictionnaire des acteurs de l'Europe*, préc., p. 335.

pour les réalisations des objectifs communs et de lui soumettre toute proposition appropriée – TFUE, art. 241).

B - Le vote à l'unanimité

143. Les délibérations du Conseil sont adoptées à l'unanimité dès lors qu'aucun État membre ne s'oppose pas à leur adoption. Les abstentions des membres présents ou représentés ne font pas obstacle à l'adoption des délibérations du Conseil qui requièrent l'unanimité (abstention constructive) (TFUE, art. 238, § 4). Il y a donc unanimité en l'absence d'un vote négatif puisque chaque membre du Conseil dispose d'un droit de veto. De fait, si un seul État membre, fut-il le plus petit de l'Union, s'oppose à l'adoption de la délibération, les représentants des vingt-sept autres États membres n'ont pas la possibilité de contourner ce veto.

Même si les modifications successives des traités originels ont progressivement réduit le nombre des domaines relevant du vote à l'unanimité, il n'en demeure pas moins que cette modalité de vote demeure requise dans les domaines institutionnels qui ont une grande importance pour le développement de l'Union (ex. : Les accords d'adhésion de nouveaux États membres – TUE, art. 49 ; L'utilisation des pouvoirs subsidiaires – TFUE, art. 352) et, à titre exceptionnel, dans certaines politiques et actions de l'Union sensibles (ex. : L'adoption des mesures nécessaires en vue de combattre toute discrimination fondée sur le sexe, la race ou l'origine ethnique, la religion ou les convictions, un handicap, l'âge ou l'orientation sexuelle – TFUE, art. 19, § 1er ; L'adoption de nouveaux droits conférés par la citoyenneté européenne – TFUE, art. 25, al. 2 ; L'adoption des dispositions touchant à l'harmonisation des législations relatives aux taxes sur le chiffre d'affaires, aux droits d'accises et autres impôts indirects – TFUE, art. 113).

Le traité de Lisbonne comporte une clause passerelle susceptible de restreindre dans l'avenir le champ d'application du vote à l'unanimité. En effet, lorsque le traité FUE ou le titre V du traité UE relatif à l'action extérieure de l'Union et à la PESC prévoit que le Conseil statue à l'unanimité dans un domaine ou dans un cas déterminé, le Conseil européen pourra adopter une décision autorisant le Conseil à statuer à la majorité qualifiée dans ce domaine ou dans ce cas. Toutefois, une telle clause passerelle ne pourra pas s'appliquer aux décisions ayant des implications militaires ou dans le domaine de la défense (TUE, art. 48, § 7, al. 1er).

C - Le vote à la majorité qualifiée

144. Cette modalité de vote s'était progressivement imposée dans un nombre croissant de domaines au fur et à mesure des révisions du traité CE au point que le traité de Lisbonne en fait désormais la modalité de vote de droit commun. En effet, l'article 16, § 3, du traité UE mentionne désormais que « le Conseil statue à la majorité qualifiée, sauf dans les cas où les traités en disposent autrement ». De fait, si les dispositions des traités ne mentionnent pas expressément que le Conseil recourt à la majorité simple ou à l'unanimité, c'est alors la majorité qualifiée qui s'applique automatiquement au sein de cette institution.

Conformément aux innovations institutionnelles agréées lors de la CIG 2004, une nouvelle procédure de vote à la majorité qualifiée s'applique depuis le 1er novembre

2014. Lorsque le Conseil statue sur proposition de la Commission européenne ou du haut représentant de l'Union, la majorité qualifiée est atteinte si deux conditions sont remplies : 55 % au moins des membres du Conseil doivent exprimer un vote favorable (soit au minimum 15 voix favorables sur 27) et les États membres constituant cette majorité qualifiée doivent représenter au moins 65 % de la population totale de l'UE (soit au titre de l'année 2022 au moins 290,91 millions de personnes sur un total de 447,56 dans l'UE-27[17]) (TUE, art. 16, § 4, al. 1er). Une minorité de blocage (soit au moins 45 % des membres du Conseil et 35 % de la population de l'Union) doit alors inclure au moins quatre membres du Conseil, faute de quoi la majorité qualifiée est réputée acquise (TUE, art. 16, § 4, al. 2). Lorsque le Conseil ne statue pas sur proposition de la Commission européenne ou du haut représentant de l'Union, la majorité qualifiée se définit alors comme étant égale à au moins 72 % des membres du Conseil (soit au moins 20 voix favorables sur 27), représentant des États membres réunissant au moins 65 % de la population totale de l'UE (TFUE, art. 238, § 2).

De plus, et dans les cas où, en application des traités, tous les membres du Conseil ne prennent pas part au vote, la majorité qualifiée se définit comme étant égale à au moins 55 % des membres du Conseil représentant les États membres participants, réunissant au moins 65 % de la population de ces États lorsque le Conseil statue sur proposition de la Commission européenne ou du haut représentant de l'Union. Dans une telle hypothèse, une minorité de blocage doit alors inclure au moins le nombre minimum de membres du Conseil représentant plus de 35 % de la population des États membres participants, plus un membre, faute de quoi la majorité qualifiée est réputée acquise (TFUE, art. 238, § 3, pt a). Lorsque le Conseil ne statue pas sur proposition de la Commission européenne ou du haut représentant de l'Union, la majorité qualifiée se définit alors comme étant égale à au moins 72 % des membres du Conseil représentant les États membres participants, réunissant au moins 65 % de la population de ces États (TFUE, art. 238, § 3, pt b).

145. La décision 2009/857/CE du Conseil du 13 décembre 2007[18], applicable le jour de l'entrée en vigueur du traité de Lisbonne, introduit un mécanisme permettant à un groupe d'États membres qui approcherait la minorité de blocage (soit 45 % des membres du Conseil et 35 % de la population de l'Union) d'obtenir la poursuite des négociations au sein du Conseil lorsque ce dernier doit se prononcer à la majorité qualifiée. Plus particulièrement, cette décision distingue deux périodes : celle s'étendant entre le 1er novembre 2014 et le 31 mars 2017 et celle postérieure au 1er avril 2017.

Entre le 1er novembre 2014 et le 31 mars 2017, si des membres du Conseil, représentant au moins 75 % de la population (c'est-à-dire 75 % de 35 % de la population de l'Union) ou au moins 75 % du nombre des États membres (c'est-à-dire 75 % de 45 % des membres du Conseil), nécessaires pour constituer une minorité de blocage indiquaient

17. Pour le calcul des pourcentages voy. en dernier lieu, décision (UE, Euratom) 2021/2320 du Conseil du 22 décembre 2021 modifiant le règlement intérieur du Conseil, *JOUE* n° L462/17 du 28 décembre 2021.
18. Décision du Conseil du 13 décembre 2007 relative à la mise en œuvre des articles 9C, paragraphe 4, du traité sur l'Union européenne et 205, paragraphe 2, du traité sur le fonctionnement de l'Union européenne entre le 1er novembre 2014 et le 31 mars 2017, d'une part, à partir du 1er avril 2017, d'autre part (2009/857/CE), *JOUE* n° L314/73 du 1er décembre 2009.

leur opposition à l'adoption par le Conseil d'un acte à la majorité qualifiée, le Conseil devait alors faire tout ce qui est en son pouvoir pour aboutir, dans un délai raisonnable et sans porter préjudice aux limites obligatoires de temps fixées par le droit de l'Union, à une solution satisfaisante pour répondre aux préoccupations soulevées par ces membres du Conseil.

Depuis le 1er avril 2017, ce mécanisme de consensus continue à s'appliquer mais les seuils de déclenchement de cette poursuite de négociations sont abaissés puisque les États membres requérants un réexamen d'un acte à la majorité qualifiée doivent repré-senter au moins 55 % de la population (c'est-à-dire 55 % de 35 % de la population de l'Union) ou au moins 55 % du nombre des États membres (c'est-à-dire 55 % de 45 % des membres du Conseil) nécessaires pour constituer une minorité de blocage. Dans une telle hypothèse, le Conseil en délibère et doit également faire tout ce qui est en son pouvoir pour aboutir, dans un délai raisonnable et sans porter préjudice aux limites obligatoires de temps fixées par le droit de l'Union, à une solution satisfaisante pour répondre aux préoccupations soulevées par ces membres du Conseil.

CHAPITRE 7

La Commission européenne

146. La Commission européenne représente l'institution la plus originale dans l'architecture institutionnelle de l'Union européenne dans la mesure où, en raison de la nature même de cette organisation d'intégration, elle est sans équivalent dans les autres organisations internationales. La Commission européenne promeut l'intérêt général de l'Union et prend les initiatives appropriées à cette fin (TUE, art. 17, § 1er).

Section 1

La composition

147. Les membres de la Commission européenne, dénommés plus couramment les commissaires européens, sont choisis, parmi des personnalités offrant toute garantie d'indépendance, en raison de leur compétence générale et de leur engagement européen (TUE, art. 17, § 3, al. 2).

Actuellement, la Commission européenne est composée d'un ressortissant de chaque État membre, y compris son président et le haut représentant de l'Union, qui en est l'un des vice-présidents (TUE, art. 17, § 4).

Le traité de Lisbonne prévoit qu'à compter de 2014, la Commission européenne serait alors composée d'un nombre de membres, y compris son président et le haut représentant de l'Union, correspondant aux deux tiers du nombre d'États membres, à moins que le Conseil européen, statuant à l'unanimité, ne décide de modifier ce nombre (TUE, art. 17, § 5, al. 1er). Les membres de la Commission devaient alors être choisis parmi les ressortissants des États membres selon un système de rotation strictement égale, reflétant l'éventail démographique et géographique européen de l'ensemble des États membres, défini par le Conseil européen à l'unanimité (TUE, art. 17, § 5, al. 2). Cette disposition du traité UE ne sera, au moins temporairement, pas appliquée puisque, et conformément aux préoccupations exprimées par le peuple irlandais à la suite de son refus de ratifier par référendum ce nouveau traité en juin 2008 et aux conclusions du Conseil européen de Bruxelles des 11 et 12 décembre 2008 qui stipulaient, qu'après l'entrée en vigueur du traité de Lisbonne, « une décision sera prise, conformément aux procédures juridiques nécessaires, pour que la Commission puisse continuer de comprendre un national de chaque État membre »[1], les chefs d'État ou de

---

1. Bull. UE, n° 12/2008, pt I.4.2 ; Position réitérée à l'identique lors du Conseil européen de Bruxelles des 18 et 19 juin 2009, Bull. UE, n° 6-2009, pt I.3.2.

gouvernement ont décidé, lors du Conseil européen du 22 mai 2013, que la Commission européenne qui a pris ses fonctions à compter du 1er novembre 2014 devait continuer à comprendre un ressortissant national de chaque État membre contrairement aux modalités prévues par l'article 17, § 5, du traité UE. Cette décision a été réexaminée par le Conseil européen au vu de ses effets sur le fonctionnement de la Commission lors de la nomination de la Commission qui a pris ses fonctions en décembre 2019[2]. Ce réexamen n'a donné lieu à aucune évolution et la Commission européenne 2019-2024 comprend donc toujours un ressortissant national de chaque État membre.

1. LA DÉSIGNATION DES MEMBRES DE LA COMMISSION EUROPÉENNE ET LA CESSATION DE LEURS FONCTIONS

148. Le traité de Lisbonne apporte des évolutions dans la procédure de nomination des membres de la Commission européenne. Conformément à l'article 17, § 7 du traité UE, cette procédure s'opère en cinq temps :

– tout d'abord, et en tenant compte des élections au Parlement européen et après avoir procédé aux consultations appropriées, le Conseil européen, statuant à la majorité qualifiée, propose au Parlement européen un candidat à la fonction de président de la Commission européenne[3] ;

– ce candidat est ensuite élu par le Parlement européen à la majorité des membres qui le composent[4]. Si ce candidat ne recueille pas la majorité, le Conseil européen, statuant à la majorité qualifiée, propose, dans un délai d'un mois, un nouveau candidat, qui est élu par le Parlement européen selon la même procédure ;

– puis le Conseil, d'un commun accord avec le président élu, adopte la liste des autres personnalités qu'il propose de nommer membre de la Commission européenne. Ce choix s'opère sur la base des suggestions faites par les États membres conformément aux critères posés par l'article 17, § 3, alinéa 2, du traité UE[5]. Les députés européens évaluent alors individuellement chacun des commissaires désignés sur la base de leur compétence générale, leur engagement européen, leur indépendance et leur connaissance du domaine qui doit leur être attribué au sein de la Commission au cours d'auditions publiques ;

– ensuite, le président, le haut représentant de l'Union – nommé parallèlement par le Conseil européen avec l'accord du président de la Commission nouvellement élu par le Parlement européen (voy. *supra*, n° 132) – et les autres membres de la

---

2. Décision du Conseil européen du 22 mai 2013 concernant le nombre de membres de la Commission européenne (2013/272/UE), *JOUE* n° L165/98 du 18 juin 2013.

3. Voy. en ce sens, décision (UE) 2019/1136 du Conseil européen du 2 juillet 2019 proposant au Parlement européen un candidat à la fonction de président de la Commission européenne, *JOUE* n° L179I/2 du 3 juillet 2019.

4. Voy. en ce sens, décision du Parlement européen du 16 juillet 2019 sur l'élection de la présidente de la Commission (2019/2041(INS)).

5. Voy. en ce sens, décision (UE) 2019/1949 du Conseil, prise d'un commun accord avec le président de la Commission élu, du 25 novembre 2019, portant adoption de la liste des autres personnalités qu'il propose de nommer membres de la Commission, et abrogeant et remplaçant la décision (UE) 2019/1393, *JOUE* n° 304/16 du 26 novembre 2019.

Commission européenne sont soumis, en tant que collège, à un vote d'approbation du Parlement européen[6] ;
– enfin, à la suite de cette approbation, la Commission européenne est officiellement nommée par le Conseil européen statuant à la majorité qualifiée[7].

Les membres de la Commission européenne sont nommés pour une durée de cinq ans (TUE, art. 17, § 3, al. 1er). Contrairement au traité CE, les traités actuels ne mentionnent plus désormais que le mandat des commissaires européens est renouvelable.

149. En dehors des renouvellements réguliers et des décès, les fonctions de commissaire européen prennent fin individuellement par démission volontaire ou d'office (TUE, art. 246, al. 1er). Le membre de la Commission démissionnaire ou décédé est remplacé pour la durée du mandat restant à courir par un nouveau membre de la même nationalité nommé par le Conseil d'un commun accord avec le président de la Commission, après consultation du Parlement européen et conformément aux critères visés par l'article 17, § 3, alinéa 2, du traité UE (TFUE, art. 246, al. 2). Toutefois, si la durée du mandat du membre de la Commission démissionnaire ou décédé restant à courir est courte, le Conseil, statuant à l'unanimité, sur proposition du président de la Commission, peut décider qu'il n'y a pas lieu de procéder au remplacement (TFUE, art. 246, al. 3). En cas de démission volontaire, de démission d'office ou de décès, du président de la Commission, ce dernier est remplacé pour la durée du mandat restant à courir selon la même procédure que celle prévue par l'article 17, § 1er, du traité UE (TFUE, art. 246, al. 4). De même, en cas de démission volontaire, de démission d'office ou de décès, du haut représentant de l'Union, ce dernier est remplacé pour la durée du mandat restant à courir selon la même procédure que celle prévue par l'article 18, § 1er, du traité UE (TFUE, art. 246, al. 5). En cas de démission volontaire de l'ensemble des membres de la Commission européenne, ceux-ci restent en fonction et continuent à expédier les affaires courantes jusqu'à ce qu'il soit pourvu à leur remplacement conformément à l'article 17, du traité UE (TFUE, art. 246, al. 6).

Enfin, à la requête du Conseil, statuant à la majorité simple, ou de la Commission européenne, la Cour de justice peut déclarer démissionnaire tout membre de la Commission qui ne remplit plus les conditions nécessaires à l'exercice de ses fonctions ou en cas de faute grave (TFUE, art. 247). Dans une telle hypothèse, l'intéressé est alors remplacé pour la durée du mandat restant à courir.

2. LE STATUT DES MEMBRES DE LA COMMISSION EUROPÉENNE

150. Les commissaires européens exercent leurs fonctions en pleine indépendance (TUE, art. 17, § 3, al. 3) dans l'intérêt général de l'Union (TUE, art. 17, § 1er).

Ainsi, et lors de leur installation, les commissaires européens prennent l'engagement solennel devant la Cour de justice de l'UE de respecter les obligations découlant de leur

---

6. Voy. en ce sens, décision du Parlement européen du 27 novembre 2019 portant élection de la Commission (2019/2109(INS)).
7. Voy. en ce sens, décision (UE) 2019/1989 du Conseil européen du 28 novembre 2019 portant nomination de la Commission européenne, *JOUE* n° L308/100 du 29 novembre 2019.

charge pendant la durée de leurs fonctions et après la cessation de celles-ci, notamment les devoirs d'honnêteté et de délicatesse quant à l'acceptation, après cette cessation, de certaines fonctions ou de certains avantages[8]. Par ailleurs, lors de leur entrée en fonctions, les commissaires européens sont tenus de faire état dans une déclaration de leurs intérêts financiers, déclaration qui devra être révisée en cours de mandat en cas de modification des données. Cette déclaration comprend des informations outre sur les intérêts financiers et le patrimoine de chaque commissaire mais également sur ses activités extérieures passées et présentes ainsi que sur les activités de son conjoint. De plus, les commissaires européens ne sollicitent ni n'acceptent d'instructions d'aucun gouvernement, institution, organe ou organisme dans l'accomplissement de leurs devoirs (TUE, art. 17, § 3, al. 3). Les États membres respectent leur indépendance et ne cherchent pas à les influencer dans l'exécution de leur tâche (TFUE, art. 245, al. 1er). Enfin, ils s'abstiennent de tout acte incompatible avec le caractère de leurs fonctions ou l'exécution de leurs tâches (TUE, art. 17, § 3, al. 3 ; TFUE, art. 245, al. 1er) et n'exercent aucune activité professionnelle rémunérée ou non pendant la durée de leurs fonctions (TFUE, art. 245, al. 2). Les obligations d'indépendance et d'intégrité que les articles 17, du traité UE et 245, du traité FUE imposent aux commissaires européens ont été complétées et enrichies par une modification de l'accord-cadre sur les relations entre le Parlement européen et la Commission européenne d'octobre 2010[9] et par un nouveau code de conduite publié en janvier 2018 qui prescrit aux commissaires européens des règles plus claires et plus strictes en matière d'activités politiques notamment lorsqu'ils participent à des campagnes électorales, d'activités post-mandat, de gestion des conflits d'intérêts survenant en cours de mandat ou encore d'acceptation de cadeaux et d'hospitalité[10].

En cas de violation de ces obligations, la Cour de justice, saisie par le Conseil statuant à la majorité simple ou par la Commission européenne, peut, selon les cas, prononcer la démission d'office d'un commissaire européen dans les conditions de l'article 247, du traité FUE ou encore la déchéance de son droit à pension ou d'autres avantages en tenant lieu (TFUE, art. 245, al. 2) (sur les obligations découlant de la charge de membre de la Commission européenne voy., **arrêt du 11 juillet 2006, Commission/Cresson, C-432/04, EU:C:2006:455**).

---

8. Sur ce point voy. l'engagement solennel de la présidente et des membres de la Commission européenne devant la Cour de justice de l'UE, disponible sur le site : *https://curia.europa.eu/jcms/upload/docs/application/pdf/2020-01/cp200001fr.pdf*
9. *JOUE* n° L304/47 du 20 novembre 2010 ; voy. égal., accord entre le Parlement européen et la Commission européenne portant modification du point 4 de l'accord-cadre sur les relations entre le Parlement européen et la Commission européenne, *JOUE* n° L45/46 du 17 février 2018.
10. Voy., Code de conduite des membres de la Commission européenne, C(2018) 700 Final du 31 janvier 2018. Voy. égal., Bodson B., « Les règles de conduite des commissaires européens à la loupe », Rev. des aff. eur., n° 2020/2, p. 387.

Section 2

Le fonctionnement

151. Gage de son indépendance, l'article 249, § 1er, du traité FUE prévoit que la Commission européenne fixe elle-même son règlement intérieur en vue d'assurer son fonctionnement et celui de ses services[11].

1• LA PRÉSIDENCE DE LA COMMISSION EUROPÉENNE

152. Les traités de Nice puis de Lisbonne ont successivement renforcé les pouvoirs du président de la Commission européenne qui occupe désormais une place détermi-nante dans l'organisation interne du collège des commissaires européens. L'Allemande Ursula von der Leyen assume la fonction de présidente de la Commission européenne depuis le 1er décembre 2019.

153. La Commission européenne remplit sa mission dans le respect des orientations définies par son président qui décide de son organisation interne afin d'assurer la cohérence, l'efficacité et la collégialité de son action (TUE, art. 17, § 6, al. 1er). Les responsabilités incombant à la Commission sont structurées et réparties entre ses membres par le président qui peut les remanier en cours de mandat (TFUE, art. 248, al. 1er et 2). Ainsi, les commissaires européens se voient attribuer des domaines d'acti-vité particuliers pour lesquels ils sont spécifiquement responsables de la préparation des travaux de la Commission et de l'exécution de ses décisions (RI/Comm., art. 3)[12]. Toutefois, les commissaires européens exercent les fonctions qui leur sont dévolues par le président sous l'autorité de celui-ci (TFUE, art. 248, al. 3). Le président procède également à la nomination de sa « garde rapprochée ». En effet, et après approbation du collège, il appartient au président de nommer des vice-présidents, autre que le haut représentant de l'Union, parmi les membres de la Commission (TUE, art. 17, § 6, al. 1er). De plus, il peut exiger qu'un membre de la Commission européenne présente sa démission s'il le lui demande (TUE, art. 17, § 6, al. 2). Il en est de même pour le haut représentant de l'Union (TUE, art. 17, § 6, al. 3). L'approbation du collège n'est plus nécessaire comme auparavant (TCE, art. 217, § 4). Le président peut également consti-tuer parmi les membres de la Commission des groupes de travail dont il désigne le président, fixe le mandat et les modalités de fonctionnement et dont il détermine la composition et la durée. Par ailleurs, le président convoque la Commission en réunion (RI/Comm., art. 5), arrête l'ordre du jour de chaque réunion de la Commission (RI/Comm., art. 6) et signe les règlements, directives et décisions sans destinataire

---

11. Règlement intérieur de la Commission européenne, novembre 2000, *JOCE* n° L308/26 du 8 décembre 2000 ; voy. égal., décision de la Commission du 24 février 2010 modifiant son règlement intérieur (2010/138/UE, Euratom), *JOUE* n° L55/60 du 5 mars 2010 ; décision de la Commission du 9 novembre 2011 modifiant son règlement intérieur (2011/737/UE, Euratom), *JOUE* n° L296/58 du 15 novembre 2011.
12. Ainsi, le Français Thierry Breton est en charge au sein de l'actuelle Commission européenne du marché intérieur.

spécifique émanant de la Commission[13]. Enfin, le président assure la représentation extérieure de la Commission européenne et désigne les commissaires européens chargés de l'assister dans cette fonction (RI/Comm., art. 3).

Les présidences de la Commission européenne

Walter Hallstein (Allemagne)	1958-1967
Jean Rey (Belgique)	1967-1970
Franco Maria Malfatti (Italie)	1970-1972
Sicco Mansholt (Pays-Bas)	1972-1973
François-Xavier Ortoli (France)	1973-1977
Roy Jenkins (Royaume-Uni)	1977-1981
Gaston Thorn (Luxembourg)	1981-1985
Jacques Delors (France)	1985-1995
Jacques Santer (Luxembourg)	1995-1999
Romano Prodi (Italie)	1999-2004
José Manuel Durao Barroso (Portugal)	2004-2014
Jean-Claude Juncker (Luxembourg)	2014-2019
Ursula von der Leyen (Allemagne)	2019-...

2. LES SERVICES DE LA COMMISSION EUROPÉENNE

154. La Commission européenne dispose, pour préparer et mettre en œuvre son action et réaliser ainsi ses priorités et les orientations politiques définies par le président, de services, structurés en directions générales (ex. : DG REGIO – Politique régionale et urbaine ; DG AGRI – Agriculture et développement rural ; DG ENV – Environnement ; DG GROW – Marché intérieur, industrie, entreprenariat et PME) et services assimilés (ex. : OP – office des publications de l'UE ; SJ – service juridique ; OLAF – office européen de lutte antifraude) eux-mêmes articulés en directions, elles-mêmes subdivisées en unités (RI/Comm., art. 19). Pour répondre à des besoins particuliers, le président de la Commission européenne peut compléter cette structure administrative de fonctions et structures spécifiques chargées de missions précises dont il détermine les attributions et les modalités de fonctionnement (RI/Comm., art. 20).

13. Décision du président de la Commission européenne du 2 décembre 2009 relative à la signature des règlements et des directives de la Commission, ainsi que de ses décisions lorsqu'elles n'indiquent pas de destinataire (C(2009)9848), *JOUE* n° L332/78 du 17 décembre 2009.

3. LE PRINCIPE DE COLLÉGIALITÉ

155. La Commission européenne est un organe collégial (TUE, art. 17, § 6, al. 3 ; RI/Comm., art. 1er). Le collège des commissaires européens représente donc la formation normale de cette institution. Le respect de ce principe implique que tous les actes émanant de la Commission européenne soient délibérés et adoptés en commun et que tous les membres du collège soient collectivement et solidairement responsables sur le plan politique de l'ensemble des décisions arrêtées. La Cour de justice a précisé que « le principe de collégialité [...] repose sur l'égalité des membres de la Commission dans la participation à la prise de décision et implique, notamment, d'une part, que les décisions soient délibérées en commun et, d'autre part, que tous les membres du collège soient collectivement responsables, sur le plan politique, de l'ensemble des décisions arrêtées » (voy. not., **arrêt du 23 septembre 1986, AKZO Chemie/Commission, 5/85, EU:C:1986:328, pt 30 ; arrêt du 15 juin 1994, Commission/BASF e.a., C-137/92 P, EU:C:1994:247, pts 63 et 64**).

156. La Commission européenne se réunit en formation plénière en principe une fois par semaine (le mercredi) à Bruxelles mais peut se réunir en outre chaque fois que cela est nécessaire. La Commission européenne est convoquée en réunion par son président (RI/Comm., art. 5) qui en arrête l'ordre du jour (RI/Comm., art. 6). Lorsque, dans des circonstances exceptionnelles, une partie ou la totalité des membres de la Commission est empêchée d'assister en personne à la réunion de la Commission, le président peut alors inviter ces commissaires à y participer au moyen de système de télécommunication permettant leur identification et leur participation effective[14]. Pendant les sessions plénières du Parlement européen, la réunion hebdomadaire du collège des commissaires européens se tient généralement à Strasbourg. Lors de ces réunions hebdomadaires, la Commission européenne recourt à une procédure orale. Elle décide sur proposition d'un ou de plusieurs de ses membres (RI/Comm., art. 8) et, si elle procède à un vote à la demande d'un de ses membres, ses délibérations sont acquises à la majorité de ses membres (soit quatorze voix au moins) (TFUE, art. 250, al. 1er)[15]. Le quorum de présence, fixé par le règlement intérieur, correspond à la majorité des membres (RI/Comm., art. 7). Les réunions de la Commission européenne ne sont pas publiques et les débats sont confidentiels (RI/Comm., art. 9).

157. Cependant, l'étendue des missions dévolues à la Commission européenne rend impossible une application stricte du principe de collégialité. En pratique, la procédure orale a donc fait l'objet d'aménagements :

– La procédure écrite

La Commission européenne peut recourir à une procédure écrite pour se prononcer sur une proposition émanant d'un ou de plusieurs commissaires européens (RI/Comm., art. 12). Tous les membres du collège reçoivent communication par écrit du texte de la proposition : si, à l'issue du délai imparti, aucun commissaire n'a formulé de réserves ou proposé d'amendements éventuels, la proposition est réputée adoptée par la

---

14. Décision (UE, Euratom) 2020/555 de la Commission du 22 avril 2020 modifiant son règlement intérieur, *JOUE* n° L127I/1 du 22 avril 2020.
15. En pratique, elles font le plus souvent l'objet d'un consensus.

Commission européenne. À l'inverse, ou si un commissaire le demande au cours de la procédure écrite, la proposition est examinée et débattue par le collège des commissaires lors de sa réunion hebdomadaire.

– La procédure d'habilitation

La Commission européenne peut faire usage de la procédure d'habilitation (RI/Comm., art. 13). Sous réserve que le principe de sa responsabilité collégiale soit pleinement respecté, cette institution peut habiliter un ou plusieurs de ses membres à prendre en son nom des mesures de gestion ou d'administration courantes[16] dans les limites et conditions qu'elle fixe. Le juge de l'Union a admis la légalité de telles délégations sous réserve toutefois que le recours à cette procédure soit limité à « des catégories déterminées d'actes d'administration et de gestion, ce qui exclut par hypothèse les décisions de principe » (sur ce point voy., **arrêt du 23 septembre 1986, AKZO Chemie/Commission, 5/85, EU:C:1986:328, pt 37** ; **arrêt du 12 mars 2003, Maja/Commission, T-254/99, EU:T:2003:67, pt 41**).

La Commission européenne peut également charger un ou plusieurs de ses membres, en accord avec le président, d'adopter le texte définitif d'un acte ou d'une proposition à soumettre aux autres institutions, dont elle a défini la substance lors de ses délibérations.

– La procédure de délégation

La Commission peut, à condition que le principe de sa responsabilité collégiale soit pleinement respecté, déléguer l'adoption de mesures de gestion ou d'administration aux directeurs généraux et chefs de service en son nom et dans les limites et conditions qu'elle fixe (RI/Comm., art. 14).

Il est pris acte des propositions adoptées par la procédure écrite et des décisions adoptées par la procédure d'habilitation et de délégation dans une note journalière dont il est fait mention au procès-verbal de la réunion hebdomadaire de la Commission européenne la plus proche (RI/Comm., art. 12 et 15). Les actes adoptés conformément à ces différentes procédures sont annexés au procès-verbal de la réunion hebdomadaire dans la ou les langues faisant foi et sont authentifiés par les signatures du président et du secrétaire général de la Commission qui assiste aux réunions du collège sauf décision contraire de la Commission européenne (RI/Comm., art. 18).

---

16. C'est-à-dire dans les domaines où la marge d'appréciation du commissaire européen habilité est très réduite.

CHAPITRE 8

Le Parlement européen

158. Désignée initialement par les traités originels sous le nom d'Assemblée parlementaire, cette institution s'est autoproclamée Parlement européen en mars 1962. Cette dénomination sera par la suite officialisée par l'Acte unique européen.

Le Parlement européen, en charge de représenter les citoyens des États membres de l'Union européenne, constitue à ce jour l'unique institution d'une organisation internationale dont les membres sont élus au suffrage universel direct. Ce « Parlement des citoyens[1] » incarne la légitimité démocratique du processus de l'Union.

Section 1

La composition

159. Le Parlement européen est composé de représentants des citoyens de l'Union (TUE, art. 14, § 2). La formulation de cette disposition, telle qu'elle résulte du traité de Lisbonne, n'est pas sans conséquence dans la mesure où elle indique clairement que les membres du Parlement européen ne sont ni les représentants de leurs États membres respectifs ni de leurs partis politiques.

1 • LA DÉSIGNATION DES MEMBRES DU PARLEMENT EUROPÉEN

160. Les membres du Parlement européen, plus couramment dénommés les députés européens, sont élus au suffrage universel direct, libre et secret pour une durée de cinq ans (TUE, art. 14, § 3) depuis l'adoption par le Conseil de la décision du 20 septembre 1976 et de son Acte annexé fixant les modalités de l'élection du Parlement au suffrage universel direct (voy. *supra*, n° 13). La qualité de membre du Parlement européen est incompatible avec celle de membre du gouvernement d'un État membre, celle de membre d'une institution, d'un organe ou d'un organisme de l'Union et, depuis les élections de juin 2004, celle de membre d'un parlement national (Acte de 1976, art. 6, § 1er et 2). Pour le reste, il appartient aux États membres de fixer les éventuelles incompatibilités entre le mandat de parlementaire européen et des mandats ou activités nationales (Acte de 1976, art. 7, § 3).

---

1. Selon l'expression de Roland Bieber, voy. Bieber R., « Le renforcement du Parlement européen », Rev. aff. eur., n° 2/2006, p. 223.

161. Toutefois, les États membres n'avaient pas été en mesure de s'entendre en 1976 sur une procédure électorale uniforme. L'Acte de 1976 s'était donc limité à poser des règles minimales comme par exemple le principe du vote unique (Acte de 1976, art. 8) ou encore l'élection pendant une même période commençant le jeudi matin et s'achevant le dimanche suivant (Acte de 1976, art. 9). Les élections du Parlement européen se sont donc déroulées dans un premier temps selon des procédures électorales nationales[2] sous réserve de l'article 19, § 2, du traité CE (TFUE, art. 20, § 2, pt b) qui attribue, à compter du traité UE, le droit de vote et d'éligibilité aux élections européennes à tout citoyen de l'Union résidant dans un État membre autre que son État membre d'origine[3]. Il faudra attendre 2002, puis 2018, pour que de nouvelles étapes supplémentaires soient franchies. En effet, en application de l'article 190, § 4, du traité CE (TFUE, art. 223, § 1er), le Conseil, statuant à l'unanimité après approbation du Parlement européen, a adopté une première décision en juin et septembre 2002[4], puis une seconde en juillet 2018[5], en vue de permettre l'élection des représentants au Parlement européen au suffrage universel direct conformément à des principes communs à tous les États membres. Ces deux décisions du Conseil n'ont pas vocation, à ce stade de la construction européenne, à instituer une procédure électorale uniforme à l'échelle de l'UE mais seulement des « principes communs à tous les États membres ». Ces décisions, qui viennent modifier l'Acte de 1976, prévoient, notamment, que les membres du Parlement européen soient élus représentants des citoyens de l'Union au scrutin de liste ou de vote unique transférable de type proportionnel, que l'élection se déroule au suffrage universel direct, libre et secret et que les États membres puissent prévoir la fixation d'un seuil minimal pour l'attribution de sièges qui ne doit pas être fixé au niveau national à plus de 5 % des suffrages exprimées. La définition à terme d'une procédure électorale uniforme demeure encore possible puisque l'article 223, § 1er, du traité FUE prévoit que le Parlement européen pourra élaborer un projet en vue d'établir les dispositions nécessaires pour permettre l'élection de ses membres au suffrage universel direct selon une procédure uniforme dans tous les États membres ou conformément à des principes communs à tous les États membres.

---

2. Tous les États membres avaient opté pour un scrutin proportionnel soit au niveau régional (Belgique, Italie, Royaume-Uni...), soit à l'échelle nationale (Autriche, Danemark, Espagne, France, Luxembourg...), soit dans le cadre d'un système mixte (Allemagne).
3. Sur cette question voy., Leclerc S., Akandji-Kombé J.-F., *La citoyenneté européenne*, 2007, Bruylant, spéc. p. 55.
4. Décision du Conseil du 25 juin 2002 et du 23 septembre 2002 modifiant l'acte portant élection des représentants au Parlement européen au suffrage universel direct, annexé à la décision 76/787/CECA, CEE, Euratom (2002/772/CE, Euratom), *JOCE* n° L283/1 du 21 octobre 2002.
5. Décision (UE, Euratom) 2018/994 du Conseil du 28 juin 2018 modifiant l'acte portant élection des membres du Parlement européen au suffrage universel direct, annexé à la décision 76/787/CECA, CEE, Euratom du Conseil du 20 septembre 1976, *JOUE* n° L178I/1 du 16 juillet 2018 ; Voy. égal. le rectificatif, *JOUE* n° L310/44 du 6 décembre 2018.

Les élections du Parlement européen de mai 2019

Les élections du Parlement européen de mai 2019[6] ont été marquées par un retour aux urnes des citoyens de l'Union. En effet, et contrairement aux élections passées qui ont toujours été marquées par une hausse de l'abstention comme en témoigne le tableau ci-dessous, la participation à cette neuvième législature du Parlement européen au suffrage universel direct a bondi de plus de 8 points par rapport aux élections de 2014 pour s'établir à 50,66 % (UE-28). La vague eurosceptique annoncée n'a pas déferlé sur une assemblée parlementaire dont plus des 2/3 des membres sont des pro-européens affichés. Les taux d'abstention varient selon les États membres, allant de 11 à 77 %. Si l'on met à part les pays où le vote est obligatoire, comme la Belgique ou le Luxembourg (11,53 % d'abstention en Belgique et 15,76 % au Luxembourg), le désintérêt civique pour cette élection s'est une nouvelle fois confirmé dans certains États membres. On aurait notamment pu espérer un sursaut de participation dans les États membres de l'Europe centrale et orientale dans la mesure où ceux-ci ont adhéré les derniers à l'UE. Mais, paradoxalement, ce sont ces pays que l'Union choie le plus à travers notamment ses fonds structurels, qui détiennent encore une fois la palme de l'abstention même si on enregistre tout de même dans ces pays un regain de participation par rapport aux élections de 2014 : la participation a été de 29,86 % en Croatie (25,24 % en 2014), 28,89 % en Slovénie (24,55 % en 2014), 28,72 % en Tchéquie (18,2 % en 2014) et seulement 22,74 % en Slovaquie (13,05 % en 2014)[7].

Année	1979	1984	1989	1994	1999	2004	2009	2014	2019
États membres	CE-9	CE-10	CE-12	UE-12	UE-15	UE-25	UE-27	UE-28	UE-28
Participation (en %)	61,99 %	58,98 %	58,41 %	56,67 %	49,51 %	45,47 %	42,97 %	42,61 %	50,66%

Source : Parlement européen[8].

2. LE NOMBRE DES REPRÉSENTANTS

162. Le nombre des députés européens n'a cessé de croître au fur et à mesure des nouvelles adhésions. Le traité de Lisbonne met un terme à cette tendance en procédant à une révision d'ensemble de la représentativité de chaque État membre au sein du Parlement européen. L'article 14, § 2, alinéa 1er, du traité UE fixe tout d'abord le nombre maximal des membres du Parlement européen à sept-cent-cinquante plus le président. La répartition des sièges entre les États membres est fondée sur la règle de « proportionnalité dégressive », règle selon laquelle le nombre de citoyens représentés par chaque député peut être différent selon la population de l'État où il est élu. En résumé, plus un État est peuplé plus le nombre d'habitants représentés par député européen élu est important. Ainsi, lorsqu'un député européen chypriote représente un peu moins de 150.000 citoyens (Chypre : 0,20 % de la population totale de l'UE-

---

6.   Décision (UE, Euratom) 2018/767 du Conseil du 22 mai 2018 portant fixation de la période pour la neuvième élection des représentants au Parlement européen au suffrage universel direct, *JOUE* n° L129/76 du 25 mai 2018.

7.   Pour une analyse plus approfondie des élections de mai 2019 voy., Costa O. e.a. dans le dossier « Le Parlement européen », Rev. UE, n° 637/2020, pp. 206-254 ; voy. égal., résolution du Parlement européen du 26 novembre 2020 sur le bilan des élections européennes (2020/2088(INI)), *JOUE* n° C425/98 du 20 octobre 2021.

8.   Les données sont disponibles pour chaque élection et pour chaque État membre sur le site : *https://europarl.europa.eu/election-results-2019/fr/participation/*

27), son homologue français en représente pour sa part près de 850.000 (France : 14,98 % de la population totale de l'UE-27). Cette règle permet aux différents partis politiques des États membres les moins peuplés d'être eux aussi présents au Parlement européen et garantit ainsi la légitimité démocratique et politique du Parlement européen. L'article 14, § 2, alinéa 1er, du traité UE prévoit par ailleurs qu'aucun État membre ne peut élire plus de quatre-vingt-seize députés et moins de six.

163. Conformément à l'article 14, § 2, alinéa 2, du traité UE et dans la perspective du retrait du Royaume-Uni de l'UE, le Conseil européen a adopté, sur initiative du Parlement européen et avec son approbation, une décision en juin 2018 fixant la composition du Parlement européen dans le respect des principes fixés par l'article 14, § 2, alinéa 1er, du traité UE[9]. Cette décision du Conseil européen a le mérite tout à la fois de la simplicité, de l'efficacité et de l'intelligence. Elle prévoit en effet qu'à partir du moment où le Royaume-Uni aura quitté l'UE, le nombre des députés européens sera réduit de sept-cent-cinquante-et-un à sept-cent-cinq, vingt-sept des soixante-treize sièges britanniques seront répartis entre quatorze États membres sous-représentés dans l'hémicycle et les quarante-six sièges restants seront disponibles pour d'éventuels élargissements de l'UE. Néanmoins, dans la mesure où le Royaume-Uni n'a pas été en mesure de se retirer de l'UE avant le 26 mars 2019 comme le prévoyait le calendrier prévu par l'article 50, du TUE (soit deux ans au plus tard après la notification officielle du Royaume-Uni au Conseil européen de son intention de se retirer de l'UE), ce pays, qui demeurait un État membre de l'UE à part entière au début de la législature 2019-2024, a donc dû participer aux élections européennes de mai 2019. De fait, les dernières élections européennes se sont donc déroulées dans le respect de la répartition des sièges entre les États membres, telle que définie par le Conseil européen en juin 2013 pour la législature 2014-2019[10]. Le nombre des représentants au Parlement européen élus provisoirement dans chaque État membre pour la législature 2019-2024 était donc le suivant : Allemagne (96), France (74), Italie (73), Royaume-Uni (73), Espagne (54), Pologne (51), Roumanie (32), Pays-Bas (26), Belgique (21), Tchéquie (21), Grèce (21), Hongrie (21), Portugal (21), Suède (20), Autriche (18), Bulgarie (17), Danemark (13), Slovaquie (13), Finlande (13), Croatie (11), Irlande (11), Lituanie (11), Lettonie (8), Slovénie (8), Estonie (6), Chypre (6), Luxembourg (6), Malte (6). Bien évidemment, cette répartition des sièges ne devrait être que provisoire et dès que le Royaume-Uni s'est effectivement retiré de l'UE, soit le 1er février 2020, la décision (UE) 2018/937 s'est appliquée alors pleinement et les sept-cent-cinq sièges ont alors été répartis entre les vingt-sept États membres comme suit : Allemagne (96), France (79), Italie (76), Espagne (59), Pologne (52), Roumanie (33), Pays-Bas (29), Belgique (21), Tchéquie (21), Grèce (21), Hongrie (21), Portugal (21), Suède (21), Autriche (19), Bulgarie (17), Danemark (14), Slovaquie (14), Finlande (14), Irlande (13), Croatie (12), Lituanie (11), Lettonie (8), Slovénie (8), Estonie (7), Chypre (6), Luxembourg (6), Malte (6). De fait, vingt-sept députés avaient donc été élus dans leur État membre respectif en mai 2019 mais n'ont occupé leur siège au Parlement européen qu'à compter du retrait effectif du Royaume-Uni de l'UE.

---

9. Décision (UE) 2018/937 du Conseil européen du 28 juin 2018 fixant la composition du Parlement européen, *JOUE* n° L165I/1 du 2 juillet 2018.
10. Décision du Conseil européen du 28 juin 2013 fixant la composition du Parlement européen (2013/312/UE), *JOUE* n° L181/57 du 29 juin 2013.

3. LE STATUT DES MEMBRES DU PARLEMENT EUROPÉEN

164. Le statut applicable aux parlementaires européens est essentiellement régi par le droit de l'Union, et plus particulièrement par l'Acte de 1976, par le statut des députés européens adopté par le Parlement européen en septembre 2005 par voie de décision[11] et par le code de conduite approuvé par le Parlement européen en décembre 2011. Le statut des membres du Parlement européen garantit l'indépendance des députés européens.

165. Les députés sont libres et indépendants (statut/PE, art. 2, § 1er). À ce titre, tout accord relatif à une démission du mandat avant l'expiration ou à la fin d'une législature est nul et non avenu (statut/PE, art. 2, § 2). Ils votent individuellement et personnellement. Ils ne peuvent être liés par des instructions ni recevoir de mandat impératif (statut/PE, art. 3, § 1er). De plus, tout député a le droit de présenter, dans le cadre du droit d'initiative du Parlement, une proposition d'acte de l'Union (statut/PE, art. 5, § 1er) ainsi que le droit de consulter tous les dossiers que détient le Parlement (statut/ PE, art. 6, § 1er). Les députés européens bénéficient d'une indemnité parlementaire appropriée qui assure leur indépendance (statut/PE, art. 9) qui est désormais imputée sur le budget de l'Union[12]. Cette indemnité est fixée à 38,5 % du traitement de base d'un juge à la Cour de justice (statut/PE, art. 10). Elle est soumise à l'impôt au profit de l'Union dans les mêmes conditions que celles qui s'appliquent aux fonctionnaires et aux autres agents de l'UE mais les États membres ont la faculté de l'imposer également sous réserve d'éviter toute double imposition (statut/PE, art. 12). Les députés européens bénéficient des privilèges et immunités qui leur sont applicables en vertu du protocole (n° 7) sur les privilèges et immunités de l'Union européenne (ex. : libre déplacement des députés européens se rendant au lieu de réunion du Parlement ou en revenant (PPIUE, art. 7), protection des députés européens contre des poursuites en raison des opinions ou votes émis par eux dans l'exercice de leurs fonctions[13]

---

11. Décision du Parlement européen du 28 septembre 2005 portant adoption du statut des députés au Parlement européen (2005/684/CE, Euratom), *JOUE* n° L262/1 du 7 octobre 2005 ; voy. égal., décision du Bureau du Parlement européen des 19 mai et 9 juillet 2008 portant mesures d'application du statut des députés au Parlement européen, *JOUE* n° C159/1 du 13 juillet 2009 ; décision du Bureau du Parlement européen des 13 décembre 2010 et 14 février 2011 portant modification des mesures d'application du statut des députés au Parlement européen, *JOUE* n° C49/2 du 16 février 2011 ; décision du Bureau du Parlement européen du 1er juillet 2013 portant modification des mesures d'application du statut des députés au Parlement européen, *JOUE* n° C194/6 du 5 juillet 2013 ; décision du Bureau du Parlement européen du 1er juillet 2019 modifiant les mesures d'application du statut des députés au Parlement européen, *JOUE* n° C235/3 du 12 juillet 2019.
Ce statut est entré en vigueur le 14 juillet 2009, soit le premier jour de la législature 2009-2014 du Parlement européen.
12. Le régime des indemnités parlementaires était initialement régi par le droit de chaque État membre. Il en résultait de réelles disparités qu'il était difficile de justifier en raison du seul fait que les charges incombant aux députés européens sont les mêmes pour tous les parlementaires, quelle que soit leur nationalité. Le statut corrige ainsi les inégalités de traitement qui existait jusqu'à présent et assure une plus grande transparence des frais des députés.
13. Sur les libertés d'opinion et d'expression des députés européens couvertes par leur immunité parlementaire voy., **arrêt du 17 septembre 2020, Troszczynski/Parlement européen, C-12/19 P, EU: C:2020:725.**

(PPIUE, art. 8)[14], ces dernières pouvant toutefois être levées à la demande des autorités judiciaires compétentes des États membres (RI/PE, art. 6)[15]. Enfin, le code de conduite adopté par les eurodéputés en décembre 2011 vient compléter et enrichir leur statut en prescrivant des règles et des principes qu'ils doivent respecter afin d'éviter tout conflit d'intérêts[16].

Section 2

Le fonctionnement

166. L'article 232, du traité FUE prévoit que le Parlement européen arrête librement son règlement intérieur à la majorité des membres qui le composent[17].

1• LES ORGANES DE DIRECTION DU PARLEMENT EUROPÉEN

A - La présidence du Parlement européen

167. Le Parlement européen élit parmi ses membres son président (TUE, art. 14, § 4) pour un mandat de deux ans et demi, soit une demi-législature (RI/PE, art. 16, § 1er). La Maltaise Roberta Metsola (PPE) a été élue présidente du Parlement européen le 18 janvier 2022 pour un mandat de deux ans et demi lors de la séance du Parlement européen des 17 au 20 janvier 2022. Elle succède ainsi à l'Italien David Sassoli (S&D) décédé le 11 janvier 2022 quelques jours avant le terme de son mandat. Robetta Metsola est la troisième femme, après les Françaises Simone Veil (1979-1982) et Nicole Fontaine (1999-2002), à accéder à ce poste. Assisté par quatorze vice-présidents également élus par le Parlement pour un mandat de deux ans et demi à la suite de son élection (RI/PE, art. 17, § 1er), le président dirige l'ensemble des activités du Parlement et de ses organes (Bureau et Conférence des présidents). Il préside les débats menés en séance plénière (douze périodes de sessions plénières se tiennent à Strasbourg et six additionnelles se déroulent à Bruxelles). À ce titre, le président dispose de tous les pouvoirs pour présider aux délibérations du Parlement et pour en assurer le bon déroulement (RI/PE, art. 22, § 1er). C'est donc lui qui ouvre, suspend et lève les séances plénières, assure l'observation du règlement intérieur du Parlement, maintient l'ordre, donne la parole, déclare les discussions closes, met les questions aux voix et proclame les résultats des votes. Il statue par ailleurs sur la recevabilité des

---

14. Sur la question voy., Dermine P., « Le député européen et ses immunités », Journal de dr. eur., octobre 2020, n° 272, p. 358.
15. Pour une illustration voy., décision du Parlement européen du 2 juillet 2013 sur la demande de levée de l'immunité de Mme Marine Le Pen (2012/23255/IMM), *JOUE* n° C75/169 du 26 février 2016.
16. Voy., Code de conduite des députés au Parlement européen en matière d'intérêts financiers et de conflits d'intérêts (repris à l'annexe I du RI/PE). Disponible sur le site : *https://www.europarl.europa.eu/pdf/meps/201305_Code_of_conduct_FR.pdf*
17. Règlement intérieur du Parlement européen (2019-2024, 9e législature, juillet 2019), *JOUE* n° L302/1 du 22 novembre 2019. Disponible sur le site : *https://www.europarl.europa.eu/doceo/document/RULES-9-2019-07-02-TOC_FR.html*

amendements, sur les questions adressées au Conseil et à la Commission et sur la conformité des rapports avec le règlement intérieur du Parlement. C'est également lui qui adresse aux commissions les communications qui sont de leur ressort (RI/PE, art. 22, § 2). Le président ne peut prendre la parole dans un débat que pour présenter l'état de la question et y ramener le Parlement. S'il entend participer au débat, il doit alors quitter son fauteuil et ne peut le reprendre qu'au terme de la discussion (RI/PE, art. 22, § 3). Le président peut être invité à être entendu par le Conseil européen (TFUE, art. 235, § 2). Il constate que le budget est définitivement adopté lorsque la procédure budgétaire est achevée (TFUE, art. 314, § 9) et signe, avec le président du Conseil, tous les actes législatifs adoptés conformément à la procédure législative ordinaire (TFUE, art. 297, § 1er). Enfin, il représente le Parlement dans les relations internationales, les cérémonies, les actes administratifs, judiciaires ou financiers (RI/PE, art. 22, § 4).

B - Le Bureau du Parlement européen

168. Le Parlement européen élit parmi ses membres son Bureau (TUE, art. 14, § 4) pour un mandat de deux ans et demi. Ce dernier se compose du président du Parlement, des quatorze vice-présidents et de cinq questeurs avec voix consultative[18] (RI/PE, art. 24, § 1er). Le Bureau a notamment pour fonction de régler les questions financières, d'organisation et d'administration concernant les députés et celles concernant l'organisation interne du Parlement, son secrétariat et ses organes (RI/PE, art. 25, § 2). Il règle par ailleurs les questions relatives à la conduite des séances, y compris les questions relatives au comportement des députés à l'intérieur de l'ensemble des locaux du Parlement (RI/PE, art. 25, § 4).

C - La Conférence des présidents

169. La Conférence des présidents réunit autour du président du Parlement les présidents des groupes politiques (RI/PE, art. 26, § 1er). Elle est compétente notamment pour statuer sur l'organisation des travaux du Parlement et sur les questions afférentes à la programmation législative (RI/PE, art. 27, § 2) et pour établir le projet d'ordre du jour des périodes de session du Parlement (RI/PE, art. 27, § 6). La Conférence des présidents est également l'organe compétent au sein du Parlement pour tout ce qui concerne les relations avec les autres institutions, organes ou organismes de l'Union, les parlements nationaux des États membres, les pays tiers et les autres organisations internationales (RI/PE, art. 27, § 3 et 4).

---

18. Le Parlement européen procède à l'élection de cinq questeurs juste après l'élection des vice-présidents (RI/PE, art. 18). Les questeurs, qui détiennent une voix consultative au sein du Bureau, sont responsables, en fonction des lignes directrices arrêtés par le Bureau, des tâches administratives et financières concernant directement les députés. Ils veillent ainsi à ce que les députés disposent de l'infrastructure nécessaire à l'exécution de leurs mandats.

2. LES COMMISSIONS PARLEMENTAIRES

170. Il existe trois types de commissions parlementaires. Les membres de ces différentes commissions parlementaires sont nommés par les groupes politiques et les députés non-inscrits. Leur composition reflète autant que possible celle de l'hémicycle (RI/PE, art. 209).

A - Les commissions permanentes

171. Le Parlement européen compte actuellement vingt commissions permanentes dont les compétences sont fixées par l'annexe VI du RI/PE (ex. : Affaires étrangères – AFET ; Commerce international – INTA ; Affaires économiques et monétaires – ECON ; Environnement, santé publique et sécurité alimentaire – ENVI ; Agriculture et développement rural – AGRI ; Développement régional – REGI ; Pétitions – PETI). La nomination des membres de ces commissions a lieu au cours de la première période de session du Parlement nouvellement élu et de nouveau à l'issue d'une période de deux ans et demi (RI/PE, art. 206). Elles comptent entre vingt-cinq à quatre-vingt-un députés et sont dotées d'un président, d'un bureau et d'un secrétariat. Ces commissions parlementaires, qui se réunissent une à deux fois par mois à Bruxelles et dont les débats sont publics, sont chargées de préparer les travaux des sessions plénières du Parlement européen. Pour ce faire, elles élaborent, amendent et adoptent des rapports notamment sur les propositions législatives émises par la Commission européenne ainsi que des rapports d'initiative.

B - Les commissions spéciales

172. Sur proposition de la Conférence des présidents, le Parlement européen peut, à tout moment, constituer des commissions spéciales dont les compétences, la composition et le mandat (maximum de douze mois sauf prolongation expresse sur décision du Parlement) sont fixés en même temps que la décision de leur constitution (RI/PE, art. 197). Le Parlement européen recourt à ces commissions spéciales lorsqu'il entend suivre un point particulier de l'actualité européenne ou internationale[19].

C - Les commissions d'enquête

173. Le Parlement européen peut, à tout moment, constituer une commission d'enquête dans le cadre de ses compétences de contrôle. Prévue par les articles 226, § 1er, du traité FUE et 208 du RI/PE, une commission d'enquête peut être constituée, à la demande d'un quart des députés, pour examiner, sans préjudice des attributions conférées par les traités à d'autres institutions ou organes, les allégations d'infraction au droit de l'Union ou de mauvaise administration dans l'application de celui-ci qui

---

19. Pour des ex. récents voy., commission spéciale sur la pandémie de Covid-19 : leçons tirées et recommandations pour l'avenir (COVI) ; commission spéciale sur l'ingérence étrangère dans l'ensemble des processus démocratiques de l'Union européenne, y compris la désinformation (INGE2).

seraient le fait soit d'une institution, d'un organe ou d'un organisme de l'Union, soit d'une administration publique d'un État membre, soit encore de personnes mandatées par le droit de l'Union pour appliquer celui-ci sauf si les faits allégués sont en cause devant une juridiction et aussi longtemps que la procédure juridictionnelle n'est pas achevée. La décision de constituer une commission d'enquête est publiée au *Journal officiel de l'Union européenne*. Les modalités d'exercice du droit d'enquête ont été déterminées en 1995 par une décision conjointe du Parlement européen, du Conseil et de la Commission européenne[20]. Cette décision commune réglemente strictement la procédure d'enquête et, particulièrement, la protection du secret de certains documents et informations rendue indispensable par les larges pouvoirs d'investigation et d'audition dont disposent ces commissions d'enquête. La Commission d'enquête conclut ses travaux par le dépôt d'un rapport dans le délai de douze mois au maximum. Le Parlement peut, à deux reprises, décider de proroger ce délai d'une période de trois mois[21]. L'existence d'une commission d'enquête prend fin par le dépôt de son rapport[22].

174. À la lumière notamment des travaux menés par les commissions d'enquête sur le « Dieselgate » (EMIS) en 2015[23], le Parlement européen a pris conscience que le cadre juridique régissant le fonctionnement de ses commissions d'enquête était devenu obsolète. Il s'emploie depuis lors à doter son droit d'enquête de nouveaux instruments mieux adaptés à l'exercice efficient et effectif de sa fonction de contrôle (sur la fonction de contrôle du Parlement européen voy. *infra*, n° 316 à 322). Plus particulièrement, l'assemblée parlementaire souhaite que ses commissions d'enquête puissent désormais demander des documents y compris ceux originaires d'un État membre, assigner à comparaître des témoins individuels y compris des fonctionnaires et agents de l'Union, imposer des sanctions à l'encontre des autorités et des personnes qui refusent de comparaître ou de donner l'accès aux documents pertinents ou encore demander aux parlements nationaux de coopérer à ses enquêtes. En 2019, les députés européens ont adopté une résolution sur les négociations avec le Conseil et la Commission sur la proposition législative de règlement sur le droit d'enquête du Parlement européen[24]. Début 2020, le Parlement européen a fait une nouvelle tentative pour relancer le dialogue entre les trois institutions. Toutefois, les États membres

---

20. Décision du Parlement européen, du Conseil et de la Commission du 19 avril 1995 portant modalité d'exercice du droit d'enquête du Parlement européen (95/167/CE, Euratom, CECA), *JOCE* n° L113/2 du 19 mai 1995.
21. À titre d'ex. voy., décision (UE) 2020/1089 du Parlement européen du 19 juin 2020 sur la constitution d'une commission d'enquête chargée d'examiner les allégations d'infractions au droit de l'Union en ce qui concerne la protection des animaux pendant le transport, à l'intérieur comme à l'extérieur de l'Union, et sur la définition de ses attributions, et la détermination de sa composition numérique et de la durée de son mandat, *JOUE* n° L239I/1 du 24 juillet 2020 ; décision (UE) 2021/429 du Parlement européen du 20 janvier 2021, *JOUE* n° L86/1 du 12 mars 2021 (1re prorogation) ; décision (UE) 2021/1032 du Parlement européen du 27 avril 2021, *JOUE* n° L226/1 du 25 juin 2021 (2de prorogation).
22. Pour des ex. récents voy., commission d'enquête sur la protection des animaux pendant le transport, à l'intérieur comme à l'extérieur de l'Union (ANIT) ; commission d'enquête chargée d'enquêter sur l'utilisation de Pegasus et de logiciels espions de surveillance équivalents (PEGA).
23. Décision (UE) 2016/34 du Parlement européen du 17 décembre 2015 sur la constitution, les attributions, la composition numérique et la durée du mandat de la commission d'enquête sur la mesure des émissions dans le secteur de l'automobile, *JOUE* n° L10/13 du 15 janvier 2015.
24. *JOUE* n° C158/15 du 30 avril 2021.

de l'UE s'opposent pour l'instant à l'adoption d'un tel règlement estimant que la proposition des députés européens pour renforcer leurs capacités d'enquête dépasserait leurs compétences et empiéterait sur les leurs. Les États membres de l'UE ont donc appelé le Parlement européen en juin 2020 à faire des concessions sur les modalités de son nouveau droit d'enquête.

3. LES GROUPES POLITIQUES

175. Dès la constitution de l'assemblée de la CECA, les députés européens se sont regroupés dans l'hémicycle non pas par nationalité mais par affinités politiques. Selon les termes mêmes de l'article 10, § 4, du traité UE, « les partis politiques au niveau européen contribuent à la formation de la conscience politique européenne et à l'expression de la volonté des citoyens de l'Union[25] ». Tout groupe politique doit être composé d'un minimum de vingt-cinq députés élus dans au moins un quart des États membres (RI/PE, art. 33, § 2)[26]. Chaque groupe politique a la maîtrise de son organisation interne et se dote d'un président, d'un bureau et d'un secrétariat. Un député ne peut appartenir qu'à un seul groupe politique (RI/PE, art. 33, § 4). Certains députés européens n'appartiennent à aucun groupe politique et, dans cette hypothèse, ils font partie des non-inscrits (RI/PE, art. 36). Dans l'hémicycle, les places attribuées aux députés sont déterminées en fonction de leur appartenance politique, de gauche à droite, après accord des présidents de groupe.

176. Actuellement, le Parlement européen compte sept groupes politiques ainsi que des membres apparentés à aucun groupe politique (non-inscrits).

Groupes politiques	8e législature 2014-2019	9e législature 2019-2024
Groupe du Parti Populaire Européen (PPE)	219	176
Groupe de l'alliance progressiste des Socialistes et Démocrates (S&D)	189	145
Groupe Renew Europe (RE) *ex-Groupe Alliance des démocrates et des libéraux pour l'Europe (ALDE)*	68	103
Groupe des Verts/Alliance Libre Européenne (Verts/ALE)	52	71
Groupe Identité et démocratie (ID) *ex-Groupe Europe des Nations et des Libertés (ENF)*	35	65
Groupe des Conservateurs et des Réformateurs Européens (ECR)	73	64

25. Il est regrettable que la formulation de cette disposition soit beaucoup moins éloquente que celle de l'article équivalent du traité CE. En effet, l'article 191, alinéa 1er, du traité CE disposait précédemment que « les partis politiques au niveau européen sont importants en tant que facteur d'intégration au sein de l'Union. Ils contribuent à la formation d'une conscience européenne et à l'expression de la volonté politique des citoyens de l'Union ».
26. Si le nombre des membres du groupe vient à tomber au-dessous de ce seuil, le président peut, avec l'assentiment de la conférence des présidents, permettre à ce groupe de continuer à exister jusqu'à la séance constitutive suivante du Parlement pour autant que les membres du groupe politique continuent à représenter un cinquième au moins des États membres et que ce groupe existe depuis plus d'un an (RI/PE, art. 33, § 3).

La Gauche ex-Groupe confédéral de la Gauche Unitaire Européenne/Gauche verte nordique (GUE/NGL)	51	39
Groupe Europe de la liberté et de la démocratie directe (EFDD)	*43*	
Non-inscrits	21	42
TOTAL	751	705

Source : Parlement européen (situation au 1er juillet 2022).

https://www.europarl.europa.eu/meps/fr/search/chamber

177. Le Conseil et le Parlement européen ont adopté en octobre 2014 le règlement (UE, Euratom) n° 1141/2014 relatif au statut et au financement des partis politiques européens et des fondations politiques européennes[27] qui a remplacé, à compter du 1er janvier 2017, le règlement (CE) n° 2004/2003 du Parlement européen et du Conseil du 4 novembre 2003 relatif au statut et au financement des partis politiques au niveau européen[28]. Cet acte de droit dérivé établit de nouvelles règles de base pour les partis politiques européens et les fondations politiques européennes, notamment concernant les modalités d'enregistrement pour constituer de tels partis ou de telles fondations et pour qu'ils bénéficient d'un financement de l'Union. Le règlement (UE, Euratom) n° 1141/2014 institue par ailleurs une Autorité pour les partis politiques européens et les fondations politiques européennes en charge de les enregistrer, les contrôler, voire de les sanctionner. Cette Autorité dispose de la personnalité juridique. Le Français Pascal Schonard a été nommé directeur de l'Autorité pour les partis politiques européens et pour les fondations politiques européennes pour la période allant du 1er septembre 2021 au 31 août 2026 par décision conjointe du Parlement européen, du Conseil et de la Commission[29].

---

27. Règlement (UE, Euratom) n° 1141/2014 du Parlement européen et du Conseil du 22 octobre 2014 relatif au statut et au financement des partis politiques européens et des fondations politiques européennes, *JOUE* n° L317/1 du 4 novembre 2014 ; voy. égal., règlement (UE, Euratom) 2018/673 du Parlement européen et du Conseil du 3 mai 2018 modifiant le règlement (UE, Euratom) n° 1141/2014, *JOUE* n° L114/1 du 4 mai 2018 ; décision du Bureau du Parlement européen du 1er juillet 2019 fixant les modalités d'application du règlement (UE, Euratom) n° 1141/2014 du Parlement européen et du Conseil relatif au statut et au financement des partis politiques européens et des fondations politiques européennes, *JOUE* n° C249/2 du 25 juillet 2019.
28. Règlement (CE) n° 2004/2003 du Parlement européen et du Conseil du 4 novembre 2003 relatif au statut et au financement des partis politiques au niveau européen, *JOUE* n° L297/1 du 15 novembre 2003.
29. Décision (UE, Euratom) 2021/1271 du Parlement européen, du Conseil et de la Commission du 26 juillet 2021 portant nomination du directeur de l'Autorité pour les partis politiques européens et les fondations politiques européennes, *JOUE* n° L277/145 du 2 août 2021.

CHAPITRE 9

La Cour de justice de l'Union européenne

178. La Cour de justice de l'Union européenne a rang d'institution de l'Union (TUE, art. 13, § 1er). Elle comprend la Cour de justice, le Tribunal et des tribunaux spécialisés (TUE, art. 19, § 1er). Ces juridictions sont assujetties au protocole (n° 3) sur le statut de la Cour de justice de l'UE annexé aux traités.

**La Cour de justice de l'Union européenne
depuis l'entrée en vigueur du traité de Lisbonne**

Cour de justice (ex-CJCE)

Tribunal (ex-TPICE)

Tribunal spécialisé	Tribunal spécialisé	Tribunal spécialisé

179. La Cour de justice, en sa qualité de juridiction originelle des Communautés européennes, constitue l'organe dominant du dispositif de protection juridictionnelle de l'Union européenne. Initialement les Communautés européennes comptaient en effet une seule et unique institution juridictionnelle : la Cour de justice. Toutefois, l'évolution croissante du contentieux communautaire et la volonté de respecter des délais de procédure raisonnables avaient conduit cette juridiction à demander au Conseil la création d'un nouvel organe juridictionnel. Le Conseil adjoint donc à la Cour de justice, à compter de 1989[1] et conformément à l'Acte unique européen de 1986, une nouvelle juridiction : le Tribunal de première instance – désormais dénommé le Tribunal –. Initialement, la compétence du Tribunal était limitée au contentieux de la

---

1. Décision du Conseil du 24 octobre 1988 instituant un tribunal de première instance des Communautés européennes (88/591/CECA, CEE, Euratom), *JOCE* n° L319/1 du 25 novembre 1988.

fonction publique communautaire et dans le cadre du Traité CE aux recours introduits par les personnes physiques ou morales en matière de concurrence. Les compétences du Tribunal avaient été élargies par la suite à l'ensemble des recours formés par des personnes physiques ou morales, les arrêts du Tribunal de première instance étant susceptibles de pourvois devant la Cour de justice. L'évolution la plus décisive découle du traité de Nice car ce dernier introduit une importante réforme du système juridictionnel de l'Union. Tout d'abord, le Tribunal devient le juge de droit commun pour l'ensemble des recours directs à l'exception du recours en manquement qui demeure de la seule compétence de la Cour de justice (TCE, ex-art. 226 et s. ; TFUE, art. 258 et s.). Les décisions rendues en première instance par le Tribunal peuvent faire l'objet d'un pourvoi devant la Cour de justice limité aux questions de droit. De plus, le traité de Nice introduit la possibilité pour le Conseil d'adjoindre à la Cour de justice et au Tribunal, par voie de décision, des chambres juridictionnelles – désormais dénommées tribunaux spécialisés – chargées de connaître en première instance certaines catégories de recours formés dans des matières spécifiques (TCE, ex-art. 220, al. 2 ; TUE, remplacé en substance art. 19)[2]. Les décisions rendues par les chambres juridictionnelles peuvent faire l'objet d'un pourvoi devant le Tribunal limité aux questions de droit. Le Tribunal de la fonction publique de l'Union européenne constitue le seul tribunal spécialisé instauré par le Conseil en novembre 2004[3]. Cette juridiction a été supprimée depuis le 1er septembre 2016. En effet, confrontée depuis de nombreuses années à une augmentation constante et structurelle du contentieux devant le Tribunal, la Cour de justice a soumis à l'automne 2014 une proposition de réforme du système judiciaire européen qui a abouti à l'adoption du règlement (UE, Euratom) 2015/2422 du Parlement européen et du Conseil du 16 décembre 2015 modifiant le protocole (n° 3) sur le statut de la Cour de justice de l'Union européenne[4]. Cette réforme repose à la fois sur une augmentation progressive du nombre des juges du Tribunal et sur la fusion du Tribunal et du Tribunal de la fonction publique de l'Union européenne selon un processus en trois étapes qui s'échelonne entre décembre 2015 et septembre 2019 (règlement (UE, Euratom) 2015/2422, art. 1er, § 2). Dès le 25 décembre 2015, soit dès l'entrée en vigueur du règlement (UE, Euratom) 2015/2422, l'effectif du Tribunal a été immédiatement porté à quarante juges (soit douze juges supplémentaires), puis à quarante-sept à partir du 1er septembre 2016 (du fait du transfert des sept juges du Tribunal de la fonction publique de l'UE au Tribunal) et enfin le Tribunal comprend deux juges par État membre depuis le 1er septembre 2019.

Cette nouvelle réforme du système judiciaire européen fera à terme l'objet d'une évaluation. En effet, la Cour de justice soumettra, au plus tard le 26 décembre 2020, un rapport sur le fonctionnement du Tribunal au trinôme décisionnel en faisant appel à

---

2. L'article 257, alinéa 1er, du traité FUE prévoit que les tribunaux spécialisés adjoints au Tribunal seront désormais créés par le Parlement européen et le Conseil statuant conformément à la procédure législative ordinaire. Les deux institutions statuent en la matière par voie de règlements soit sur proposition de la Commission et après consultation de la Cour de justice, soit sur demande de la Cour de justice et après consultation de la Commission.

3. Décision du Conseil du 2 novembre 2004 instituant le Tribunal de la fonction publique de l'Union européenne (2004/752/CE, Euratom), *JOUE* n° L333/7 du 9 novembre 2004.

4. Règlement (UE, Euratom) 2015/2422 du Parlement européen et du Conseil du 16 décembre 2015 modifiant le protocole n° 3 sur le statut de la Cour de justice de l'Union européenne, *JOUE* n° L341/14 du 24 décembre 2015.

des conseillers extérieurs. Ce rapport se focalisera plus particulièrement sur l'efficience du Tribunal, sur la nécessité et l'efficacité de l'augmentation à cinquante-six juges, sur l'utilisation et l'efficacité des ressources ainsi que sur la poursuite de la création de chambres spécialisées et/ou de la mise en place d'autres changements structurels. Le cas échéant, la Cour de justice pourrait être amenée à formuler des demandes d'acte législatif pour modifier son statut en conséquence (règlement (UE, Euratom) 2015/2422, art. 3, § 1er).

180. La Cour de justice de l'UE ne dispose pas d'une compétence générale et ne peut donc statuer que dans la mesure où elle s'est vue attribuer expressément compétence pour le faire par les traités (TUE, art. 19, § 3). Ainsi, les compétences qui lui sont conférées sont de nature attributive. La Cour de justice et le Tribunal assurent, dans le cadre de leurs compétences respectives, le respect du droit dans l'interprétation et l'application des traités (TUE, art. 19, § 1er).

La Cour de justice de l'UE siège à Luxembourg. Depuis 1952, les juridictions de l'Union ont rendu plus de 42 000 arrêts et ordonnances.

Les voies de recours devant la Cour de justice de l'Union européenne

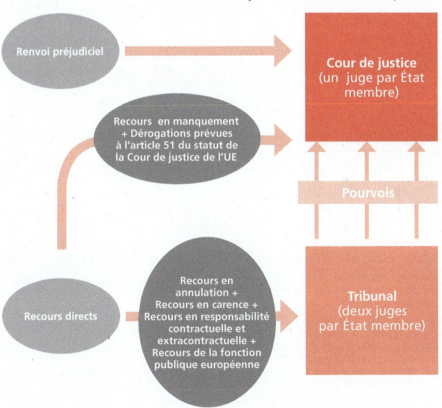

Section 1
La Cour de justice

1. LA COMPOSITION

181. L'article 19, § 2, alinéa 1er, du traité UE prévoit que la Cour de justice est composée d'un juge par État membre. Elle est assistée de onze avocats généraux (leur nombre était initialement de huit)[5]. Le nombre des avocats généraux peut être augmenté par le Conseil statuant à l'unanimité à la demande de la Cour de justice[6] (TFUE, art. 252, al. 1er). Les juges et les avocats généraux prennent rang indistinctement dans l'ordre protocolaire d'après leur ancienneté de fonction (à ancienneté de fonction égale, c'est l'âge qui détermine le rang).

182. L'avocat général a pour fonction de présenter publiquement, en toute impartialité et en toute indépendance, un avis juridique motivé, dénommé « conclusions », sur les affaires soumises à la Cour de justice qui requièrent son intervention conformément au statut de la Cour de justice de l'UE (TFUE, art. 252, al. 2). L'avocat général assiste ainsi la Cour dans l'accomplissement de sa mission en lui suggérant une solution s'inspirant du droit et sans affronter la contradiction (**ordonnance du 4 février 2000, Emesa Sugar, C-17/98, EU:C:2000:69, pts 12 à 15**). Il n'intervient aucunement dans le délibéré. La fonction de l'avocat général est donc comparable à celle d'un rapporteur public (ex-commissaire du gouvernement) devant le Conseil d'État français et ne doit pas être confondue avec celle d'un parquet ou d'un Ministère public dont le rôle est assumé par la Commission européenne en sa qualité de gardienne de l'intérêt général de l'Union (voy. *infra*, n° 306 à 311)[7].

A - La désignation des membres de la Cour de justice et la cessation de leurs fonctions

183. Les juges et les avocats généraux de la Cour de justice sont choisis parmi des personnalités offrant toute garantie d'indépendance et qui réunissent les conditions

5.   Décision du Conseil du 25 juin 2013 portant augmentation du nombre d'avocats généraux à la Cour de justice de l'Union européenne (2013/336/UE), *JOUE* n° L179/92 du 29 juin 2013.
6.   Déclaration n° 38 *ad* article 252 du traité sur le fonctionnement de l'Union européenne relative au nombre d'avocats généraux à la Cour de justice :
     « La Conférence déclare que si, conformément à l'article 252, premier alinéa, du traité sur le fonctionnement de l'Union européenne, la Cour de justice demande que le nombre d'avocats généraux soit augmenté de trois personnes (soit onze au lieu de huit), le Conseil, statuant à l'unanimité, marquera son accord sur cette augmentation.
     Dans ce cas, la Conférence convient que la Pologne, comme c'est déjà le cas pour l'Allemagne, la France, l'Italie, l'Espagne et le Royaume-Uni, aura un avocat général permanent et ne participera plus au système de rotation ; par ailleurs, le système actuel de rotation comprendra cinq avocats généraux au lieu de trois. »
7.   Sur la fonction de l'avocat général voy., Giorgi F., « L'avocat général à la Cour de justice », Journal de dr. eur., avril 2019, n° 258, p. 158.

requises pour l'exercice, dans leurs pays respectifs, des plus hautes fonctions juridictionnelles ou qui sont des jurisconsultes possédant des compétences notoires. Ils sont nommés d'un commun accord par les gouvernements des États membres pour un mandat de six ans renouvelable après consultation du comité prévu par l'article 255, du traité FUE[8/9] (TFUE, art. 253, al. 1er). Un renouvellement partiel des juges et des avocats généraux a lieu tous les trois ans dans les conditions prévues par l'article 9 du statut de la Cour de justice de l'UE (TFUE, art. 253, al. 2). Plus particulièrement, cette disposition du statut de la Cour de justice de l'UE, telle que modifiée en dernier lieu par le règlement (UE, Euratom) 2015/2422, prévoit désormais que ce renouvellement partiel des juges, qui a lieu, tous les trois ans, porte sur la moitié des juges. Si les juges sont en nombre impair, le nombre de juges à remplacer est alternativement le nombre entier supérieur le plus proche et le nombre entier inférieur le plus proche du nombre de juges divisé par deux. Ce dispositif s'applique au renouvellement partiel des avocats généraux qui a lieu également tous les trois ans (règlement (UE, Euratom) 2015/2422, art. 1er, § 1er).

184. En dehors des renouvellements réguliers et des décès, les fonctions de juge et d'avocat général peuvent prendre fin individuellement par démission. En cas de démission, la lettre de démission est adressée au président de la Cour pour être transmise au président du Conseil. Cette dernière notification emporte vacance de siège. Le membre de la Cour démissionnaire continue à siéger jusqu'à l'entrée en fonction de son successeur (statut/CJUE, art. 5). Un juge ou un avocat général ne peut être relevé de ses fonctions, ni déclaré déchu de son droit à pension ou d'autres avantages qu'après un jugement unanime des juges et avocats généraux (auquel l'intéressé ne participe pas) qui viendrait constater qu'il cesse de répondre aux conditions requises pour occuper cette fonction ou de satisfaire aux obligations découlant de sa charge (statut/CJUE, art. 6 et 8). Le juge ou l'avocat général dont la fonction prend fin avant l'expiration de son mandat est remplacé pour la durée du mandat restant à courir (statut/CJUE, art. 7 et 8).

---

8. Article 255 du traité FUE :
   « Un comité est institué afin de donner un avis sur l'adéquation des candidats à l'exercice des fonctions de juge et d'avocat général de la Cour de justice et du Tribunal avant que les gouvernements des États membres ne procèdent aux nominations conformément aux articles 253 et 254.
   Le comité est composé de sept personnalités choisies parmi d'anciens membres de la Cour de justice et du Tribunal, des membres des juridictions nationales suprêmes et des juristes possédant des compétences notoires, dont l'un est proposé par le Parlement européen. Le Conseil adopte une décision établissant les règles de fonctionnement de ce comité, ainsi qu'une décision en désignant les membres. Il statue sur initiative du président de la Cour de justice. »
9. Voy., décision du Conseil du 25 février 2010 relative aux règles de fonctionnement du comité prévu à l'article 255 du traité sur le fonctionnement de l'Union européenne (2010/124/UE), *JOUE* n° L50/18 du 27 février 2010 ; décision (UE, Euratom) 2017/2262 du Conseil du 4 décembre 2017 portant désignation des membres du comité prévu à l'article 255 du traité sur le fonctionnement de l'Union européenne, *JOUE* n° L324/50 du 8 décembre 2017 ; décision (UE) 2020/539 du Conseil du 15 avril 2020 portant remplacement du président du comité prévu à l'article 255 du traité sur le fonctionnement de l'Union européenne, *JOUE* n° L122/1 du 20 avril 2020.

B - Le statut des membres de la Cour de justice

185. Le protocole (n° 3) sur le statut de la Cour de justice de l'UE garantit l'indépendance des juges et avocats généraux. Ainsi, avant d'entrer en fonction, les juges et avocats généraux prêtent serment, lors de la première audience publique de la Cour de justice à laquelle ils assistent, d'exercer leurs fonctions en pleine impartialité et en toute conscience et de ne rien divulguer du secret des délibérations (statut/CJUE, art. 2). Immédiatement après cette prestation de serment, les membres de la Cour de justice signent une déclaration par laquelle ils prennent l'engagement solennel de respecter les obligations découlant de leur charge pendant la durée de leurs fonctions et après la cessation de celles-ci, notamment le devoir d'honnêteté et de délicatesse quant à l'acceptation, après cette cessation, de certaines fonctions ou de certains avantages (statut/CJUE, art. 4, al. 3). En cas de doute, la Cour de justice décide (statut/CJUE, art. 4, al. 4). Ils ne peuvent par ailleurs exercer aucune fonction politique ou administrative ni même, sauf dérogation accordée à titre exceptionnel par le Conseil, aucune activité professionnelle rémunérée ou non pendant la durée de leurs fonctions (statut/CJUE, art. 4, al. 1er et 2). Les membres de la Cour jouissent de l'immunité de juridiction pendant la durée de leurs fonctions et continuent à en bénéficier après la cessation de celles-ci en ce qui concerne les actes accomplis par eux en leur qualité officielle, y compris leurs paroles et leurs écrits (statut/CJUE, art. 3, al. 1er)[10]. Enfin, les membres de la Cour de justice ne peuvent participer au règlement d'aucune affaire dans laquelle ils sont antérieurement intervenus comme agent, conseil ou avocat de l'une des parties ou sur laquelle ils ont été appelés à se prononcer comme membre d'un tribunal, d'une commission d'enquête ou à tout autre titre (statut/CJUE, art. 18, al. 1er). Ils peuvent d'ailleurs, de leur propre initiative, demander au président de la Cour de ne pas participer au jugement ou à l'examen d'une affaire déterminée (le président peut aussi les y inviter d'office). En cas de difficulté, la Cour de justice statue (statut/CJUE, art. 18, al. 2 et 3).

La Cour de justice a complété en 2007 le statut de la Cour de justice de l'UE d'un code de conduite qui clarifie certaines obligations qui en découlent pour les membres de la Cour de justice mais aussi pour ceux du Tribunal (ex. : obligation de transmettre une déclaration des intérêts financiers lors de l'entrée en fonction des membres de la Cour de justice de l'UE ; obligation de refuser les dons, de quelque nature qu'ils soient, qui puissent mettre en cause l'intégrité des membres de la Cour de justice de l'UE...)[11].

---

10. La Cour, siégeant en assemblée plénière, peut lever cette immunité. Lorsque la décision concerne un membre du Tribunal ou d'un tribunal spécialisé, la Cour décide après consultation du tribunal concerné (statut/CJUE, art. 3, al. 2). Au cas où, l'immunité ayant été levée, une action pénale est engagée contre un membre de la Cour, celui-ci n'est justiciable, dans chacun des États membres, que de l'instance compétente pour juger les magistrats appartenant à la plus haute juridiction nationale (statut/CJUE, art. 3, al. 2 et 3).
11. *JOUE* n° C223/1 du 22 septembre 2007.

2. LE FONCTIONNEMENT

186. La Cour de justice établit librement son règlement de procédure[12] qui est soumis à l'approbation du Conseil (TFUE, art. 253, al. 6).

A - La présidence et la vice-présidence de la Cour de justice

187. Les juges élisent parmi eux le président et le vice-président de la Cour de justice pour une période renouvelable de trois ans (TFUE, art. 253, al. 3 ; statut/CJUE, art. 9 *bis* al. 1er ; RP/CJ, art. 8, § 1er et 4). Ce vote a lieu au secret (RP/CJ, art. 8, § 3). En cas de cessation du mandat du président ou du vice-président de la Cour avant le terme normal de leurs fonctions, il est procédé à leur remplacement pour la période restant à courir (RP/CJ, art. 8 § 2). Le Belge Koen Lenaerts est président de cette juridiction depuis le 8 octobre 2015 et le Danois Lars Bay Larsen en est le vice-président depuis le 8 octobre 2021. Le vice-président assiste le président de la Cour de justice dans l'exercice de ses fonctions et le remplace en cas d'empêchement (statut/CJUE, art. 9, al. 2 ; RP/CJ, art. 10, § 1er). Conformément à l'article 10, § 3, du règlement de procédure de la Cour, la décision 2012/671/UE de la Cour de justice précise les conditions dans lesquelles le vice-président remplace le président de la Cour dans l'exercice de ses fonctions juridictionnelles[13].

188. Le président occupe une place importante dans l'organisation et le fonctionnement de la Cour de justice dans la mesure où le statut de la Cour de justice de l'UE ainsi que le règlement de procédure de la Cour de justice lui confient notamment la charge :
- de représenter la Cour (RP/CJ, art. 9, § 1er) ;
- de diriger les travaux de la Cour et de présider les réunions générales des membres de la Cour ainsi que les audiences et les délibérations de l'assemblée plénière et de la grande chambre (RP/CJ, art. 9, § 2) ;
- de veiller au bon fonctionnement des services de l'institution (RP/CJ, art. 9, § 3) ;
- de désigner pour chaque affaire le juge rapporteur dès le dépôt de l'acte introductif d'instance (RP/CJ, art. 15, § 1er) ;
- d'arrêter le rôle des audiences (statut/CJUE, art. 34) ;
- de déterminer la date à laquelle le juge rapporteur présente à la réunion générale de la Cour un rapport préalable (RP/CJ, art. 59, § 1er) ainsi que la date d'ouverture de la procédure orale après l'accomplissement des mesures d'instruction (RP/CJ, art. 75, § 1er) ;
- d'ouvrir et de diriger les débats et d'exercer la police de l'audience (RP/CJ, art. 78) ;

---

12. Une version consolidée du règlement de procédure de la Cour de justice du 25 septembre 2012 (*JOUE* n° L265/1 du 29 septembre 2012) est disponible sur le site : *http://curia.europa.eu/jcms/upload/docs/application/pdf/2012-10/rp_fr.pdf* Voy. égal. le règlement additionnel de la Cour de justice, *JOUE* n° L32/37 du 1er février 2014.
13. Décision de la Cour de justice du 23 octobre 2012 relative aux fonctions juridictionnelles du vice-président de la Cour (2012/671/UE), *JOUE* n° L300/47 du 30 octobre 2012.

– de poser, au cours des débats, des questions aux agents, conseils ou avocats des parties ainsi qu'aux parties au litige au principal – la même faculté appartient également à chaque juge et à l'avocat général – (RP/CJ, art. 80) ;

– de prononcer la clôture de la procédure orale après les conclusions orales et motivées de l'avocat général (RP/CJ, art. 82, § 2) ;

– de décider de soumettre une affaire à une procédure accélérée lorsque l'urgence particulière exige que la Cour statue dans les plus brefs délais (RP/CJ, art. 105, § 1er et 133, § 1er) ;

– de statuer, par voie d'ordonnance, sur toute demande de sursis à exécution d'un acte d'une institution ou sur toute autre demande de mesures provisoires – il peut également décider de déférer sans délai la demande à la Cour – (RP/CJ, art. 161, § 1er).

B - Les formations de jugement de la Cour de justice

189. La Cour de justice dispose d'une grande souplesse pour la répartition des affaires qui lui sont soumises. Elle peut siéger en chambre à cinq ou à trois juges, en grande chambre (quinze juges) et en assemblée plénière (comprenant l'ensemble des juges). La Cour de justice ne peut valablement délibérer qu'en nombre impair. Ainsi, les délibérations des chambres composées de trois ou de cinq juges ne sont valables que si elles sont prises par trois juges, celles de la grande chambre par onze juges présents et celles de l'assemblée plénière par dix-sept juges présents (statut/CJUE, art. 17).

190. La Cour de justice constitue en son sein des chambres à cinq et à trois juges (TFUE, art. 251, al. 1er). Les juges élisent parmi eux les présidents de chambres. Pour les affaires renvoyées devant une chambre à cinq ou à trois juges, les pouvoirs du président de la Cour sont exercés par le président de chambre. Les présidents des chambres à cinq juges sont élus pour trois ans (renouvelable une fois) et les présidents de chambres à trois juges pour une année. Les noms des présidents de chambre élus sont publiés au *Journal officiel de l'Union européenne* (statut/CJUE, art. 16, al. 1er ; RP/CJ, art. 12). Les chambres à cinq et à trois juges sont, pour chaque affaire, composées du président de la chambre, du juge rapporteur et du nombre de juges nécessaires pour atteindre respectivement cinq et trois juges (RP/CJ, art. 28, § 1er). La Cour de justice renvoie devant les chambres à cinq et à trois juges toute affaire dont elle est saisie dans la mesure où la difficulté, l'importance de l'affaire ou des circonstances particulières ne demandent pas le renvoi devant la grande chambre[14] (RP/CJ, art. 60, § 1er).

191. La Cour peut siéger en grande chambre (TFUE, art. 251, al. 1er), composée pour chaque affaire du président et du vice-président de la Cour de justice, de trois présidents des chambres à cinq juges, du juge rapporteur et du nombre de juges nécessaires pour atteindre quinze (RP/CJ, art. 27, § 1er). Elle est présidée par le président de la Cour de justice (statut/CJUE, art. 16, al. 2). La Cour siège dans cette formation de jugement lorsqu'un État membre ou une institution de l'Union qui est partie à

---

14. Le renvoi d'une affaire devant une chambre à cinq ou à trois juges n'est toutefois pas admis lorsqu'un État membre ou une institution partie à l'instance a demandé que l'affaire soit tranchée en grande chambre (RP/CJ, art. 60, § 1er).

l'instance le demande (statut/CJUE, art. 16, al. 3 ; RP/CJ, art. 60, § 1ᵉʳ). La Cour peut également décider de siéger dans cette formation de jugement pour les affaires particulièrement complexes ou importantes.

192. Enfin, la Cour peut siéger en assemblée plénière (TFUE, art. 251, al. 2). La Cour de justice siège ainsi lorsqu'elle est saisie d'une requête tendant à déclarer démissionnaire le médiateur européen (TFUE, art. 228, § 2, al. 2), un membre de la Commission européenne (TFUE, art. 245, al. 2 et art. 247), un membre de la Cour des comptes européenne (TFUE, art. 286, § 6) ou encore le contrôleur européen de la protection des données (règlement (UE) 2018/1725, art. 53, § 5) s'ils ne remplissent plus les conditions nécessaires à l'exercice de leurs fonctions ou s'ils ont commis une faute grave (statut/CJUE, art. 16, al. 4). La Cour de justice peut également décider, l'avocat général entendu, de renvoyer l'affaire devant l'assemblée plénière lorsqu'elle estime qu'une affaire dont elle est saisie revêt une importance exceptionnelle (statut/CJUE, art. 16, al. 5 ; RP/CJ, art. 60, § 2).

La formation de jugement à laquelle une affaire a été attribuée peut, à tout stade de la procédure, renvoyer l'affaire devant la Cour de justice aux fins de sa réattribution à une formation plus importante (RP/CJ, art. 60, § 3).

C - Le greffe de la Cour de justice

193. La Cour de justice nomme son greffier pour un mandat de six ans renouvelable (RP/CJ, art. 18, § 1ᵉʳ et 4) et fixe son statut (TFUE, art. 253, al. 5). La Cour peut également nommer un greffier adjoint pour l'assister ou le remplacer dans les limites fixées par les instructions au greffier établies par la Cour (RP/CJ, art. 19). Il prête serment devant la Cour d'exercer ses fonctions en pleine impartialité et en toute conscience et de ne rien divulguer du secret des délibérations (statut/CJUE, art. 18, § 5). Le greffier peut être relevé de ses fonctions seulement par la Cour de justice s'il ne répond plus aux conditions requises ou ne satisfait plus aux obligations découlant de sa charge (RP/CJ, art. 18, § 6). Si le greffier vient à cesser ses fonctions avant l'expiration de son mandat, la Cour nomme un greffier pour une période de six ans (RP/CJ, art. 18, § 7). Sous l'autorité du président de la Cour de justice, le greffier est chargé de la réception, de la transmission et de la conservation de tout document ainsi que de la signification des actes de procédure (RP/CJ, art. 20, § 1ᵉʳ). Par ailleurs, il a la garde des Sceaux et la responsabilité des archives (RP/CJ, art. 20, § 3), assiste les membres de la Cour dans tous les actes de leur ministère (RP/CJ, art. 20, § 2) et dirige les services de la Cour de justice sous l'autorité du président (RP/CJ, art. 20, § 4). Enfin, le greffier est responsable de la tenue au greffe du registre sur lequel sont inscrits à la suite et dans l'ordre de leur présentation tous les actes de procédure et les pièces et documents déposés à l'appui des requêtes (RP/CJ, art. 21, § 1ᵉʳ)[15].

---

15. Pour une présentation du greffe voy., von Bardeleben E., « Greffe (CJUE) », in *Dictionnaire des acteurs de l'Europe*, préc., p. 200.

3. LES ATTRIBUTIONS

194. Le traité FUE attribue à la Cour de justice des compétences à la fois consultatives et juridictionnelles pour lui permettre de mener à bien les missions qu'il lui confère.

A - Les attributions consultatives de la Cour de justice

195. Le traité FUE attribue une compétence consultative à la Cour de justice tout comme le prévoyait déjà le traité CE. Ainsi, l'article 218, § 11, du traité FUE, tout comme auparavant l'article 300, § 6, du traité CE, permet au Parlement européen, au Conseil, à la Commission européenne ou aux États membres de « recueillir l'avis de la Cour de justice sur la compatibilité d'un accord envisage avec les traités ».

Cette disposition instaure en fait une procédure exceptionnelle d'avis préalable destinée à permettre à la Cour de justice de vérifier, avant la conclusion finale d'un accord international par l'UE, si celui-ci est compatible avec les traités. La finalité de cette procédure est donc de « prévenir les complications qui résulteraient de contestations en justice relatives à la compatibilité avec le traité d'accords internationaux engageant la Communauté. En effet, la décision judiciaire constatant éventuellement qu'un accord est, au vu soit du contenu, soit de la procédure adoptée pour sa conclusion, incompatible avec les dispositions du traité ne manquerait pas de créer, non seulement sur le plan communautaire, mais également sur celui des relations internationales, des difficultés sérieuses, et risquerait de porter préjudice à toutes les parties intéressées, y inclus les pays tiers » (**avis du 13 décembre 1995, GATT – OMC – Accord sur les bananes, 3/94, EU: C:1995:436, pts 16 et 17** ; **avis du 28 mars 1994, Adhésion de la Communauté à la convention de sauvegarde des droits de l'homme et des libertés fondamentales, 2/94, EU:C:1996:140, pts 3 et 4**). L'avis rendu par la Cour de justice a un caractère obligatoire car « en cas d'avis négatif de la Cour de justice, l'accord envisagé ne peut entrer en vigueur, sauf modification de celui-ci ou révision des traités » (TFUE, art. 218, § 11). De fait, l'accord qui fait l'objet d'un avis négatif de la Cour ne peut donc entrer en vigueur qu'après modification de celui-ci ou encore révision des traités. À ce jour, la Cour de justice a rendu une trentaine avis consultatifs dont certains sont très importants au plan institutionnel (pour des applications récentes de l'article 218, § 11, du traité FUE voy., **avis du 26 juillet 2017, Accord PNR UE-Canada, 1/15, EU:C:2017:592** ; **avis du 16 mai 2017, Accord de libre-échange avec Singapour, 2/15, EU:C:2017:376** ; **avis du 14 février 2017, Traité de Marrakech sur l'accès aux œuvres publiées, 3/15, EU: C:2017:114** ; **avis du 30 avril 2019, Accord ECG UE-Canada, 1/17, EU:C:2019:341**).

B - Les attributions juridictionnelles de la Cour de justice

196. Le traité FUE comporte tout un ensemble de voies de recours et de procédures qui permettent à la Cour de justice d'assurer le respect du droit de l'Union[16]. Ainsi, la Cour de justice est notamment et principalement compétente pour :

- constater l'inexécution par un État membre des obligations qui lui incombent en vertu des traités (TFUE, art. 258) ;
- annuler les actes illégaux pris par les institutions et organes de l'Union (TFUE, art. 263) ;
- constater toute abstention de statuer des institutions et organes de l'Union (TFUE, art. 265) ;
- statuer à titre préjudiciel, sur saisine d'une juridiction nationale, sur l'interprétation des traités ou sur la validité et l'interprétation des actes pris par les institutions, organes ou organismes de l'Union (TFUE, art. 267) ;
- connaître des litiges relatifs à la réparation des dommages causés par les institutions ou par leurs agents dans l'exercice de leurs fonctions (TFUE, art. 268) ;
- statuer en vertu d'une clause compromissoire contenue dans un contrat de droit public ou de droit privé passé par l'Union ou pour son compte (TFUE, art. 272) ;
- déclarer l'inapplicabilité d'un acte de portée générale adopté par une institution, un organe ou un organisme de l'Union au titre de l'exception d'illégalité (TFUE, art. 277) ;
- ordonner le sursis à exécution d'un acte contesté et prescrire les mesures provisoires nécessaires (TFUE, art. 278 et 279) ;
- connaître des pourvois dirigés contre les décisions du Tribunal et limités aux questions de droit (TFUE, art. 256, § 1er, al. 2) ;
- réexaminer, s'il existe un risque sérieux d'atteinte à l'unité ou à la cohérence du droit de l'Union, les décisions rendues par le Tribunal lorsque ce dernier est saisi de recours formés contre les décisions des tribunaux spécialisés (TFUE, art. 256, § 2) ;
- réexaminer, pour les mêmes raisons, les décisions rendues par le Tribunal sur des questions préjudicielles (TFUE, art. 256, § 3, al. 3) ;
- statuer à titre préjudiciel sur saisine du Tribunal lorsque ce dernier estime que l'affaire dont il est saisi à titre préjudiciel appelle une décision de principe susceptible d'affecter l'unité ou la cohérence du droit de l'Union (TFUE, art. 256, § 3, al. 2) ;
- constater l'illégalité d'un acte adopté par le Conseil ou par le Conseil européen en vertu de l'article 7, du traité UE sur demande de l'État membre faisant l'objet d'une constatation du Conseil d'un risque de violation des valeurs sur lesquelles l'UE est fondée ou du Conseil européen d'une violation avérée de ces mêmes valeurs et qu'en ce qui concerne le respect des seules prescriptions de procédure contenues dans l'article 7, du traité UE (TFUE, art. 269) ;
- contrôler le respect de l'article 40, du traité UE relatif à la PESC et se prononcer, dans ce domaine de compétence de l'Union, sur les recours portant sur la légalité des décisions prévoyant des mesures restrictives à l'encontre des personnes physiques ou morales adoptées par le Conseil sur la base du titre V, chapitre 2, du traité UE (TFUE, art. 275, al. 2).

---

16. Pour plus de détails sur le contentieux du droit de l'Union voy., Leclerc S., *Droit de l'Union européenne*, préc., pp. 135-198.

Section 2

Le Tribunal

1 • LA COMPOSITION

197. L'article 19, § 2, alinéa 2, du traité UE prévoit que le Tribunal, dénommé antérieurement le Tribunal de première instance (TPI), compte au moins un juge par État membre. Conformément au règlement (UE, Euratom) 2015/2422 du Parlement européen et du Conseil du 16 décembre 2015 modifiant le protocole (n° 3) sur le statut de la Cour de justice de l'UE[17], le Tribunal compte depuis le 1er septembre 2019 deux juges par État membre (règlement (UE, Euratom) 2015/2422, art. 1er, § 2).

À l'exception du président, du vice-président et des présidents de chambre du Tribunal, les autres membres de cette juridiction, qui exercent en principe les fonctions de juge, peuvent être appelés à exercer les fonctions d'avocat général (statut/CJUE, art. 49, al. 1er). Dans une telle hypothèse, le membre du Tribunal appelé à exercer la fonction d'avocat général dans une affaire ne peut pas prendre part à son jugement (statut/CJUE, art. 49, al. 4). Le statut de la Cour de justice de l'UE peut prévoir que le Tribunal est assisté d'avocats généraux comme la Cour de justice (TFUE, art. 254, al. 1er).

A - La désignation des membres du Tribunal et la cessation de leurs fonctions

198. Les membres du Tribunal sont choisis parmi les personnes offrant toute garantie d'indépendance et possédant la capacité requise pour l'exercice de hautes fonctions juridictionnelles. Ils sont nommés d'un commun accord par les gouvernements des États membres pour un mandat de six ans renouvelable après consultation du comité prévu par l'article 255, du traité FUE (voy. *supra*, n° 183).

199. Le renouvellement partiel des membres du Tribunal a lieu tous les trois ans (TFUE, art. 254, al. 2) conformément à l'article 9, alinéa 1er, du statut de la Cour de justice de l'UE. En dehors des renouvellements réguliers et des décès, les fonctions de juge du Tribunal peuvent prendre fin individuellement par démission. En cas de démission, le membre du Tribunal démissionnaire continue à siéger jusqu'à l'entrée en fonction de son successeur (statut/CJUE, art. 5). Un membre du Tribunal ne peut être relevé de ses fonctions, ni déclaré déchu de son droit à pension ou d'autres avantages qu'après un jugement unanime des juges et avocats généraux de la Cour de justice, après consultation du Tribunal, qui viendrait constater qu'il cesse de répondre aux conditions requises pour occuper cette fonction ou de satisfaire aux obligations découlant de sa charge (statut/CJUE, art. 6). En cas de démission volontaire, de démission d'office ou de décès, l'intéressé est remplacé pour la durée du mandat restant à courir (statut/CJUE, art. 7).

---

17. Règlement (UE, Euratom) 2015/2422 du Parlement européen et du Conseil du 16 décembre 2015, préc.

B - Le statut des membres du Tribunal

200. Le statut applicable aux membres du Tribunal est identique à celui des membres de la Cour de justice dans la mesure où l'article 254, du traité FUE prévoit que les dispositions des traités relatives à la Cour de justice sont applicables au Tribunal sauf si le statut de la Cour de justice de l'UE n'en dispose autrement. De fait, l'ensemble des dispositions concernant le statut des membres de la Cour de justice s'applique aux membres du Tribunal (voy. *supra*, n° 185) et garantit également leur indépendance. La seule différence qu'on peut observer entre les deux réside dans le fait que les membres du Tribunal doivent prêter serment devant la Cour de justice, avant leur entrée en fonction, d'exercer leurs fonctions en pleine impartialité et en toute conscience et de ne rien divulguer du secret des délibérations (RP/Trib., art. 5).

2. LE FONCTIONNEMENT

201. Le Tribunal est maître de son organisation interne dans la mesure où il établit, en accord avec la Cour de justice, son règlement de procédure[18] qui est soumis à l'approbation du Conseil (TFUE, art. 254, al. 5).

A - La présidence et la vice-présidence du Tribunal

202. Les juges élisent parmi eux le président et le vice-président du Tribunal pour une période renouvelable de trois ans (TFUE, art. 254, al. 3 ; RP/Trib., art. 9, § 1er et 4). Le vice-président assiste le président du Tribunal dans l'exercice de ses fonctions et le remplace en cas d'empêchement (RP/Trib., art. 11, § 1er). Le Néerlandais Marc van der Woude et le Grec Savvas S. Papasavvas en sont respectivement le président et le vice-président depuis le 27 septembre 2019. En cas de cessation du mandat du président ou du vice-président du Tribunal avant le terme normal de leurs fonctions, il est procédé à leur remplacement pour la période restant à courir (RP/Trib., art. 9, § 2 et 4). Les conditions de la cessation de leur mandat et de leur remplacement sont similaires à celles qui s'appliquent au président et au vice-président de la Cour de justice ainsi que leurs fonctions. On peut tout au plus constater comme différence le fait que le président du Tribunal (ou son vice-président) désigne le juge appelé à exercer les fonctions d'avocat général dans les affaires soumises au Tribunal (RP/Trib., art. 31, § 2), qu'il prononce la clôture de la procédure orale à la fin des débats lorsque, dans une affaire, un avocat général n'a pas été désigné (RP/Trib., art. 111) et qu'il prend par ordonnance la décision de suspension de la procédure notamment lorsque la Cour de justice et le Tribunal sont saisis d'affaires ayant le même objet, soulevant la même question d'interprétation ou mettant en cause la validité du même acte conformément à l'article 54, alinéa 3 du statut de la Cour de justice de l'UE (RP/Trib., art. 163).

---

18. Une version consolidée du règlement de procédure du Tribunal du 4 mars 2015 (*JOUE* n° L105/1 du 23 avril 2015) est disponible sur le site :
https://curia.europa.eu/jcms/upload/docs/application/pdf/2018-11/version_consolidee_rp_propre.pdf

B - Les formations de jugement du Tribunal

203. Le Tribunal siège en principe en chambre de trois ou de cinq juges (statut/CJUE, art. 50, al. 1er). Les juges élisent parmi eux les présidents de chambres qui exercent alors les pouvoirs du président du Tribunal (RP/Trib., art. 18, § 1er). Les présidents des chambres de cinq juges sont élus pour une période de trois ans renouvelable une fois (RP/Trib., art. 18, § 2). Les présidents des chambres siégeant avec trois juges sont élus pour une période déterminée (RP/Trib., art. 18, § 3). Les noms des présidents de chambre élus sont publiés au *Journal officiel de l'Union européenne* (RP/Trib., art. 18, § 6). L'affaire doit être jugée par une chambre composée d'au moins cinq juges lorsqu'un État membre ou une institution de l'Union partie à l'instance le demande (RP/Trib., art. 28, § 5). À titre exceptionnel, le Tribunal peut également siéger en grande chambre (quinze juges) (RP/Trib., art. 15, § 1er) ou en formation plénière lorsque la difficulté en droit, l'importance de l'affaire ou des circonstances particulières le justifient (RP/Trib., art. 28, § 1er). Enfin, le Tribunal peut également siéger à juge unique (statut/CJUE, art. 50, al. 2). En effet, les affaires attribuées à une chambre composée de trois juges peuvent être jugées par le juge rapporteur statuant en qualité de juge unique lorsqu'elles s'y prêtent compte tenu de l'absence de difficulté des questions de droit ou de fait soulevées, de l'importance limitée de l'affaire et de l'absence de circonstances particulières sauf si un État membre ou une institution partie à l'instance s'y oppose (RP/Trib., art. 14, § 3 et 29, § 1er et 3). Toutefois, la dévolution à un juge unique est exclue dans certaines circonstances comme notamment pour les affaires qui soulèvent des questions relatives à la légalité d'un acte de portée générale ou encore qui concerne la mise en œuvre des règles de concurrence et de contrôle des concentrations, des règles concernant les aides accordées par les États membres ou des règles visant les mesures de défense commerciale (RP/Trib., art. 29, § 2). Le juge unique conserve toujours la possibilité de renvoyer l'affaire devant la chambre s'il constate que les conditions de la dévolution ne sont plus réunies (RP/Trib., art. 29, § 4).

C - Le greffe du Tribunal

204. Étant donné que le Tribunal est une juridiction autonome, il dispose d'un greffe distinct de celui de la Cour de justice. Le Tribunal nomme donc son greffier pour un mandat de six ans renouvelable (RP/Trib., art. 32, § 1er et 4) et fixe son statut (TFUE, art. 254, al. 4). Les conditions de sa nomination, de sa destitution et de son remplacement sont identiques à celles qui s'appliquent au greffier de la Cour de justice (RP/Trib., art. 32, § 5 à 7) ainsi que ses fonctions (RP/Trib., art. 35). Le Tribunal peut également nommer un ou plusieurs greffiers adjoints pour l'assister ou le remplacer en cas d'empêchement (RP/Trib., art. 21).

3. LES ATTRIBUTIONS

205. L'article 256, du traité FUE détermine le champ des compétences juridictionnelles du Tribunal.

En premier lieu, le Tribunal est compétent pour connaître en première instance, des recours en annulation (TFUE, art. 263), en carence (TFUE, art. 265), en responsabilité contractuelle et extracontractuelle (TFUE, art. 272 et 268) et des litiges entre l'Union et ses agents (TFUE, art. 270) à l'exception de ceux attribués à un tribunal spécialisé créé en application de l'article 257, du traité FUE et de ceux que le statut de la Cour de justice de l'UE réserve à la Cour de justice (TFUE, art. 256, § 1er).

Ainsi, l'article 51, point a, du statut de la Cour de justice de l'UE comporte plusieurs dérogations à la compétence en première instance du Tribunal. Par dérogation à l'article 256, § 1er, du traité FUE, sont réservés à la Cour de justice les recours en annulation et en carence qui sont formés par un État membre et dirigés contre un acte législatif, un acte du Parlement européen, du Conseil européen ou du Conseil ou contre une abstention de statuer d'une ou de plusieurs ces deux institutions, à l'exclusion toutefois des décisions prises par le Conseil au titre de l'article 108, § 2, alinéa 3, du traité FUE, des actes du Conseil adoptés en vertu d'un règlement du Conseil relatif aux mesures de défense commerciale au sens de l'article 207, du traité FUE et des actes du Conseil par lesquels ce dernier exerce des compétences d'exécution conformément à l'article 291, § 2, du traité FUE. Sont également réservés à la Cour de justice les recours en annulation et en carence qui sont formés par un État membre et dirigés contre un acte ou une abstention de statuer de la Commission au titre de l'article 331, § 1er, du traité FUE. De même, l'article 51, point b, du statut de la Cour de justice de l'UE réserve à la compétence de la Cour de justice les recours en annulation ou en carence formés par une institution de l'Union et dirigés contre un acte législatif, un acte du Parlement européen, du Conseil européen, du Conseil, de la Commission ou de la Banque centrale européenne ou contre une abstention de statuer d'une ou de plusieurs ces deux institutions. De plus, l'article 51, point c, du statut de la Cour de justice de l'UE réserve à la compétence de la Cour de justice les recours en annulation formés par un État membre et dirigés contre un acte de la Commission relatif au défaut d'exécution d'un arrêt rendu par la Cour de justice au titre de l'article 260, § 2, alinéa 2 ou de l'article 260, § 3, alinéa 2, du traité FUE. Enfin, depuis décembre 2005 et jusqu'en septembre 2016, les litiges entre l'Union et ses agents ne relevaient plus en première instance de la compétence du Tribunal mais d'un tribunal spécialisé dénommé le Tribunal de la fonction publique de l'Union européenne[19].

Un pourvoi peut être formé devant la Cour de justice, dans un délai de deux mois à compter de la notification de la décision attaquée, contre les décisions du Tribunal mettant fin à l'instance, ainsi que contre ses décisions qui tranchent partiellement le litige au fond ou qui mettent fin à un incident de procédure portant sur une exception d'incompétence ou d'irrecevabilité (statut/CJUE, art. 56, al. 1er). Par ailleurs, un pourvoi peut également être formé devant la Cour de justice contre les décisions du Tribunal rejetant une demande d'intervention, dans un délai de deux semaines à compter de la notification de la décision de rejet (statut/CJUE, art. 57, al. 1er). Le pourvoi devant la Cour de justice est limité aux questions de droit. Il peut être fondé sur des moyens tirés de l'incompétence du Tribunal, d'irrégularités de procédure devant le Tribunal portant atteinte aux intérêts de la partie concernée ainsi que de la violation du droit de l'Union par le Tribunal (statut/CJUE, art. 58, al. 1er). Un pourvoi ne peut porter uniquement sur la

---

19. Sur le transfert des litiges entre l'Union et ses agents du Tribunal de la fonction publique de l'UE au Tribunal voy., règlement (UE, Euratom) 2016/1192 du Parlement européen et du Conseil du 6 juillet 2016 relatif au transfert au Tribunal de la compétence pour statuer, en première instance, sur les litiges entre l'Union européenne et ses agents, *JOUE* n° L200/137 du 26 juillet 2016.

charge et le montant des dépens (statut/CJUE, art. 58, al. 2). Lorsque le pourvoi est fondé, la Cour de justice annule la décision du Tribunal. La Cour de justice peut alors soit statuer elle-même définitivement sur le litige, lorsque celui-ci est en état d'être jugé, soit renvoyer l'affaire devant le Tribunal pour qu'il statue (statut/CJUE, art. 61, al. 1er). En cas de renvoi, le Tribunal est lié par les points de droit tranchés par la décision de la Cour de justice (statut/CJUE, art. 61, al. 2). Lorsqu'un pourvoi formé par un État membre ou une institution de l'Union qui ne sont pas intervenus au litige devant le Tribunal est fondé, la Cour peut, si elle l'estime nécessaire, indiquer ceux des effets de la décision annulée du Tribunal qui doivent être considérés comme définitifs à l'égard des parties au litige (statut/CJUE, art. 61, al. 3).

En second lieu, le Tribunal est compétent pour connaître des recours qui sont formés contre les décisions des tribunaux spécialisés (TFUE, art. 256, § 2).

Les décisions rendues en la matière par le Tribunal peuvent exceptionnellement faire l'objet d'un réexamen par la Cour de justice à la demande du premier avocat général si ce dernier estime qu'il existe un risque sérieux d'atteinte à l'unité ou à la cohérence du droit de l'Union (statut/CJUE, art. 62, al. 1er). La proposition doit être faite dans un délai d'un mois à compter du prononcé de la décision du Tribunal et la Cour dispose, elle aussi, d'un délai d'un mois pour se prononcer s'il y a lieu de réexaminer ou non la décision (statut/CJUE, art. 62, al. 2).

La proposition de réexamen et la décision d'ouverture de la procédure de réexamen n'ont pas d'effet suspensif. Si la Cour de justice constate que la décision du Tribunal porte atteinte à l'unité ou à la cohérence du droit de l'Union, elle renvoie l'affaire devant le Tribunal qui est lié par les points de droit tranchés par la Cour ; la Cour peut indiquer les effets de la décision du Tribunal qui doivent être considérés comme définitifs à l'égard des parties au litige. Toutefois, si la solution du litige découle, compte tenu du résultat du réexamen, des constatations de fait sur lesquelles est fondée la décision du Tribunal, la Cour statue définitivement (statut/CJUE, art. 62 ter, al. 1er).

En dernier lieu, le Tribunal est compétent pour connaître des questions préjudicielles dans des matières spécifiques déterminées par le statut de la Cour de justice de l'UE (TFUE, art. 256, § 3).

Lorsque le Tribunal estime que l'affaire appelle une décision de principe susceptible d'affecter l'unité ou la cohérence du droit de l'Union, il peut renvoyer l'affaire devant la Cour de justice afin qu'elle statue. Les décisions rendues par le Tribunal sur des questions préjudicielles peuvent exceptionnellement faire l'objet d'un réexamen par la Cour de justice à la demande du premier avocat général si ce dernier estime une fois de plus qu'il existe un risque sérieux d'atteinte à l'unité ou à la cohérence du droit de l'Union (statut/CJUE, art. 62, al. 1er) et selon la même procédure évoquée précédemment (statut/CJUE, art. 62, al. 2).

En l'état actuel et malgré l'opportunité introduite par l'article 256, § 3, du traité FUE, le renvoi préjudiciel demeure l'apanage de la Cour de justice qui conserve ainsi le monopole de l'interprétation du droit de l'Union et de l'appréciation de sa validité à la demande des juges nationaux. À ce titre, le règlement (UE, Euratom) 2015/2422 du Parlement européen et du Conseil du 16 décembre 2015 modifiant le protocole (n° 3) sur le statut de la Cour de justice de l'UE[20] comporte une évolution significative. En effet, cet acte législatif prévoit qu'au plus tard le 26 décembre 2017, la Cour de justice devait présenter au Parlement européen, au Conseil et à la Commission un rapport sur les changements possibles dans la répartition des compétences en matière de questions préjudicielles au titre de l'article 267, du traité FUE. Ce rapport pouvait être accompagné, le cas échéant, de demandes d'acte législatif. La Cour de justice a présenté ce rapport le 14 décembre 2017[21] dans lequel elle consigne, sans grande surprise, qu'« à l'heure où les demandes de décision préjudicielle portées devant la Cour sont traitées avec célérité et où le dialogue noué avec les juridictions des États membres n'a jamais été aussi intense qu'aujourd'hui, il n'apparaît pas opportun, à ce stade, d'opérer en faveur du Tribunal un transfert de compétences portant sur de telles demandes. [...] Dans ces conditions, la Cour estime qu'il n'y a pas lieu, de proposer une modification de son statut en vue de transférer au Tribunal une partie de la compétence qu'elle exerce en matière préjudicielle ».

206. Ainsi, le Tribunal est aujourd'hui compétent pour connaître :
- des recours directs introduits par les personnes physiques ou morales et dirigés contre les actes émanant des institutions, organes et organismes de l'Union – dont elles sont les destinataires ou qui les concernent directement et individuellement –, contre les actes réglementaires – qui les concernent directement et qui ne comportent pas de mesures d'exécution – ou contre une abstention de statuer de ces institutions, organes ou organismes (ex : le recours formé par un opérateur économique contre une décision de la Commission européenne lui infligeant une amende et/ou une astreinte pour violation des articles 101, ou 102, du traité FUE) ;
- des recours formés par les États membres contre la Commission européenne ;
- des recours formés par les États membres contre le Conseil concernant les actes pris dans le domaine des aides d'État, les mesures de défense commerciale (dumping) et les actes par lesquels il exerce des compétences d'exécution ;
- des recours visant à obtenir réparation des dommages causés par les institutions, organes et organismes de l'Union ou leurs agents ;
- des litiges entre l'UE et ses agents conformément à l'article 270, du traité FUE, y compris les litiges entre toute institution, tout organe ou organisme, d'une part, et leurs agents, d'autre part, concernant les relations de travail ainsi que le régime de sécurité sociale pour lesquels la compétence est attribuée à la Cour de justice de l'UE ;
- des litiges relatifs aux contrats passés par l'UE qui prévoient expressément la compétence du Tribunal ;
- des recours dans le domaine de la propriété intellectuelle dirigés contre l'Office de l'Union européenne pour la propriété intellectuelle (EUIPO) et contre l'Office communautaire des variétés végétales (OCVV) ;

---

20. Règlement (UE, Euratom) 2015/2422 du Parlement européen et du Conseil du 16 décembre 2015, préc.
21. Rapport du 14 décembre 2017 présenté au titre de l'article 3, paragraphe 2, du règlement (UE, Euratom) 2015/2422 du Parlement européen et du Conseil, du 16 décembre 2015, modifiant le protocole n° 3 sur le statut de la Cour de justice de l'UE. Ce rapport est disponible sur le site : *https://curia.europa.eu/jcms/upload/docs/application/pdf/2018-01/fr_2018-01-12_08-43-52_238.pdf*

– des pourvois, limités aux questions de droit, formés contre les décisions des tribunaux spécialisés.

Lorsque le Tribunal constate qu'il n'est pas compétent pour connaître d'un recours qui
relève de la compétence de la Cour de justice, il le renvoie à la Cour de justice. De
même, lorsque la Cour de justice constate qu'un recours relève de la compétence du
Tribunal, elle le renvoie à ce dernier qui ne peut alors décliner sa compétence (statut/
CJUE, art. 54, al. 2).

CHAPITRE 10

La Cour des comptes européenne

207. Instituée par le traité de Bruxelles du 22 juillet 1975 et élevée au rang d'institution de l'Union par le traité de Maastricht, la Cour des comptes européenne est entrée en fonction en octobre 1977. Sa création a coïncidé avec deux événements particulièrement importants dans la construction communautaire, à savoir le financement intégral du budget des Communautés européennes par des ressources propres et l'élargissement des pouvoirs du Parlement européen en matière de contrôle budgétaire (voy. *supra*, n° 14). Contrairement à ce que pourrait suggérer sa dénomination, la Cour des comptes européenne n'a pas d'attributions de type juridictionnel. En application de l'article 285, alinéa 1er, du traité FUE, elle assure le contrôle des comptes de l'UE.

Section 1

La composition

208. La Cour des comptes européenne est composée d'un ressortissant de chaque État membre (TFUE, art. 285, al. 2).

1. LA DÉSIGNATION DES MEMBRES DE LA COUR DES COMPTES EUROPÉENNE ET LA CESSATION DE LEURS FONCTIONS

209. Les membres de la Cour des comptes européenne sont choisis parmi des personnalités appartenant ou ayant appartenu dans leurs pays respectifs aux institutions de contrôle externe ou possédant une qualification particulière pour cette fonction. Ils doivent offrir toute garantie d'indépendance (TFUE, art. 286, § 1er). Ils sont nommés par le Conseil, après consultation du Parlement européen, sur la base des propositions faites par chaque État membre. Leur mandat est de six ans et il est renouvelable (TFUE, art. 286, § 2, al. 1er).

210. En dehors des renouvellements réguliers et des décès, les fonctions de membre de la Cour des comptes européenne peuvent prendre fin individuellement par démission volontaire ou d'office déclarée par la Cour de justice (TFUE, art. 286, § 5, al. 1er). À la demande de la Cour des comptes européenne, la Cour de justice est seule habilitée à relever de leurs fonctions les membres de la Cour des comptes européenne ou à les déchoir de leur droit à pension s'ils ont cessé de répondre aux conditions requises ou de satisfaire aux obligations découlant de leur charge (TFUE, art. 286, § 6)[1]. Dans l'hypothèse d'une démission volontaire, le membre de la Cour des comptes européenne reste en fonctions jusqu'à ce qu'il soit pourvu à son remplacement (TFUE, art. 286, § 5, al. 3). En cas de démission volontaire, de démission d'office ou de décès, l'intéressé est remplacé pour la durée du mandat restant à courir (TFUE, art. 286, § 5, al. 2).

2. LE STATUT DES MEMBRES DE LA COUR DES COMPTES EUROPÉENNE

211. Les membres de la Cour des comptes européenne exercent leurs fonctions en pleine indépendance, dans l'intérêt général de l'Union (TFUE, art. 285, al. 2). Le statut des membres de la Cour des comptes européenne est calqué sur celui des commissaires européens (voy. *supra*, n° 150). Ainsi, lors de leur installation, ils prennent l'engagement solennel devant la Cour de justice de respecter les obligations découlant de leur charge pendant la durée de leurs fonctions et après la cessation de celles-ci, notamment les devoirs d'honnêteté et de délicatesse quant à l'acceptation, après cette cessation, de certaines fonctions ou de certains avantages (TFUE, art. 286, § 4). De même, les membres de la Cour des comptes européenne ne sollicitent ni n'acceptent d'instructions d'aucun gouvernement ni d'aucun organisme dans l'accomplissement de leurs devoirs et s'abstiennent de tout acte incompatible avec le caractère de leurs fonctions (TFUE, art. 286, § 3). Enfin, les membres de la Cour des comptes européenne ne peuvent, pendant la durée de leurs fonctions, exercer aucune activité professionnelle, rémunérée ou non (TFUE, art. 286, § 4).

La Cour des comptes européenne a adopté en avril 2022 un code de conduite des membres et des anciens membres de la Cour qui rappelle les valeurs et les principes qui s'imposent à eux (ex. : intégrité ; exemplarité ; confidentialité ; dignité ; loyauté ; réserve ; délicatesse...), qui clarifie les obligations qui découlent de leur qualité de membre ou d'ancien membre de la Cour des comptes européenne (ex. : déclaration de leurs intérêts financiers lors de leur entrée en fonction puis le 31 décembre de chaque année ; obligations en matière d'acceptation de cadeaux et d'avantages similaires, encadrement des activités professionnelles après la cessation de leurs fonctions...) et enfin qui institue un comité d'éthique chargé d'examiner toute question relative à l'éthique au sein de cette institution de l'UE[2].

Le Conseil fixe les conditions d'emploi, et notamment les traitements, indemnités et pensions, du président et des membres de la Cour des comptes (TFUE, art. 286, § 7). Enfin, les membres de la Cour des comptes européenne bénéficient des dispositions du protocole (n° 7) sur les privilèges et immunités de l'Union européenne qui sont applicables aux juges de la Cour de justice de l'UE (TFUE, art. 286, § 8)[3].

---

1. Pour une illustration voy., **arrêt du 30 septembre 2021, Cour des comptes européenne/Karel Pinxten, C-130/19, EU:C:2021:782.**
2. *JOUE* n° L128/102 du 2 avril 2022.
3. Article 20 du protocole (n° 7) sur les privilèges et immunités de l'Union européenne.

Section 2

Le fonctionnement

212. La Cour des comptes européenne établit elle-même son règlement intérieur qui est soumis à l'approbation du Conseil (TFUE, art. 287, § 4, al. 5)[4].

1. LA PRÉSIDENCE DE LA COUR DES COMPTES EUROPÉENNE

213. La Cour des comptes européenne est dirigée par un président désigné par et parmi les membres de la Cour des comptes européenne pour un mandat de trois ans renouvelable (TFUE, art. 286, § 2, al. 2). L'Allemand Klaus-Heiner Lehne assume cette fonction depuis le 1er octobre 2016 (mandat renouvelé le 12 septembre 2019). Le président de la Cour joue le rôle de *primus inter pares* (« le premier entre les égaux »). À ce titre, il a notamment pour mission de convoquer et de présider les réunions du collège, de veiller au bon déroulement des débats, de s'assurer de la bonne marche des services de la Cour ainsi que de la bonne gestion des différentes activités de la Cour, de désigner l'agent chargé de représenter la Cour des comptes européenne dans toutes les procédures contentieuses où celle-ci est impliquée, de veiller à l'exécution des décisions de la Cour des comptes européenne ou encore de représenter la Cour dans ses relations extérieures (RI/CdC, art. 9).

2. LE PRINCIPE DE COLLÉGIALITÉ

214. La Cour des comptes européenne est organisée et agit en collège (RI/CdC, art. 1er). S'il appartient au président d'arrêter le projet d'ordre du jour de chaque séance, l'ordre du jour définitif est arrêté au début de chaque séance par la Cour des comptes européenne (RI/CdC, art. 18). La Cour des comptes européenne adopte ses décisions en collège, après examen préalable en chambre ou en comité, à la majorité des membres qui la composent ou encore à la majorité des membres présents à la séance de la Cour (RI/CdC, art. 25, § 2 et 3). Lorsque la majorité des voix des membres présents à la séance de la Cour est requise pour prendre une décision, la voix du président est prépondérante en cas d'égalité des voix (RI/CdC, art. 25, § 4). Les séances de la Cour des comptes européenne ne sont pas publiques, sauf si la Cour en décide autrement (RI/CdC, art. 22). La Cour des comptes européenne adopte normalement ses décisions en séance mais peut également délibérer par procédure écrite (RI/CdC, art. 19, § 1er). Dans des circonstances exceptionnelles (crises graves de santé publique, catastrophes naturelles, actes de terrorisme...), la Cour peut adopter ses décisions en séance, au moyen d'une réunion à distance, notamment par vidéo-conférence ou téléconférence (RI/CdC, art. 19, § 2).

---

4. Une version consolidée du règlement intérieur de la Cour des comptes européenne du 11 mars 2010 (*JOUE* n° L103/1 du 23 avril 2010) est disponible sur le site : https://eur-lex.europa.eu/legal-content/FR/TXT/PDF/?uri=CELEX:02010Q0423(01)-20201214&from=EN

215. Bien qu'il s'agisse d'un organe collégial, la Cour des comptes européenne procède en pratique pour des raisons d'efficacité à une répartition fonctionnelle des compétences entre ses membres comme le fait également la Commission européenne (voy. *supra*, n° 155 à 157). Les membres de la Cour, sauf le président, sont répartis dans des chambres qui comprennent un certain nombre de divisions spécialisées couvrant les différents domaines budgétaires. Chaque membre de la Cour est affecté à une chambre spécifique sur proposition du président et responsable devant cette chambre et devant la Cour des comptes des tâches qui lui sont confiées (RI/CdC, art. 10). Plus particulièrement, les membres de la Cour des comptes européenne, sauf le président, sont répartis en cinq chambres. Chaque chambre élit son doyen parmi ses membres pour un mandat renouvelable de deux ans. Chaque chambre a une double compétence : premièrement, adopter les rapports spéciaux, les rapports annuels spécifiques et les avis à l'exception des rapports annuels sur le budget général de l'UE et sur les Fonds européens de développement adoptés par le collège ; deuxièmement, élaborer les projets d'observations pour les rapports annuels sur le budget général de l'UE et sur les Fonds européens de développement, ainsi que les projets d'avis pour adoption par le collège (RI/CdC, art. 11). Par ailleurs, la Cour des comptes européenne peut, à condition que le principe de responsabilité collégiale soit respecté, donner pouvoir à un ou à plusieurs membres de prendre, en son nom et sous son contrôle, des mesures de gestion ou d'administration clairement définies, et notamment des actes préparatoires à une décision à arrêter ultérieurement par le collège. Les membres concernés rendent compte au collège des mesures ainsi prises (RI/CdC, art. 14). Outre ces chambres, l'organisation de la Cour des comptes européenne repose également sur divers comités parmi lesquels on peut plus particulièrement mentionner le comité chargé du contrôle qualité de l'audit interne et le comité administratif. Le premier est composé du membre responsable du contrôle qualité de l'audit et de deux autres membres issus chacun d'une des cinq chambres. Ses compétences englobent les politiques, les normes et la méthodologie d'audit de la Cour ainsi que le soutien à l'audit, le développement et le contrôle de la qualité de l'audit au sein de cette institution. Le second est composé des doyens des chambres, du président de la Cour, du membre en charge des relations institutionnelles et du membre responsable du contrôle qualité de l'audit. Ses compétences incluent l'ensemble des dossiers administratifs et des décisions sur les questions relatives à la communication et à la stratégie de la Cour des comptes européenne.

Organisation de la Cour des comptes européenne

Présidence Stratégie de l'institution, programmation et gestion de la performance, communication et médias, relations institutionnelles. Affaires juridiques. Audit interne
Chambre I *Utilisation durable des ressources naturelles*
Chambre II *Investissements en faveur de la cohésion, de la croissance et de l'inclusion*
Chambre III *Action extérieure, sécurité et justice*
Chambre IV *Réglementation des marchés et économie concurrentielle*
Chambre V *Financement et administration de l'Union*
Comité chargé du contrôle qualité de l'audit
Comité administratif
Comité d'éthique
Comité d'audit interne
Groupe consultatif en matière de prospective
Secrétariat général *Secrétariat de la Cour. Ressources humaines, finances et services généraux. Information, environnement de travail et innovation. Activités linguistiques et édition. Protection des données. Sécurité de l'information.*

CHAPITRE 11

Les autres acteurs institutionnels

216. Outre les institutions principales évoquées dans les chapitres précédents, le système institutionnel de l'Union européenne comprend également des acteurs complémentaires, tantôt prévus par les traités, tantôt créés par les institutions elles-mêmes. Ces institutions, organes et organismes complémentaires peuvent être regroupés en quatre catégories : certains d'entre eux assurent des fonctions de protection (Section 1), d'autres des tâches consultatives (Section 2), d'autres encore des responsabilités financières (Section 3), d'autres enfin des missions de nature juridique, économique, technique et/ou scientifique au profit des institutions ou des États membres (Section 4).

Section 1

Les organes de protection

1· LE MÉDIATEUR EUROPÉEN

217. La fonction de médiateur européen a été instaurée par le traité de Maastricht en prenant pour modèle l'expérience de plusieurs États membres et notamment les pays scandinaves membres de l'Union européenne. Chargé de veiller au bon fonctionnement de l'administration de l'Union, il est institutionnellement lié au Parlement européen. Le règlement du Parlement européen du 24 juin 2021[1], adopté conformément à la procédure législative spéciale prévue à l'article 228, § 4, du traité FUE, fixe son statut et les conditions générales d'exercice de ses fonctions (TFUE, art. 228, § 4[2]). Le siège du médiateur est celui du Parlement européen[3].

---

1. Règlement (UE, Euratom) 2021/1163 du Parlement européen du 24 juin 2021 fixant le statut et les conditions générales d'exercice des fonctions du Médiateur (statut du Médiateur européen) et abrogeant la décision 94/262/CECA, CE, Euratom, *JOUE* n° L253/1 du 16 juillet 2021.
2. Cette disposition, qui se substitue à l'article 195, § 4, du traité CE, prévoit que « le Parlement européen, statuant par voie de règlements de sa propre initiative conformément à une procédure législative spéciale, fixe le statut et les conditions générales d'exercice des fonctions du médiateur après avis de la Commission et avec l'approbation du Conseil ».
3. Sur le médiateur européen voy., Michel H., « Le Médiateur européen et les politiques de transparence », Journal de dr. eur., novembre 2019, n° 263, p. 359.

A - La désignation du médiateur européen et la cessation de ses fonctions

218. Le médiateur européen est choisi parmi des personnalités qui sont citoyens de l'Union européenne, jouissent pleinement de leurs droits civils et politiques, offrent toute garantie d'indépendance et réunissent les conditions requises dans leur pays d'origine pour exercer les plus hautes fonctions juridictionnelles ou possèdent une expérience et une compétence notoires pour l'accomplissement des fonctions de médiateur.

219. Le médiateur européen est élu par l'assemblée parlementaire (TFUE, art. 228, § 1er, al. 1er) après chacune de ses élections pour la durée de la législature suite à un appel à candidatures émanant du Parlement européen[4]. Ce mandat de cinq ans est renouvelable (TFUE, art. 228, § 2, al. 1er). L'Irlandaise Emily O'Reilly a été réélue le 18 décembre 2019 au poste de médiateur européen qu'elle occupe depuis le 1er octobre 2013[5]. Les fonctions du médiateur européen prennent fin, soit à l'échéance de son mandat, soit par démission volontaire ou d'office. Le médiateur peut être en effet déclaré démissionnaire par la Cour de justice, à la requête du Parlement européen, s'il ne remplit plus les conditions nécessaires à l'exercice de ses fonctions ou s'il a commis une faute grave (TFUE, art. 228, § 2, al. 2). Sauf en cas de démission d'office, le médiateur européen reste en fonction jusqu'à ce qu'il soit pourvu à son remplacement. En cas de cessation anticipée des fonctions du médiateur, son successeur est nommé dans un délai de trois mois à compter du début de la vacance et pour la période restant à courir jusqu'au terme de la législature.

Les médiateurs européens

Jacob Söderman (Finlande)	12 juillet 1995 – 31 mars 2003
Nikiforos Diamandouros (Grèce)	1er avril 2003 – 30 septembre 2013
Emily O'Reilly (Irlande)	1er octobre 2013 – ...

B - Le statut du médiateur européen

220. Bien qu'institutionnellement rattaché au Parlement européen, le statut du médiateur européen garantit pleinement son indépendance. Ainsi, l'article 228, § 3, du traité FUE, tel que complété par la décision du Parlement européen du 9 mars 1994, prévoit que le médiateur européen exerce ses fonctions en toute indépendance et impartialité dans l'intérêt général de l'Union européenne et de ses citoyens. Ainsi, lors de son entrée en fonction, le médiateur européen prend l'engagement solennel devant la Cour de justice d'exercer ses fonctions en pleine indépendance et en toute impartialité et de respecter les obligations découlant de sa charge pendant la durée de ses

---

4. Pour une illustration voy., appel à candidatures en vue de l'élection du médiateur européen, *JOUE* n° C293/1 du 30 août 2019.
5. Décision (UE, Euratom) 2019/2206 du Parlement européen du 18 décembre 2019 portant élection du médiateur européen, *JOUE* n° L332/16 du 23 décembre 2019.

fonctions et après la cessation de celles-ci, notamment les devoirs d'honnêteté et de délicatesse quant à l'acceptation, après cette cessation, de certaines fonctions ou de certains avantages. De même, il ne peut ni solliciter ni accepter d'instructions d'aucun gouvernement, institution, organe ou organisme dans l'accomplissement de ses devoirs. De plus, le médiateur européen doit s'abstenir de tout acte incompatible avec le caractère de ses fonctions. Par ailleurs, il ne peut exercer aucune autre fonction politique ou administrative ou activité professionnelle, rémunérée ou non pendant la durée de ses fonctions.

Pour ce qui concerne sa rémunération, ses indemnités et sa pension d'ancienneté, le médiateur européen est assimilé à un juge de la Cour de justice. Par ailleurs, les articles 11 à 14 inclus et 17 du protocole (n° 7) sur les privilèges et immunités de l'Union européenne s'appliquent au médiateur et aux fonctionnaires et autres agents de son secrétariat. Le budget du médiateur européen est annexé au budget du Parlement européen.

Le médiateur européen est assisté dans ses fonctions par un secrétariat dont il nomme le principal responsable et dont le personnel relève du statut des fonctionnaires de l'Union européenne ou du régime applicable aux autres agents de l'Union européenne.

C - Les fonctions du médiateur européen

221. Le médiateur européen est habilité à recevoir les plaintes émanant de tout citoyen de l'Union ou de toute personne physique ou morale résidant ou ayant son siège statutaire dans un État membre. Ces plaintes sont recevables dès lors qu'elles ont trait à des cas de mauvaise administration dans l'action des institutions, organes ou organismes de l'Union, à l'exclusion toutefois de la Cour de justice de l'UE dans l'exercice de ses fonctions juridictionnelles (TFUE, art. 228, § 1er, al. 1er). Il y a mauvaise administration lorsqu'une institution, un organe ou un organisme de l'Union n'agit pas conformément au droit de l'Union ou en méconnaissance du respect de l'État de droit, ne se conforme pas aux principes de bonne administration ou agit en violation des droits fondamentaux. Concrètement, ces hypothèses de mauvaise administration peuvent prendre la forme de discriminations, d'absences ou de refus d'information, d'irrégularités administratives, de retards injustifiés, d'abus de pouvoir ou encore de procédures incorrectes[6].

222. Conformément à sa mission, le médiateur européen procède aux enquêtes qu'il estime justifiées, soit de sa propre initiative, soit sur la base des plaintes qui lui ont été présentées directement par les personnes physiques ou morales ou encore par l'intermédiaire d'un membre du Parlement européen, sauf si les faits allégués font l'objet d'une procédure juridictionnelle (TFUE, art. 228, § 1er, al. 2). Le médiateur européen « dispose d'une large marge d'appréciation quant au bien-fondé des plaintes ainsi qu'aux suites à donner à celles-ci et qu'il ne lui incombe, dans ce contexte, aucune obligation de résultat » (**arrêt du 23 mars 2004, Médiateur/Lamberts, C-234/02 P, EU:C:2004:174, pt 52 ; arrêt du 4 avril 2017, Médiateur/Staelen, C-337/15,**

---

6. Voy., code européen de bonne conduite administrative adopté par le Parlement européen en septembre 2001, *http://www.ombudsman.europa.eu/fr/resources/code.faces#/page/1*

EU:C:2017:256, pt 33). Avant de saisir le médiateur européen, tout requérant s'estimant victime d'un cas de mauvaise administration a l'obligation de s'adresser directement à l'institution, à l'organe ou à l'organisme de l'Union incriminé afin d'obtenir gracieusement satisfaction. En cas d'échec de ce recours gracieux, le requérant dispose alors d'un délai de deux ans pour adresser une plainte au médiateur.

223. Dans les cas où le médiateur européen constate un cas de mauvaise administration, il en saisit l'institution, l'organe ou l'organisme concerné, qui dispose alors d'un délai de trois mois pour émettre un avis sur ce cas présumé de mauvaise administration. Parfois, le médiateur européen n'a qu'à saisir l'institution, l'organe ou l'organisme concerné par la plainte pour que ce ou cette dernière résolve le différend. Le médiateur européen transmet ensuite un rapport au Parlement européen et à l'institution, l'organe ou l'organisme concerné dans lequel il propose une solution à l'amiable permettant de remédier au cas de mauvaise administration et de donner satisfaction au plaignant s'il y a eu dépôt d'une plainte. En cas d'échec de cette tentative de conciliation, le médiateur européen peut faire des recommandations à l'institution, l'organe ou l'organisme concerné en vue de résoudre ce cas de mauvaise administration. Si ses recommandations ne sont pas suivies d'effet, le médiateur européen peut alors adresser un rapport spécial au Parlement européen pouvant donner lieu, le cas échéant, au vote d'une résolution par l'assemblée parlementaire[7]. Si le médiateur européen a été saisi d'un cas de mauvaise administration à la suite d'une plainte, la personne physique ou morale dont elle émane est informée du résultat de ces enquêtes (TFUE, art. 228, § 1er, al. 2). Le Tribunal est compétent pour connaître, dans le cadre du recours en responsabilité extracontractuelle prévu aux articles 268 et 340, du traité FUE, des recours en indemnité dirigés contre le médiateur européen (sur ce point voy., **arrêt du 24 septembre 2008, M./Médiateur, T-412/05, EU:T:2008:397, pt 39**; **arrêt du 29 avril 2015, Staelen/Médiateur, T-217/11, EU:T:2015:238, pt 55**). Chaque année, le médiateur présente un rapport au Parlement européen sur les résultats de ses enquêtes (TFUE, art. 228, § 1er, al. 3)[8] .

2. LE CONTRÔLEUR EUROPÉEN DE LA PROTECTION DES DONNÉES

224. L'Union européenne a toujours été très attachée au droit à la protection des données à caractère personnel au point qu'elle lui confère désormais le statut de droit fondamental (charte des droits fondamentaux de l'UE, art. 8). La directive 95/46/CE du Parlement européen et du Conseil d'octobre 1995 relative à la protection des personnes physiques à l'égard du traitement des données à caractère personnel et à

---

7. Pour une illustration voy., résolution du Parlement européen du 12 mars 2013 sur le rapport spécial du médiateur européen concernant son enquête sur la plainte 2591/2010/GG contre la Commission européenne (aéroport de Vienne) 2012/2264(INI), *JOUE* n° C36/2 du 29 janvier 2016.
8. Les rapports annuels du médiateur européen sont disponibles sur le site : *https://www.ombudsman.europa.eu/fr/our-strategy/annual-reports*

la libre circulation de ces données[9] constitue la première pierre de la législation de l'Union en la matière[10]. Cette directive, mise en œuvre dans les législations nationales à compter d'octobre 1998, s'applique non seulement dans tous les États membres de l'UE mais également dans les pays de l'AELE membre de l'EEE, à savoir l'Islande, le Liechtenstein et la Norvège. L'article 286 du traité CE (TFUE, remplacé en substance art. 16), tel qu'introduit par le traité d'Amsterdam, vient renforcer cette protection en prévoyant qu'à compter du 1er janvier 1999, les actes adoptés par les institutions relatifs à la protection des personnes physiques à l'égard du traitement des données à caractère personnel et à la libre circulation de ces données sont applicables aux institutions et organes de l'Union. Cet article prévoit par ailleurs la création d'un organe indépendant de contrôle chargé de surveiller l'application desdits actes aux institutions et organes de l'Union. Sur le fondement de l'article 286, du traité CE, le Parlement européen et le Conseil adoptent le règlement (CE) n° 45/2001 en décembre 2000 relatif à la protection des personnes physiques à l'égard du traitement des données à caractère personnel par les institutions et organes de l'Union et à la libre circulation de ces données[11]. Cet acte de droit dérivé institue une autorité de contrôle indépendante, dénommée le contrôleur européen de la protection des données (CEPD), chargée de surveiller le traitement des données à caractère personnel par les institutions, organes et organismes de l'Union. La décision n° 1247/2002/CE conjointe du Parlement européen, du Conseil et de la Commission européenne de juillet 2002 fixe son statut et les conditions générales d'exercice de ses fonctions[12]. Le règlement (CE) n° 45/2001 et la décision n° 1247/2002/CE ont été abrogés avec effet au 11 décembre 2018 par le règlement (UE) 2018/1725 du Parlement européen et du Conseil du 23 octobre 2018 relatif à la protection des personnes physiques à l'égard du traitement des

9. Directive du Parlement européen et du Conseil du 24 octobre 1995 relative à la protection des personnes physiques à l'égard du traitement des données à caractère personnel et à la libre circulation de ces données (95/46/CE), *JOCE* n° L281/31 du 23 novembre 1995. Cette directive a été abrogée à compter du 25 mai 2018 par le règlement (UE) 2016/679 du Parlement européen et du Conseil du 27 avril 2016 relatif à la protection des personnes physiques à l'égard du traitement des données à caractère personnel et à la libre circulation de ces données, et abrogeant la directive 95/46/CE (règlement général sur la protection des données, dit « RGPD »), *JOUE* n° L119/1 du 4 mai 2016.

10. Cette législation a été complétée depuis lors par la directive du Parlement européen et du Conseil du 12 juillet 2002 concernant le traitement des données à caractère personnel et la protection de la vie privée dans le secteur des communications électroniques (2002/58/CE) (directive vie privée et communications électroniques) (*JOCE* n° L201/37 du 31 juillet 2002) et par la directive (UE) 2016/680 du Parlement européen et du Conseil du 27 avril 2016 relative à la protection des personnes physiques à l'égard du traitement des données à caractère personnel par les autorités compétentes à des fins de prévention et de détection des infractions pénales, d'enquêtes et de poursuites en la matière ou d'exécution des sanctions pénales, et à la libre circulation de ces données, et abrogeant la décision-cadre 2008/977/JAI du Conseil (*JOUE* n° L119/89 du 4 mai 2016).

11. Règlement (CE) n° 45/2001 du Parlement européen et du Conseil du 18 décembre 2000 relatif à la protection des personnes physiques à l'égard du traitement des données à caractère personnel par les institutions et organes communautaires et à la libre circulation de ces données, *JOCE* n° L8/1 du 12 janvier 2001.

12. Décision du Parlement européen, du Conseil et de la Commission du 1er juillet 2002 relative au statut et aux conditions générales d'exercice des fonctions de contrôleur européen de la protection des données (1247/2002/CE), *JOCE* n° L183/1 du 12 juillet 2002.

données à caractère personnel par les institutions, organes et organismes de l'Union et à la libre circulation de ces données[13]. Le siège du CEPD est à Bruxelles.

A - La désignation du contrôleur européen de la protection des données

225. Le Parlement européen et le Conseil nomment, d'un commun accord, le CEPD pour une durée de cinq ans sur la base d'une liste établie par la Commission européenne à la suite d'un appel à candidatures[14] (règlement (UE) 2018/1725, art. 53, § 1er). Son mandat est renouvelable une fois. Le Polonais Wojciech Rafał Wiewiórowski occupe la fonction de CEPD pour la période allant du 6 décembre 2019 au 5 décembre 2024[15].

Les contrôleurs européens de la protection des données

Peter Johan Hustinx (Pays-Bas)	22 décembre 2003 – 3 décembre 2014
Giovanni Buttarelli (Italie)	4 décembre 2014 – 19 août 2019
Wojciech Rafal Wiewiórowski (Pologne)	20 août 2019 – ...

B - Le statut du contrôleur européen de la protection des données

226. Le CEPD exerce ses fonctions en toute indépendance (règlement (UE) 2018/1725, art. 55). Dans l'exercice de ses missions et de ses pouvoirs, il demeure libre de toute influence extérieure, qu'elle soit directe ou indirecte, et ne sollicite ni n'accepte d'instructions de quiconque. Par ailleurs, après la cessation de ses fonctions, le CEPD est tenu de respecter les devoirs d'honnêteté et de délicatesse quant à l'acceptation de certaines fonctions ou de certains avantages. Enfin, le CEPD peut être déclaré démissionnaire par la Cour de justice, à la requête du Parlement européen, du Conseil ou de la Commission européenne, s'il ne remplit plus les conditions nécessaires à l'exercice de ses fonctions ou s'il a commis une faute grave (règlement (UE) 2018/1725, art. 53, § 5).

---

13. Règlement (UE) 2018/1725 du Parlement européen et du Conseil du 23 octobre 2018 relatif à la protection des personnes physiques à l'égard du traitement des données à caractère personnel par les institutions, organes et organismes de l'Union et à la libre circulation de ces données et abrogeant le règlement (CE) n° 45/2001 et la décision n° 1247/2002/CE, *JOUE* n° L295/39 du 21 novembre 2018.
14. La procédure de sélection qui mène à leur remplacement associe les trois principales institutions de l'UE. À la suite d'un appel public à candidatures de la Commission européenne, un comité de sélection interinstitutionnel établit une liste d'aptitude comprenant les candidats les plus qualifiés, qui sont ensuite invités à un entretien. Au stade suivant, le comité de sélection transmet à la Commission européenne une liste des candidats retenus en vue de son adoption puis de sa soumission au Parlement européen et au Conseil. Des auditions ont ensuite lieu au Parlement européen afin d'évaluer l'expérience, les compétences et l'indépendance des candidats. Après un débat au Parlement et au Conseil, le processus se clôture par une décision commune.
15. Décision (UE) 2019/2071 du Parlement européen et du Conseil du 5 décembre 2019 portant nomination du contrôleur européen de la protection des données, *JOUE* n° L316/1 du 6 décembre 2019.

C - Les fonctions du contrôleur européen de la protection des données

227. Le CEPD est chargé de veiller à ce que les libertés et droits fondamentaux des personnes physiques, notamment le droit à la protection des données, soient respectés par les institutions et organes de l'Union lorsque ces derniers procèdent au traitement de données à caractère personnel (règlement (UE) 2018/1725, art. 52, § 2). Le CEPD est chargé de contrôler et d'assurer l'application des dispositions du règlement (UE) 2018/1725 et de tout acte de l'Union concernant la protection des libertés et droits fondamentaux des personnes physiques à l'égard des traitements de données à caractère personnel effectués par une institution ou un organe de l'Union, ainsi que de conseiller les institutions et organes de l'Union et les personnes concernées pour toutes les questions concernant le traitement des données à caractère personnel (règlement (UE) 2018/1725, art. 52, § 3). Concrètement, les missions du CEPD, telles que définies par le règlement (UE) 2018/1725, peuvent être synthétisées autour de quatre finalités[16].

1) Le contrôle du traitement des données à caractère personnel effectué par les institutions et organes de l'Union

228. La mission de contrôle du CEPD consiste à vérifier que les institutions et organes de l'UE traitent licitement les données à caractère personnel, à l'exclusion du traitement de données à caractère personnel par la Cour de justice de l'UE dans l'exercice de ses fonctions juridictionnelles. Pour ce faire, il s'appuie largement sur les délégués à la protection des données (DPD) qui sont désignés dans chaque institution ou organe de l'UE (règlement (UE) 2018/1725, art. 43).

229. Si l'essentiel de son travail repose, sur notification des DPD, sur un contrôle préalable des traitements présentant des risques particuliers au regard des droits et libertés des personnes concernées du fait de leur nature, de leur portée ou de leurs finalités[17], le CEPD effectue également des enquêtes, soit de sa propre initiative, soit sur la base des plaintes et réclamations émanant du personnel de l'Union ou d'autres personnes qui estiment que leurs données personnelles n'ont pas été traitées correctement par une institution ou un organe de l'Union. En effet, et sans préjudice de tout recours juridictionnel, administratif ou non juridictionnel, toute personne a le droit d'introduire une réclamation auprès du CEPD si elle considère que le traitement de données à caractère personnel la concernant constitue une violation du règlement (UE) 2018/1725 (règlement (UE) 2018/1725, art. 63). Les résultats de ses enquêtes sont communiqués à l'auteur de la réclamation et les mesures nécessaires sont adoptées par l'institution ou l'organe en cause conformément aux conclusions qu'il formule. Le CEPD dispose non seulement de prérogatives d'enquête importantes (règlement (UE) 2018/1725, art. 58, § 1er), mais également du pouvoir d'adopter des mesures correctrices. À ce titre, le CEPD peut notamment ordonner la rectification, l'effacement ou la

---

16. Sur ce point voy., décision du contrôleur européen de la protection des données du 15 mai 2020 portant adoption du règlement intérieur du CEPD, *JOUE* n° L204/49 du 26 juin 2020.
17. Dans la plupart des cas, ce travail donne lieu à une série de recommandations en matière de protection des données que l'institution ou l'organe doit mettre en œuvre.

limitation du traitement de toute donnée à caractère personnel, en interdire ou en limiter temporairement ou définitivement le traitement, rappeler à l'ordre un responsable du traitement, imposer une amende administrative dans le cas où une institution ou un organe de l'Union ne se conformerait pas à l'une des mesures préconisées par le CEPD (règlement (UE) 2018/1725, art. 58, § 2), saisir la Cour de justice de l'UE dans les conditions prévues par le traité en cas de non-respect du règlement (UE) 2018/1725 par une institution ou en cas d'absence de réaction effective à une mesure répressive qu'il aurait prise ou encore intervenir dans des affaires portées devant la Cour de justice de l'UE lorsque les questions soulevées devant cette institution relèvent de ses compétences (pour une illustration voy., **arrêt du 8 avril 2014, Commission/Hongrie, C-288/12, EU:C:2014:237**) (règlement (UE) 2018/1725, art. 58, § 4). La Cour de justice a d'ailleurs jugé dans ses ordonnances du 17 mars 2005 que ce droit d'intervention s'étendait à toutes les questions de l'UE concernant le traitement des données à caractère personnel. Cela signifie concrètement que le droit du CEPD à intervenir dans des affaires portées devant la Cour ne se limite pas aux dossiers dans lesquels des institutions ou des organes de l'UE ont traité des données à caractère personnel mais s'étend à toutes les questions de l'UE touchant à la protection des données à caractère personnel, que ce soit au niveau de l'UE ou des États membres (**ordonnance du 17 mars 2005, Parlement/Conseil, C-317/04, EU:C:2005:189** ; **ordonnance du 17 mars 2005, Parlement/Commission, C-318/04, EU:C:2005:190**). Ce droit d'intervention s'applique également devant le Tribunal mais n'est pas pour autant sans limite puisqu'il ne s'étend pas à la procédure préjudicielle prévue à l'article 267, du traité FUE (**ordonnance du 12 septembre 2007, Satakunnan Markkinapörssi et Satamedia, C-73/07, EU:C:2008:727, pt 12**). Enfin, les décisions du CEPD peuvent être contestées devant le Tribunal (règlement (UE) 2018/1725, art. 64).

2) Le conseil des institutions et organes de l'Union sur les politiques et les textes législatifs touchant à la vie privée

230. Le CEPD conseille les institutions organes de l'Union sur les propositions de nouveaux textes législatifs et les instruments législatifs non contraignants qui ont une incidence sur la protection des données dans l'Union. Il étudie ainsi l'impact des initiatives et propositions législatives sur la protection des données et la vie privée, notamment dans le domaine des technologies de l'information et des communications. Si besoin est, il formule des recommandations. Son avis est officiellement publié et fait alors partie du processus législatif. Les recommandations ainsi formulées permettent aux institutions de l'UE de légiférer tout en respectant les libertés des citoyens et en les entourant des garanties nécessaires.

3) L'autorité de contrôle de l'unité centrale d'Eurodac

231. L'unité centrale d'Eurodac est un système d'information à grande échelle contenant les empreintes digitales des demandeurs d'asile et immigrants illégaux se trouvant sur le territoire de l'UE. Cette base de données contribue à l'application efficace de la Convention de Dublin sur le traitement des demandes d'asile. Le CEPD contrôle le traitement des données à caractère personnel dans la base de données Eurodac (unité centrale) ainsi que leur transmission aux États membres.

4) La coopération avec les autorités nationales de même nature afin de garantir une cohérence de la protection des données en Europe

232. Le CEPD coopère avec les autorités nationales de la protection des données ainsi qu'avec l'autorité de contrôle commune instituée par la décision 2009/917/JAI du Conseil[18] afin d'échanger toute information utile et de promouvoir une cohérence au niveau de la protection des données à caractère personnel dans toute l'Europe. L'objectif de cette coopération est d'aboutir progressivement à des normes en matière de protection des données fondées sur des principes communs (règlement (UE) 2018/1725, art. 61).

Chaque année, le CEPD présente un rapport sur ses activités au Parlement européen, au Conseil et à la Commission européenne[19].

Section 2

Les organes consultatifs

233. La nature et l'étendue des compétences de l'Union européenne nécessitent d'associer divers acteurs institutionnels, économiques et sociaux aux travaux de ses institutions. Ainsi, le Comité économique et social européen représente la société civile auprès des institutions de l'Union et le Comité européen des régions les collectivités territoriales des États membres. Ces deux organes sont tous deux chargés de conseiller et d'assister la Commission européenne, le Conseil et le Parlement européen. À ce titre, ils ne disposent pas de prérogatives décisionnelles mais exclusivement consultatives (TUE, art. 13, § 4 ; TFUE, art. 300, § 1er).

1. LE COMITÉ ÉCONOMIQUE ET SOCIAL EUROPÉEN

234. Le Comité économique et social européen (CESE) est un organe consultatif créé par le traité CEE. Il assure la représentation et la participation des milieux socio-économiques européens au processus de décision de l'Union. Le CESE est composé de représentants des organisations d'employeurs, de salariés et d'autres acteurs représentatifs de la société civile, en particulier dans les domaines socio-économique, civique, professionnel et culturel (TFUE, art. 300, § 2).

---

18. Décision 2009/917/JAI du Conseil du 30 novembre 2009 sur l'emploi de l'informatique dans le domaine des douanes, *JOUE* n° L323/20 du 10 décembre 2009.
19. Les rapports annuels du contrôleur européen de la protection des données sont disponibles sur le site : *https://edps.europa.eu/annual-reports_en*

A - La désignation des membres du Comité économique et social européen

235. Les membres du CESE, qui portent le titre de conseillers, sont nommés sur propositions des États membres pour cinq ans. Leur mandat est renouvelable. Le Conseil adopte la liste des membres établie conformément aux propositions faites par chaque État membre (TFUE, art. 302, § 1er)[20]. Le Conseil statue après consultation de la Commission européenne. Il peut recueillir l'opinion des organisations européennes représentatives des différents secteurs économiques et sociaux, et de la société civile, concernés par l'activité de l'Union (TFUE, art. 302, § 2).

236. L'article 301, alinéa 1er, du traité FUE fixe le nombre maximal des conseillers à trois-cent cinquante. Conformément à l'article 301, alinéa 2, du traité FUE, le Conseil a adopté, dans la perspective du retrait du Royaume-Uni de l'UE, une décision en mai 2019 fixant la composition du CESE[21]. Cette décision, applicable depuis le 1er février 2020, soit depuis le retrait effectif du Royaume-Uni de l'UE, fixe désormais la composition du CESE comme suit : Allemagne (24), France (24), Italie (24), Espagne (21), Pologne (21), Roumanie (15), Pays-Bas (12), Belgique (12), Tchéquie (12), Grèce (12), Hongrie (12), Portugal (12), Suède (12), Autriche (12), Bulgarie (12), Croatie (9), Danemark (9), Slovaquie (9), Finlande (9), Irlande (9), Lituanie (9), Lettonie (7), Slovénie (7), Estonie (7), Chypre (6), Luxembourg (6), Malte (5). En pratique, ces trois-cent-vingt-neuf conseillers sont répartis en trois groupes : le groupe des employeurs (Groupe I), le groupe des travailleurs (Groupe II) et le groupe Diversité Europe (Groupe III) comprenant les autres composantes de la société civile (agriculteurs, artisans, négociants, professions libérales, associations de défense des consommateurs ou de protection de l'environnement, organisations non gouvernementales, membres de la communauté scientifique et du corps enseignant...).

B - Le statut des membres du Comité économique et social européen

237. Les conseillers ne doivent être liés par aucun mandat impératif et exercer leurs fonctions en pleine indépendance dans l'intérêt général de l'Union (TFUE, art. 300, § 4). Ils continuent généralement d'exercer leur activité professionnelle dans leur pays d'origine et ne se rendent à Bruxelles que pour exercer leur mandat. Ils ne sont pas rémunérés pour cette activité mais perçoivent des indemnités fixées par le Conseil (TFUE, art. 301, al. 3)[22]. Au cours de la première séance, le CESE désigne parmi ses membres son président et son bureau pour un mandat de deux ans et demi (TFUE,

---

20. Décision (UE) 2020/1392 du Conseil du 2 octobre 2020 portant nomination des membres du Comité économique et social européen pour la période allant du 21 septembre 2020 au 20 septembre 2025, *JOUE* n° L322/1 du 5 octobre 2020.
21. Décision (UE) 2019/853 du Conseil du 21 mai 2019 arrêtant la composition du Comité économique et social européen, *JOUE* n° L139/15 du 27 mai 2019.
22. Sur ce point voy., décision du Conseil du 23 septembre 2013 relative à l'octroi des indemnités journalières et au remboursement des frais de voyage aux membres du Comité économique et social européen et à leurs suppléants (2013/471/UE), *JOUE* n° L253/22 du 29 septembre 2013.

art. 303, al. 1er). L'Autrichienne Christa Schweng (Groupe I) a été élue lors de la 555e session plénière (session constitutive – Mandat 2020-2025) des 27, 28 et 29 octobre 2020 pour la période allant d'octobre 2020 à mars 2023. Le Comité établit également lui-même son règlement intérieur[23] (TFUE, art. 303, al. 2).

2. LE COMITÉ EUROPÉEN DES RÉGIONS

238. Le Comité européen des régions (CER) est un organe consultatif instauré par le traité de Maastricht. Il est composé de représentants des collectivités régionales et locales qui sont soit titulaires d'un mandat électoral au sein d'une telle collectivité soit politiquement responsables devant une assemblée élue (TFUE, art. 300, § 3). Le régime juridique du CER est très largement calqué sur celui du CESE tant en ce qui concerne sa composition, son statut que ses compétences.

A - La désignation des membres du Comité européen des régions

239. Les membres du CER, ainsi qu'un nombre égal de suppléants, sont nommés sur propositions des États membres pour un mandat renouvelable de cinq ans. Le Conseil adopte la liste des membres titulaires et suppléants conformément aux propositions faites par chaque État membre[24]. Le traité d'Amsterdam a institué une incompatibilité entre les fonctions de membre du CER et de membre du Parlement européen (TFUE, art. 305, al. 3).

240. L'article 305, alinéa 1er, du traité FUE fixe le nombre maximal des membres du CER à trois-cent-cinquante. Conformément à l'article 305, alinéa 2, du traité FUE, le Conseil a adopté, dans la perspective du retrait du Royaume-Uni de l'UE, une décision en mai 2019 fixant la composition du CER[25]. Cette décision, applicable depuis le 1er février 2020, soit depuis le retrait effectif du Royaume-Uni de l'UE, fixe désormais la composition du CER comme suit : Allemagne (24), France (24), Italie (24), Espagne (21), Pologne (21), Roumanie (15), Pays-Bas (12), Belgique (12), Tchéquie (12), Grèce (12), Hongrie (12), Portugal (12), Suède (12), Autriche (12), Bulgarie (12), Croatie (9), Danemark (9), Slovaquie (9), Finlande (9), Irlande (9), Lituanie (9), Lettonie (7), Slovénie (7), Estonie (7), Chypre (6), Luxembourg (6), Malte (5).

À l'instar des députés européens, les trois-cent-vingt-neuf membres du CER siègent en groupes politiques. Le CER en compte actuellement six ainsi que des membres apparentés à aucun groupe politique (non-inscrits) : le groupe du Parti populaire européen

---

23. Règlement intérieur et code de conduite des membres du Comité économique et social européen, mai 2022, *JOUE* n° L149/1 du 31 mai 2022.
24. À titre d'ex. voy. not., décision (UE) 2020/511 du Conseil du 26 mars 2020 portant nomination des membres et suppléants du Comité des régions pour la période allant du 26 janvier 2020 au 25 janvier 2025, *JOUE* n° L113/18 du 8 avril 2020.
25. Décision (UE) 2019/852 du Conseil du 21 mai 2019 arrêtant la composition du Comité des régions, *JOUE* n° L139/13 du 27 mai 2019.

(EPP), le groupe du Parti des socialistes européens (PES), le groupe Renew Europe (RE), le groupe The Greens, le groupe Alliance européenne (EA) et le groupe des Conservateurs et Réformistes européens (ECR).

B - Le statut des membres du Comité européen des régions

241. Les membres du CER ne doivent être liés par aucun mandat impératif et exercer leurs fonctions en pleine indépendance dans l'intérêt général de l'Union (TFUE, art. 300, § 4). Le CER désigne parmi ses membres son président et son bureau pour un mandat de deux ans et demi (TFUE, art. 306, al. 1er). Le Grec Apostolos Tzitzikostas (PPE) a été élu à la fonction de président du Comité européen des régions lors de la 138e session plénière du CER des 11 et 12 février 2020. Le CER établit également son propre règlement intérieur[26] (TFUE, art. 306, al. 2).

Section 3

Les institutions et organes financiers

242. Les différents traités ont créé des organes spéciaux et techniques destinés à assurer la mise en œuvre de certaines politiques et actions de l'Union européenne. Ces institutions et organes de gestion sont marqués par une forte hétérogénéité tant par leur statut que par les fonctions qui leur sont dévolues.

1. LA BANQUE EUROPÉENNE D'INVESTISSEMENT

243. La Banque européenne d'investissement (BEI) est une institution financière créée par le traité CEE[27] et régie par le protocole (n° 5) sur les statuts de la Banque européenne d'investissement. Elle a pour seuls actionnaires les vingt-sept États membres de l'UE qui ont conjointement souscrit son capital (TFUE, art. 308, al. 2). La participation des États membres au capital de la Banque est calculée selon le poids économique de chaque État dans l'Union (exprimé par le PIB) lors de leur adhésion à l'Union européenne. Depuis le 1er mars 2020, le capital souscrit de la BEI s'élève à plus de 248 milliards d'EUR (la France participe au capital de la BEI à hauteur de

---

26. Règlement intérieur du Comité européen des régions, janvier 2014, *JOUE* n° L65/41 du 5 mars 2014 ; voy. égal., Code de conduite des membres du Comité européen des régions, *JOUE* n° L20/17 du 24 janvier 2020.
27. Bien que la BEI ne soit pas une institution de l'Union, elle a toutefois été considérée comme telle par la Cour de justice au sens de l'article 340, du traité FUE dans la mesure où cette juridiction s'est reconnue compétente pour connaître d'une action en responsabilité extracontractuelle dirigée contre elle (**arrêt du 25 mai 1993, SGEEM et Etroy/BEI, C-370/89, EU:C:1993:202**).

46 722 369 149 EUR tout comme l'Allemagne et l'Italie. Le plus petit contributeur est Malte avec 122 381 664 EUR)[28].

244. La Banque européenne d'investissement compte quatre instances statutaires, trois d'entre elles sont des instances décisionnelles (le conseil des gouverneurs, le conseil d'administration et le comité de direction) et la dernière est une instance de contrôle (le comité de vérification).

Le conseil des gouverneurs réunit les ministres désignés par chacun des États membres, généralement les ministres des Finances. En charge des principes directeurs et des orientations stratégiques de la BEI, il définit les orientations de la politique de crédit, approuve les comptes et le bilan annuels et décide de la participation de la Banque à des opérations de financement à l'extérieur de l'Union et des augmentations de capital. Par ailleurs, il nomme les membres du conseil d'administration, du comité de direction et du comité de vérification.

Le conseil d'administration se compose d'un administrateur désigné, respectivement, par chacun des États membres et par la Commission européenne. Ses membres sont nommés par le conseil des gouverneurs pour une période de cinq ans renouvelable, sur désignation des États membres. Ils sont responsables uniquement envers la Banque. Par ailleurs, et afin d'élargir l'expertise professionnelle disponible au conseil d'administration dans certains domaines, ce dernier peut coopter un maximum de six experts (trois titulaires et trois suppléants) qui siègent à titre consultatif, sans droit de vote. Les décisions sont prises à une majorité constituée d'au moins un tiers des membres ayant droit de vote et représentant au moins 50 % du capital souscrit. Le conseil d'administration a compétence exclusive pour décider des prêts, des garanties et des emprunts. Outre le contrôle de la saine administration de la Banque, il assure la conformité de la gestion de la Banque avec les dispositions du traité FUE et des statuts et avec les directives générales fixées par le conseil des gouverneurs.

Le comité de direction est l'organe exécutif collégial et permanent de la BEI. Il compte neuf membres qui sont nommés par le conseil des gouverneurs, sur proposition du conseil d'administration, pour une période de six ans renouvelable. Sous l'autorité du président (l'Allemand Werner Hoyer nommé le 1er janvier 2012 et reconduit à son poste par le conseil des gouverneurs pour un nouveau mandat de six ans qui a débuté à compter du 1er janvier 2018) et sous le contrôle du conseil d'administration, il assure la gestion courante de la Banque et prépare les décisions du conseil d'administration qu'il veille ensuite à mettre en œuvre. Les membres du comité de direction sont responsables uniquement envers la Banque. Aux termes des statuts de la BEI, le président du comité de direction est également le président de son conseil d'administration.

Le comité de vérification est un organe indépendant, directement responsable devant le conseil des gouverneurs, chargé de s'assurer de la régularité des opérations et des livres de la BEI. Il est composé de six membres, nommés par le conseil des gouverneurs pour un mandat non renouvelable de six exercices consécutifs. Le comité de vérification émet une déclaration sur les états financiers lors de l'approbation de ces derniers par le conseil d'administration. Les rapports du comité de vérification sur les résultats de ses travaux au

---

28. Décision (UE) 2019/1255 du Conseil du 18 juillet 2019 modifiant le protocole n° 5 sur les statuts de la Banque européenne d'investissement, *JOUE* n° L196/1 du 24 juillet 2019.

cours de l'exercice financier précédent sont communiqués au conseil des gouverneurs conjointement avec le rapport annuel du conseil d'administration.

245. La Banque européenne d'investissement est dotée de la personnalité juridique (TFUE, art. 308, al. 1er). Elle a pour mission de contribuer, en faisant usage des fonds qu'elle lève sur les marchés internationaux de capitaux et de ses ressources propres, au développement équilibré et sans heurt du marché intérieur dans l'intérêt de l'Union (TFUE, art. 309, al. 1er). À cette fin, elle participe, par l'octroi de prêts et de garanties, sans poursuivre de but lucratif, au financement de projets dans tous les secteurs de l'économie. Contrairement au traité CE, le traité FUE précise désormais que la BEI doit financer plus spécifiquement les projets envisageant la mise en valeur des régions moins développées (TFUE, art. 309, al. 1er, pt a), les projets visant la modernisation ou la conversion d'entreprises ou la création d'activités nouvelles induites par l'établissement ou le fonctionnement du marché intérieur, qui, par leur ampleur ou par leur nature, ne peuvent être entièrement couverts par les divers moyens de financement existant dans chacun des États membres (TFUE, art. 309, al. 1er, pt b) et enfin ceux d'intérêt commun pour plusieurs États membres, qui, par leur ampleur ou par leur nature, ne peuvent être entièrement couverts par les divers moyens de financement existant dans chacun des États membres (TFUE, art. 309, al. 1er, pt c).

246. Peuvent bénéficier des financements de la BEI aussi bien les projets de développement des États membres et des pays candidats à l'adhésion que ceux des pays tiers au titre de l'aide et de la coopération au développement. La BEI facilite, dans l'accomplissement de sa mission, le financement de programmes d'investissement en liaison avec les interventions des fonds structurels et des autres instruments financiers de l'Union (TFUE, art. 309, al. 2).

Pour la seule année 2021, l'activité de prêt du Groupe BEI (constitué de Banque européenne d'investissement et du Fonds européen d'investissement) a totalisé plus de 65 milliards d'EUR lui permettant de financer principalement des projets dans les États membres de l'UE (57,870 milliards d'EUR dont 9,153 milliards d'EUR pour la France) mais également dans les pays tiers y compris ceux en voie d'adhésion (7,485 milliards d'EUR). La BEI constitue à ce jour le plus grand emprunteur et prêteur multilatéral au monde[29].

2. LES INSTITUTIONS ET ORGANES DE L'UNION MONÉTAIRE

247. Le Système européen de banques centrales et la Banque centrale européenne représentent les structures définitives de l'Union monétaire (TFUE, art. 282, § 1er). Toutefois, l'ensemble des États membres de l'Union européenne n'ayant pas encore adopté l'euro, il a fallu instaurer un système transitoire dénommé « Eurosystème ».

---

29. Les rapports annuels de la Banque européenne d'investissement sont disponibles sur le site : *http://www.eib.europa.eu/infocentre/publications/index.htm*

Les États membres de la zone euro

Depuis le 1er janvier 1999	Allemagne, Autriche, Belgique, Espagne, Fínlande, France, Irlande, Italie, Luxembourg, Pays-Bas, Portugal
Depuis le 1er janvier 2001	Grèce
Depuis le 1er janvier 2007	Slovénie
Depuis le 1er janvier 2008	Chypre, Malte
Depuis le 1er janvier 2009	Slovaquie
Depuis le 1er janvier 2011	Estonie
Depuis le 1er janvier 2014	Lettonie
Depuis le 1er janvier 2015	Lituanie
À compter du 1er janvier 2023	Croatie

A - Le Système européen de banques centrales et l'Eurosystème

248. Le Système européen de banques centrales (SEBC) se compose de la Banque centrale européenne (BCE) et des banques centrales nationales (BCN) de tous les États membres de l'UE (TFUE, art. 282, § 1er). Toutefois, le SEBC sera opérationnel lorsque tous les États membres de l'Union auront adopté l'euro. Or, comme ce n'est pas encore le cas (la zone euro comprend actuellement dix-neuf des vingt-sept États membres et en comptera vingt à compter du 1er janvier 2023 avec l'entrée de la Croatie), le conseil des gouverneurs de la BCE a instauré un dispositif provisoire, dénommé Eurosystème, permettant au SEBC d'accomplir ses missions au sein de la zone euro.

Le terme « Eurosystème » est donc utilisé pour désigner la BCE et les banques centrales nationales des États membres ayant adopté l'euro. L'Eurosystème est en définitive un sous-ensemble du SEBC. Le traité de Lisbonne officialise l'Eurosystème et sa mission puisque l'article 282, § 1er, du traité FUE dispose que « la Banque centrale européenne et les banques centrales nationales des États membres dont la monnaie est l'euro, qui constituent l'Eurosystème, conduisent la politique monétaire de l'Union ». En l'état actuel de l'Union monétaire, il est donc nécessaire de faire une distinction entre l'Eurosystème et le SEBC dans la mesure où les banques centrales nationales des États membres n'ayant pas adopté l'euro, bien que membres du SEBC, ne sont pas membres de l'Eurosystème et ne participent donc pas à la prise de décisions concernant la politique monétaire de la zone euro ni à leur mise en œuvre (TFUE, art. 139)[30].

L'objectif principal de l'Eurosystème est de maintenir la stabilité des prix dans la zone euro (TFUE, art. 127, § 1er ; TFUE, art. 282, § 2). Ses missions fondamentales consistent à définir et mettre en œuvre la politique monétaire de la zone euro, à conduire les

---

30. De la même manière, les droits de vote des États qui ne participent pas à la monnaie unique – dénommés États membres faisant l'objet d'une dérogation – sont suspendus au Conseil et au Conseil européen dès lors que ces deux institutions ont à prendre des décisions relatives à l'UEM.

opérations de change des États membres ayant adopté l'euro, à détenir et gérer les réserves officielles de change des États membres de la zone euro et à promouvoir le bon fonctionnement des systèmes de paiement (TFUE, art. 127, § 2). Le processus de prises de décision au sein de l'Eurosystème est centralisé au niveau des organes de décision de la Banque centrale européenne, à savoir le conseil des gouverneurs et le directoire.

Le traité FUE garantit l'indépendance de l'Eurosystème dans le cadre des missions qui lui sont confiées. Ni la Banque centrale européenne, ni une banque centrale nationale, ni un membre quelconque de leurs organes de décision ne peuvent solliciter ni accepter des instructions des institutions, organes ou organismes de l'Union, des gouvernements des États membres ou de tout autre organisme. Chacun s'engage à respecter ce principe et à ne pas chercher à influencer les membres des organes de décision de la Banque centrale européenne ou des BCN dans l'accomplissement de leurs missions (TFUE, art. 130).

B - La Banque centrale européenne

249. La Banque centrale européenne (BCE) est dotée de la personnalité juridique. Elle est indépendante dans l'exercice de ses pouvoirs et dans la gestion de ses finances. Les institutions, organes et organismes de l'Union ainsi que les gouvernements des États membres respectent cette indépendance (TFUE, art. 282, § 3). Le traité de Lisbonne érige la Banque centrale européenne au rang d'institution de l'Union (TUE, art. 13, § 1er). Comme toutes les autres institutions de l'UE, la Banque centrale européenne dispose d'un règlement intérieur adopté par le conseil des gouverneurs et venant déterminer l'organisation interne de la BCE et de ses organes de décision[31].

250. Toutes les banques centrales nationales des États membres de l'UE participent au capital de la BCE. Celui-ci s'élève actuellement à 10,82 milliards d'EUR[32]. Les parts des BCN dans le capital de la BCE sont calculées sur la base d'une clé de répartition reflétant la part des différents pays dans la population totale et le PIB de l'UE, ces deux données étant assorties d'une pondération identique (Pour la Banque de France : 16,6108 %)[33]. La BCE ajuste ces parts tous les cinq ans sur la base des données fournies par la Commission européenne et chaque fois qu'un nouveau pays adhère à l'Union ou qu'un État membre vient à s'en retirer. La clé de répartition du capital de la BCE a été modifiée à huit reprises depuis le début de la troisième phase de l'Union

---

31. Règlement intérieur de la Banque centrale européenne, mars 2004, *JOUE* n° L80/33 du 18 mars 2004 ; Voy. égal. en dernier lieu, décision (UE) 2016/1717 de la Banque centrale européenne du 21 septembre 2016 modifiant la décision BCE/2004/2 portant adoption du règlement intérieur de la Banque centrale européenne, *JOUE* n° L258/17 du 24 septembre 2016.

32. Décision (UE) 2020/139 de la Banque centrale européenne du 22 janvier 2020 fixant les modalités des transferts des parts de capital de la Banque centrale européenne entre les banques centrales nationales et de l'ajustement du capital libéré et abrogeant la décision (UE) 2019/45/BCE, *JOUE* n° L27I/9 du 1er février 2020.

33. Décision (UE) 2020/137 de la Banque centrale européenne du 22 janvier 2020 concernant les parts exprimées en pourcentage des banques centrales nationales dans la clé de répartition pour la souscription au capital de la Banque centrale européenne et abrogeant la décision (UE) 2019/43/BCE, *JOUE* n° L271/4 du 1er février 2020.

économique et monétaire, le 1er janvier 1999 (en dernier lieu le 1er février 2020, à la suite du retrait du Royaume-Uni de l'UE). Les souscriptions au capital de la BCE des dix-neuf BCN de la zone euro s'élèvent à plus de 8,19 milliards d'EUR (1 673 513 927 pour la Banque de France soit 20,42 % du capital de la BCE) et les souscriptions au capital de la BCE des huit BCN hors zone euro se chiffrent quant à elles à un peu plus de 2 milliards d'EUR[34]. Les huit BCN de l'UE n'appartenant pas à la zone euro contribuent néanmoins aux coûts de fonctionnement encourus par la BCE en raison de leur participation au SEBC en libérant un pourcentage minimal de leur capital sous-crit à la BCE. Depuis le retrait effectif du Royaume-Uni de l'UE, soit le 1er février 2020, leurs contributions au fonctionnement de la BCE représentent 3,75 % de leur part totale dans le capital souscrit de la BCE, soit près de 76 millions d'EUR[35].

251. La BCE comprend trois instances principales de décision : le conseil des gouverneurs, le directoire et le conseil général.

Le conseil des gouverneurs est l'organe de décision suprême de la BCE. Il se compose des six membres du directoire et des gouverneurs des banques centrales nationales des dix-neuf pays de la zone euro (TFUE, art. 283, § 1er). Présidé par le président du direc-toire de la BCE, le conseil des gouverneurs est chargé d'arrêter les orientations et déci-sions nécessaires à l'accomplissement des missions confiées à l'Eurosystème ainsi que de définir la politique monétaire de l'Union. À ce titre, le conseil des gouverneurs prend notamment les décisions relatives aux objectifs monétaires, aux taux d'intérêt directeurs et à l'approvisionnement en réserves dans l'Eurosystème, et élabore les orientations nécessaires à la mise en œuvre de ces décisions. Le conseil des gouverneurs se réunit deux fois par mois à Francfort-sur-le-Main.

Le directoire est l'instance de gestion et d'exécution de la BCE. Il se compose d'un prési-dent (la Française Christine Lagarde depuis le 1er novembre 2019), d'un vice-président (l'Espagnol Luis de Guindos Jurado depuis le 1er juin 2018) et de quatre autres membres. Ces personnes sont nommées pour une durée de huit ans (mandat non-renouvelable) par le Conseil européen, statuant à la majorité qualifiée, parmi des personnes dont l'autorité et l'expérience professionnelle dans le domaine monétaire ou bancaire sont reconnues (TFUE, art. 283, § 2)[36].

Le directoire est chargé de mettre en œuvre la politique monétaire définie par le conseil des gouverneurs et, dans ce cadre, il donne les instructions nécessaires aux BCN de la zone euro. En outre, il prépare les réunions du conseil des gouverneurs, est responsable de la gestion courante de la BCE et exerce les pouvoirs, y compris réglementaire, qui lui sont délégués par décision du conseil des gouverneurs.

---

34. Décision (UE) 2020/138 de la Banque centrale européenne du 22 janvier 2020 concernant la libération du capital de la Banque centrale européenne par les banques centrales nationales des États membres dont la monnaie est l'euro et abrogeant la décision (UE) 2019/44/BCE, *JOUE* n° L27I/6 du 1er février 2020.
35. Décision (UE) 2020/136 de la Banque centrale européenne du 22 janvier 2020 concernant la libération du capital de la Banque centrale européenne par les banques centrales nationales n'appartenant pas à la zone euro et abrogeant la décision (UE) 2019/48/BCE, *JOUE* n° L27I/1 du 1er février 2020.
36. Décision (UE) 2019/1740 du Conseil européen du 18 octobre 2019 portant nomination du président de la Banque centrale européenne, *JOUE* n° L267/1 du 21 octobre 2019 ; décision (UE) 2018/509 du Conseil européen du 22 mars 2018 portant nomination du vice-président de la Banque centrale euro-péenne (2010/223/UE), *JOUE* n° L83/15 du 27 mars 2018.

Le conseil général est un organe transitoire de la BCE qui a vocation à exister tant que tous les États membres de l'Union n'auront pas adopté l'euro. Il se compose du président et du vice-président du directoire de la BCE ainsi que des gouverneurs des banques centrales nationales des vingt-sept États membres de l'UE. Les autres membres du directoire de la BCE, le président du Conseil et un membre de la Commission européenne peuvent participer, sans droit de vote, aux réunions du conseil général. Le conseil général assume des fonctions consultatives et de coordination de la BCE et participe, dans la continuité des missions qui incombaient jusqu'à la création de la BCE à l'Institut monétaire européen, à la préparation d'un éventuel élargissement de la zone euro. Conformément au protocole (n° 4) sur les statuts du Système européen de banques centrales et de la Banque centrale européenne, le conseil général sera dissous lorsque tous les États membres de l'UE auront introduit l'euro.

252. La BCE est la gardienne de la stabilité des prix dans la zone euro. L'une de ses tâches principales est donc de maintenir cette stabilité des prix dans la zone euro, d'y juguler l'inflation afin de sauvegarder le pouvoir d'achat de l'euro et de ne pas le laisser s'éroder par l'inflation. Elle s'efforce de garantir que la hausse annuelle des prix à la consommation reste inférieure à 2 %. Elle réalise ses différentes missions en contrôlant l'offre de monnaie et en surveillant l'évolution des prix. Le contrôle de l'offre de monnaie comporte, entre autres, la fixation des taux d'intérêt pour l'ensemble de la zone euro. La BCE est seule habilitée à autoriser l'émission de billets de banque en euros dans l'Union (TFUE, art. 128, § 1er, al. 1er). La BCE et les BCN des États membres de l'Union ayant adopté l'euro peuvent émettre de tels billets. Les billets de banque émis par la BCE et les BCN sont les seuls à avoir cours légal dans l'Union (TFUE, art. 128, § 1er, al. 2). En revanche, les États membres de la zone euro peuvent émettre des pièces en euros, sous réserve de l'approbation, par la BCE, du volume de l'émission (TFUE, art. 128, § 2). La BCE peut, dans l'exercice des missions confiées par l'Eurosystème, arrêter des règlements de portée générale, obligatoires dans tous leurs éléments et directement applicables dans tous les États membres, prendre des décisions et émettre des recommandations et avis (TFUE, art. 132, § 1er). La BCE est d'ailleurs habilitée à infliger des amendes et des astreintes aux entreprises en cas de non-respect de ses règlements et décisions dans les limites et selon les conditions arrêtées par le Conseil (TFUE, art. 132, § 3)[37]. Elle doit être consultée par les autres institutions de l'Union sur tout projet d'acte dans un domaine relevant de sa compétence ainsi que par les autorités nationales sur les projets de réglementation dans un domaine qui relève également de sa compétence (TFUE, art. 127, § 4, al. 1er). La BCE peut, dans les domaines relevant de sa compétence, soumettre des avis aux institutions, organes ou organismes de l'Union appropriés ainsi qu'aux autorités nationales (TFUE, art. 127, § 4, al. 2).

---

37. Sur ce point voy., règlement (CE) n° 2532/98 du Conseil du 23 novembre 1998 concernant les pouvoirs de la Banque centrale européenne en matière de sanctions, *JOCE* n° L318/4 du 27 novembre 1998 ; voy. égal., règlement (UE) 2015/159 du Conseil du 27 janvier 2015 modifiant le règlement (CE) n° 2532/98 concernant les pouvoirs de la Banque centrale européenne en matière de sanctions, *JOUE* n° L27/1 du 3 février 2015.

Section 4

Les organismes de l'Union

253. Au fur et à mesure des développements de l'intégration européenne, le Parlement européen et le Conseil ont créé une multitude d'organismes aux statuts juridiques divers et aux dénominations les plus variées (agences, centres, offices, observatoires, instituts ou fondations). Ces organismes spécialisés et décentralisés sont assimilables à des établissements publics. Instaurés au coup par coup et en marge des institutions et organes de l'Union, ils sont, pour la plupart, dotés de la personnalité juridique et d'une certaine autonomie financière. Ces organismes assurent pour l'essentiel des missions de nature juridique, économique, technique et/ou scientifique au profit des institutions et organes de l'Union mais également des États membres voire même parfois des milieux intéressés. Aujourd'hui, l'UE compte plus d'une trentaine d'agences décentralisées (ex. : l'Office communautaire des variétés végétales – OCVV à Angers, l'Agence européenne des médicaments – EMA à Amsterdam, l'Agence des droits fondamentaux de l'Union européenne – FRA à Vienne, l'Agence européenne pour l'environnement – AEE à Copenhague, l'Agence de l'UE pour la sécurité aérienne – AESA à Cologne, le Centre européen pour le développement de la formation professionnelle – Cedefop à Thessalonique, la Fondation européenne pour l'amélioration des conditions de vie et de travail – Eurofound à Dublin, l'Agence de l'UE pour les chemins de fer – ERA à Valenciennes, l'Agence européenne pour la sécurité maritime – AESM à Lisbonne, l'Office européen de police – Europol à La Haye, l'Agence de l'UE pour la formation des services répressifs – CEPOL à Budapest et l'Agence de l'UE pour la coopération judiciaire en matière pénale – Eurojust à La Haye) ainsi que trois agences liées à la Politique de sécurité et de défense commune (l'Agence européenne de défense – AED à Bruxelles, l'Institut d'études de sécurité de l'UE – IESUE à Paris et le Centre satellitaire de l'UE – CSUE à Torrejón de Ardoz). Il existe par ailleurs six agences exécutives. Il s'agit d'entités dotées de la personnalité juridique, établies par la Commission européenne jusqu'au 31 décembre 2028 en application du règlement (CE) n° 58/2003 du Conseil[38], en vue de mettre en œuvre par délégation tout ou partie des programmes de dépenses de l'UE[39]. La Commission européenne demeure toutefois responsable des tâches et du contrôle des activités déléguées à ces agences exécutives puisqu'elles agissent en son nom et sous sa responsabilité. Leur siège est établi au siège de la Commission européenne à Bruxelles (Agence exécutive européenne pour l'éducation et la culture – EACEA ; Agence exécutive du Conseil européen de la recherche – CER ; Agence exécutive pour le Conseil européen de l'innovation et les PME – EISMEA ; Agence exécutive pour la recherche – REA ; Agence exécutive européenne pour la santé et le numérique

---

38. *JOCE* n° L11/1 du 16 janvier 2003.
39. Décision d'exécution (UE) de la Commission du 12 février 2021 instituant l'Agence exécutive européenne pour le climat, les infrastructures et l'environnement, l'Agence exécutive européenne pour la santé et le numérique, l'Agence exécutive européenne pour la recherche, l'Agence exécutive pour le Conseil européen de l'innovation et les PME, l'Agence exécutive du Conseil européen de la recherche et l'Agence exécutive européenne pour l'éducation et la culture, *JOUE* n° L50/9 du 15 avril 2021.

– HADEA ; Agence exécutive européenne pour le climat, les infrastructures et l'environnement – CINEA)[40].

254. La Cour de justice a validé la création de ces organismes de l'Union sous réserve qu'ils ne soient pas investis d'une compétence discrétionnaire (**arrêt du 13 juin 1958, Meroni/Haute Autorité de la CECA, 9/56, EU:C:1958:7**) et qu'ils ne disposent pas d'un pouvoir normatif ou de décision obligatoire à l'égard de tiers (**avis du 26 avril 1977, Projet d'accord relatif à l'institution d'un Fonds européen d'immobilisation de la navigation intérieure, 1/76, EU:C:1977:63, pts 15 et 16**). En leur qualité d'organismes de l'Union, le juge de l'Union peut être amené à contrôler la légalité de leurs actes destinés à produire des effets juridiques à l'égard des tiers (TFUE, art. 263) (**arrêt du 8 octobre 2008, Sogelma/AER, T-411/06, EU:T:2008:419, pt 37**). La Cour de justice a rappelé récemment, et plus globalement, qu'« en vertu de l'article 263 TFUE, les entités de l'Union à l'égard desquelles la Cour exerce un contrôle juridictionnel incluent [...] les "organismes" de l'Union. Les règles du recours en carence leur sont applicables conformément à l'article 265 TFUE. Selon l'article 267 TFUE, les juridictions des États membres peuvent saisir la Cour à titre préjudiciel de questions relatives à la validité et à l'interprétation des actes de ces entités. Ces actes peuvent également faire l'objet d'une exception d'illégalité au titre de l'article 277 TFUE. Ces mécanismes de contrôle juridictionnel s'appliquent [...] aux organismes institués par le législateur de l'Union qui ont été dotés de pouvoirs pour adopter des actes juridiquement contraignants à l'égard de personnes physiques ou morales dans des domaines spécifiques [...]. » (**arrêt du 22 janvier 2014, Royaume-Uni/Parlement et Conseil, C-270/12, EU:C:2014:18, pts 80 et 81**). L'absence de vision d'ensemble du rôle et de la place dans l'Union européenne des agences ainsi que l'hétérogénéité de leurs modes de fonctionnement a conduit le Parlement européen, le Conseil et la Commission européenne à remédier à cette situation en signant le 19 juillet 2012 une déclaration commune sur les agences décentralisées de l'Union définissant une approche commune en la matière afin d'en améliorer le fonctionnement et d'en renforcer la cohérence, l'efficacité, la transparence et la responsabilité[41].

---

40. Pour plus de détails sur les agences de l'UE et leurs missions :
    https://ec.europa.eu/info/departments_fr
41. Sur les agences de l'UE voy., Bernard E., « Quels pouvoirs pour les agences de l'Union européenne ? », Cah. dr. eur., n° 3/2014, p. 637 ; Chamon M., « Les agences de l'Union européenne : origines, état des lieux et défis », Cah. dr. eur., n° 1/2015, p. 293 ; Andreone F., « Typologie et cadre juridique des autres organes de l'Union européenne », Rev. UE, n° 607/2017, p. 221.

PARTIE 4

Les attributions des institutions et organes de l'Union européenne

Le système institutionnel de l'Union européenne repose sur une collaboration fonctionnelle entre les institutions de l'Union alors même qu'elles sont dépositaires d'une légitimité propre au sein de l'architecture institutionnelle.

CHAPITRE 12

La fonction législative

255. Les traités attribuent un véritable pouvoir normatif autonome aux institutions et organes de l'Union afin qu'ils puissent être à même de remplir les différentes missions qui leur sont dévolues. Pour ce faire, ces mêmes traités comportent une nomenclature d'actes juridiques que les institutions et organes de l'Union peuvent adopter et définissent également leur portée juridique respective (TFUE, art. 288). Les actes juridiques ainsi adoptés sont communément regroupés dans la catégorie des sources du droit de l'Union dénommée le droit dérivé. Cette source du droit de l'Union comprend l'ensemble des actes unilatéraux que les institutions et organes de l'Union européenne sont habilités à adopter en exécution des traités. Certains actes de droit dérivé sont obligatoires (règlements, directives et décisions) et sont, de ce fait, juridiquement contraignants, d'autres sont non décisoires dans la mesure où ils ne lient pas (recommandations et avis)[1]. Comme dans tout ordre juridique, la procédure proprement dite de création des actes juridiques dans le système de l'Union s'opère en trois temps : l'initiative (Section 1), les consultations (Section 2) et l'adoption (Section 3).

Section 1

L'initiative

256. Il convient d'opérer une distinction entre l'initiative ou l'impulsion politique qui appartient au Conseil européen et l'initiative juridique qui relève principalement des prérogatives de la Commission européenne.

1. L'INITIATIVE POLITIQUE DU CONSEIL EUROPÉEN

257. Conformément à l'article 15, § 1er, du traité UE, le Conseil européen donne à l'Union les impulsions nécessaires à son développement et en définit les orientations et les priorités politiques générales.

---

1. Pour plus de détails sur le droit dérivé voy. not., Leclerc S., *Droit de l'Union européenne*, préc., pp. 27-47.

A - Au titre des politiques générales de l'Union

258. Bien que constituant désormais une institution de l'Union, le Conseil européen n'exerce cependant aucune fonction législative (TUE, art. 15, § 1er)[2]. Ainsi, et comme c'était déjà le cas avant le traité de Lisbonne, le Conseil européen ne peut adopter aucun acte législatif comme peuvent le faire les autres institutions de l'Union. Toutefois, on ne peut pas pour autant lui dénier toute implication dans le processus législatif de l'UE. En effet, le Conseil européen est fréquemment amené à intervenir au titre des politiques générales de l'UE. Cependant, lorsqu'il intervient en la matière, le Conseil européen arrête au niveau politique des orientations ou des priorités générales ou dégage les éléments essentiels d'un accord qu'il appartient ensuite aux institutions appartenant au trinôme décisionnel (Commission européenne/Conseil/Parlement européen) de transformer et de mettre en œuvre concrètement en adoptant notamment les actes appropriés conformément aux procédures de décision prévues par les traités. Son rôle est donc fondamental dans le fonctionnement et dans la dynamique des politiques générales de l'Union car c'est lui qui est fréquemment appelé à rendre des arbitrages lorsque le Conseil n'arrive pas à trouver un accord, qui débloque certains dossiers sensibles comme par exemple celui des financements de l'Union, qui est à l'origine de la mise en place de nouvelles politiques et actions de l'Union comme par exemple celle de l'environnement (voy. *supra*, n° 75), qui solutionne les problèmes posés par l'adhésion à l'UE d'un pays tiers ou par le retrait d'un État membre de l'UE et, surtout, qui gère les dossiers relatifs aux modifications des traités constitutifs.

259. Enfin, certaines dispositions du traité FUE prévoient expressément l'intervention du Conseil européen. Dans le domaine de la politique économique, le Conseil européen, sur la base du rapport du Conseil, débat d'une conclusion sur les grandes orientations des politiques économiques des États membres et de l'Union (TFUE, art. 121, § 2, al. 2). Dans le domaine de l'emploi, le Conseil européen examine, chaque année, la situation de l'emploi dans l'Union et adopte des conclusions à ce sujet, sur la base d'un rapport conjoint du Conseil et de la Commission européenne (TFUE, art. 148, § 1er). Par ailleurs, le Conseil européen définit les orientations stratégiques de la programmation législative et opérationnelle dans l'Espace de liberté, de sécurité et de justice (TFUE, art. 68). Enfin, dans les domaines de la coopération judiciaire en matière pénale et de la coopération policière, le Conseil européen peut être amené à jouer le rôle d'instance arbitrale et de consensus. En effet, un membre du Conseil peut saisir le Conseil européen s'il estime qu'un projet de directive dans le domaine de la coopération judiciaire en matière pénale porte atteinte aux aspects fondamentaux de son système de justice pénale (TFUE, art. 82, § 3 et 83, § 3). De même le Conseil européen peut également, à la demande d'un groupe d'au moins neuf États membres, être saisi d'un projet d'acte législatif tant dans le domaine de la coopération judiciaire en matière pénale que dans celui de la coopération policière dès lors que le Conseil ne parvient pas à réunir l'unanimité requise pour adopter un tel projet (TFUE, art. 86, § 1er et 87, § 3). Dans de telles hypothèses, le Conseil européen n'est pas pour autant investi d'un quelconque pouvoir de décision car après discussion et en cas de

---

2. Sur ce point voy., Blanc D., « L'exclusion du Conseil européen de la fonction législative : la lettre et l'esprit », RTD eur., n° 1/2017, p. 9.

consensus, le Conseil européen, dans un délai de quatre mois à compter de cette suspension, renvoie le projet au Conseil pour adoption.

B - Au titre de l'action extérieure de l'Union

260. Dans le domaine de l'action extérieure de l'Union, il appartient au Conseil européen d'identifier les intérêts et objectifs stratégiques de l'Union sur la base des principes et objectifs énumérés à l'article 21, du traité UE. Les décisions du Conseil européen sur les intérêts et objectifs stratégiques de l'Union portent sur tout domaine relevant de l'action extérieure de l'Union, y compris la politique étrangère et de sécurité commune. Le Conseil européen statue à l'unanimité sur recommandation du Conseil, adoptée par celui-ci selon les modalités prévues pour chaque domaine. Les décisions du Conseil européen sont mises en œuvre selon les procédures prévues par les traités (TUE, art. 22).

261. Dans le domaine de la politique étrangère et de sécurité commune (PESC), il incombe plus particulièrement au Conseil européen d'identifier les intérêts stratégiques de l'Union, de fixer les objectifs et de définir les orientations générales de la PESC, y compris pour les questions ayant des implications en matière de défense. Le Conseil européen adopte les décisions nécessaires. Si un événement international l'exige, le président du Conseil européen convoque une réunion extraordinaire du Conseil européen afin de définir les lignes stratégiques de la politique de l'Union face à ce développement (TUE, art. 26, § 1er). Par ailleurs, le Conseil européen est, au même titre que le Conseil, une instance de concertation des États membres sur toute question de politique et de sécurité présentant un intérêt général en vue de définir une approche commune. Avant d'entreprendre toute action sur la scène internationale ou de prendre tout engagement qui pourrait affecter les intérêts de l'Union, chaque État membre consulte ses pairs au sein du Conseil européen ou du Conseil (TUE, art. 32, al. 1er). La politique de sécurité et de défense commune (PSDC) fait partie intégrante de la PESC. Cette politique inclut la définition progressive d'une politique de défense commune de l'Union. Elle conduira à une défense commune, dès lors que le Conseil européen, statuant à l'unanimité, en aura décidé ainsi. Cette institution de l'Union recommandera, dans ce cas, aux États membres d'adopter une décision dans ce sens conformément à leurs règles constitutionnelles respectives (TUE, art. 42, § 1er et 2).

2. L'INITIATIVE JURIDIQUE DE LA COMMISSION EUROPÉENNE : ENTRE MONOPOLE ET PARTAGE

A - Au titre des politiques générales de l'Union

262. L'article 17, § 1er, du traité UE dispose que « la Commission promeut l'intérêt général de l'Union et prend les initiatives appropriées à cette fin ». La Commission européenne dispose du pouvoir d'initiative tant dans le domaine législatif que budgétaire. La Commission participe ainsi directement à la formation des actes du Conseil et du Parlement européen. Elle détient même un quasi-monopole du pouvoir d'initiative comme le rappelle expressément l'article 17, § 2, du traité UE : « un acte législatif de l'Union ne peut être adopté que sur proposition de la Commission, sauf dans les cas où les traités en disposent autrement ». Ce n'est en effet qu'à titre exceptionnel que le Conseil peut être amené à statuer sur la base d'une recommandation de la Commission (ex. : En matière de coordination des politiques économiques générales des États membres – TFUE, art. 121, § 2) ou d'une simple consultation de la Commission (ex. : En matière d'adhésion de nouveaux États membres – TUE, art. 49, al. 1er). C'est également à titre tout à fait exceptionnel que le Parlement européen peut être amené à statuer de sa propre initiative (ex. : Le Parlement, statuant par voie de règlements de sa propre initiative conformément à une procédure législative spéciale, fixe le statut et les conditions générales d'exercice des fonctions de ses membres, après avis de la Commission et avec l'approbation du Conseil – TFUE, art. 223, § 2 ; Le Parlement européen, statuant par voie de règlements de sa propre initiative conformément à une procédure législative spéciale, détermine les modalités d'exercice du droit d'enquête après approbation du Conseil et de la Commission[3] – TFUE, art. 226, al. 3). Ainsi, le Conseil, associé le cas échéant au Parlement européen, ne peut statuer tant qu'il n'est pas saisi d'une proposition de la Commission européenne. Par ailleurs, le Conseil ne peut, sauf quelques rares exceptions notamment dans le cadre de la procédure budgétaire prévue à l'article 310, du traité FUE, modifier la proposition émise par la Commission qu'en adoptant à l'unanimité les amendements qu'il entend y apporter (TFUE, art. 293, § 1er). Enfin, tant que le Conseil n'a pas statué, la Commission européenne est parfaitement en droit de modifier sa proposition tout au long des procédures conduisant à l'adoption d'un acte de l'Union (TFUE, art. 293, § 2). Ainsi, tant qu'une proposition n'est pas adoptée, la Commission européenne demeure libre de la modifier voire même de la retirer[4].

263. Ceci dit, le pouvoir d'initiative de la Commission européenne n'est pas absolu. Tout d'abord, les articles 225, et 241, du traité FUE autorisent respectivement le Parlement européen et le Conseil à demander à la Commission de leur soumettre des propositions (on peut parler d'un droit de sollicitation institutionnel)[5]. Toutefois, la Commission européenne n'est pas pour autant liée par de telles demandes/sollicitations. Si cette institution décide de s'abstenir de faire une proposition d'acte législatif, elle devra en communiquer les raisons mais l'institution à l'origine de la demande/sollicitation ne pourra pas pour autant se substituer à elle. Par ailleurs, l'article 11, § 4, du traité UE, tel qu'il résulte du traité de Lisbonne, permet également à des citoyens de l'Union, au nombre d'un million au moins, ressortissants d'un nombre significatif d'États membres, de prendre l'initiative d'inviter la Commission européenne, dans le cadre de ses attributions, à soumettre une proposition appropriée sur des questions

---

3. Sur ce point voy., règlement (UE, Euratom) 2021/1163 du Parlement européen du 24 juin 2021, préc.
4. Sur ce point voy., Kovar R., « La Commission est en droit de retirer une proposition législative qu'elle ne reconnaît plus comme sienne », Cah. dr. eur., n° 2-3/2015, p. 349.
5. À titre d'ex. voy., décision (UE) 2021/1102 du Conseil du 28 juin 2021 invitant la Commission à soumettre une étude sur la situation et les options de l'Union en ce qui concerne l'introduction, l'évaluation, la production, la mise sur le marché et l'utilisation d'agents de lutte biologique invertébrés sur le territoire de l'Union, et une proposition, le cas échéant, pour tenir compte des résultats de l'étude, JOUE n° L238/81 du 6 juillet 2021.

pour lesquelles ces citoyens considèrent qu'un acte juridique de l'Union est nécessaire aux fins de l'application des traités (on peut alors parler d'un droit de sollicitation citoyen ou[6] populaire)[7]. Toutefois, cette disposition ne confère absolument pas un droit d'initiative direct aux citoyens de l'Union qui leur permettraient de se substituer à la Commission européenne. En effet, lorsqu'une initiative citoyenne européenne (ICE) est recevable, la seule obligation qui pèse sur la Commission européenne consiste seulement à présenter dans une communication, dans les six mois qui suivent la publication de l'initiative, ses conclusions juridiques et politiques sur l'initiative, l'action qu'elle compte entreprendre, le cas échéant, ainsi que les raisons qu'elle a d'entreprendre ou de ne pas entreprendre cette action[8] (règlement (UE) 2019/788, art. 15, § 2). Certes, si l'ICE vient donc bien s'inscrire dans l'objectif de renforcer la citoyenneté européenne et de rendre l'Union plus accessible (**arrêt du 3 février 2017, Minority SafePack – one million signatures for diversity in Europe/Commission, T-646/13, EU:T:2017:59, pt 18** ; **arrêt du 10 mai 2017, Efler/Commission, T-754/14, EU:T:2017:323, pt 24** ; **arrêt du 7 mars 2019, Izsák et Dabis, C-420/16P, EU:C:2019:177, pt 53** ; **arrêt du 24 septembre 2019, Roumanie/Commission, T-391/17, EU:T:2019:672, pt 34**), l'article 11, § 4, du traité UE n'institue en revanche qu'une simple invitation à agir ne créant pas une obligation juridique pour la Commission de présenter une proposition législative (sur ce point voy., **arrêt du 19 décembre 2019, Puppinck e.a./Commission, C-418/18P, EU:C:2019:1113, pt 57**). Ainsi, tout comme pour les articles 225, et 241, du traité FUE, la Commission européenne est donc toujours libre juridiquement d'accepter ou de refuser de donner suite à une ICE (pour une illustration voy. not., **arrêt du 23 avril 2018, One of Us/Commission, T-561/14, EU:T:2018:210**). Néanmoins, on conçoit mal, sur le plan politique, comment la Commission européenne pourrait négliger une ICE qui lui serait adressée par plusieurs millions de nos concitoyens ?[9]

264. Enfin, l'article 17, § 1er, du traité UE prévoit qu'il appartient également à la Commission européenne de prendre les initiatives de la programmation annuelle et pluriannuelle de l'Union pour parvenir à des accords interinstitutionnels.

B - Au titre de l'action extérieure de l'Union

265. La création d'un haut représentant de l'Union pour les affaires étrangères et la politique de sécurité par le traité de Lisbonne conduit inéluctablement à un effacement de la Commission européenne dans le domaine de l'action extérieure de l'Union. En

6. Sur l'ICE voy., règlement (UE) 2019/788 du Parlement européen et du Conseil du 17 avril 2019 relatif à l'initiative citoyenne européenne, *JOUE* n° L130/55 du 17 mai 2019 ; Voy. égal. le rectificatif, *JOUE* n° L334/168 du 27 décembre 2019.
7. Pour une illustration récente d'ICE voy., décision d'exécution (UE) 2022/907 de la Commission du 1er juin 2022 relative à la demande d'enregistrement de l'initiative citoyenne européenne intitulée « Good Clothes, Fair Pay », en application du règlement (UE) 2019/788 du Parlement européen et du Conseil, *JOUE* n° L157/13 du 10 juin 2022.
8. Sur l'exigence de motivation du refus de la Commission de donner suite à une ICE voy., **arrêt du 12 mai 2021, Tom Moerenhout e.a./Commission, T-789/19, EU:T:2021:260**.
9. Pour un aperçu des initiatives citoyennes européennes en cours et réussies voy. le registre officiel tenu par la Commission européenne : *http://ec.europa.eu/citizens-initiative/public/welcome?lg=fr*

effet, le pouvoir de proposition de la Commission européenne est incontestablement plus limité dans le domaine de l'action extérieure de l'Union que dans celui des politiques générales de l'Union dans la mesure où cette institution partage cette prérogative soit avec le haut représentant de l'Union soit avec les États membres. Ainsi, l'article 22, § 2, du traité UE prévoit que « le haut représentant de l'Union pour les affaires étrangères et la politique de sécurité, pour le domaine de la politique étrangère et de sécurité commune, et la Commission, pour les autres domaines de l'action extérieure, peuvent présenter des propositions conjointes au Conseil ». Par ailleurs, la Commission européenne se limite à approuver la décision du Conseil, adoptée sur proposition du haut représentant de l'Union, fixant l'organisation et le fonctionnement du service européen pour l'action extérieure (TUE, art. 27, § 3) (voy. *infra*, n° 349). De plus, « chaque État membre, le haut représentant de l'Union pour les affaires étrangères et la politique de sécurité, ou le haut représentant avec le soutien de la Commission peut saisir le Conseil de toute question relevant de la politique étrangère et de sécurité commune et soumettre, respectivement, des initiatives ou des propositions au Conseil » (TUE, art. 30, § 1er). Enfin, dans le domaine spécifique de la politique de sécurité et de défense commune, le rôle de la Commission européenne est encore plus secondaire, voire même anecdotique, puisque l'article 42, § 4, du traité UE se limite seulement à prévoir que cette institution peut, le cas échéant, être associée au haut représentant de l'Union lorsque ce dernier entend proposer au Conseil de recourir aux moyens nationaux ainsi qu'aux instruments de l'Union pour assurer la mise en œuvre des décisions relatives à la politique de sécurité et de défense commune.

Section 2

Les consultations

1. LE COMITÉ ÉCONOMIQUE ET SOCIAL EUROPÉEN

266. Le Comité économique et social européen (CESE) est obligatoirement consulté dans les cas prévus par le traité FUE (ex. : Établissement d'organisations communes des marchés agricoles – TFUE, art. 43, § 2 ; Libre circulation des travailleurs – TFUE, art. 46, al. 1er ; Liberté d'établissement – TFUE, art. 50, § 1er ; Politique des transports – TFUE, art. 91, § 1er ; Harmonisation des législations relatives aux taxes sur le chiffre d'affaires, aux droits d'accises et autres impôts indirects – TFUE, art. 113 ; Politique de l'emploi – TFUE, art. 148, § 2 ; Protection des consommateurs – TFUE, art. 169, § 3). Le Comité peut également être consulté par le Parlement européen, le Conseil ou par la Commission européenne dans tous les cas où ils le jugent opportun (TFUE, art. 304, al. 1er). S'ils l'estiment nécessaire, le Parlement européen, le Conseil et la Commission européenne impartissent au CESE, pour présenter son avis, un délai qui ne peut être inférieur à un mois à compter de la communication qui est adressée à cet effet au président. À l'expiration du délai imparti, il peut être passé outre à l'absence d'avis

(TFUE, art. 304, al. 2). Le Comité peut enfin prendre l'initiative d'émettre un avis dans les cas où il le juge opportun (dénommé avis d'initiative) (TFUE, art. 304, al. 1er). L'avis du CESE, ainsi qu'un compte rendu des délibérations, sont transmis au Parlement européen, au Conseil et à la Commission européenne (TFUE, art. 304, al. 3).

2. LE COMITÉ EUROPÉEN DES RÉGIONS

267. Le Comité européen des régions (CER) est obligatoirement consulté dans les cas prévus par le traité FUE (ex. : Politique des transports – TFUE, art. 91, § 1er ; Culture – TFUE, art. 167, § 5 ; Politique de cohésion économique, sociale et territoriale – TFUE, art. 175, al. 3 ; 177, al. 1er ; 178, al. 1er ; Politique de l'environnement – TFUE, art. 192, § 1er) et dans tous les autres cas où l'une de ces institutions le juge opportun, en particulier lorsqu'ils ont trait à la coopération transfrontalière (TFUE, art. 307, al. 1er). S'ils l'estiment nécessaire, le Parlement européen, le Conseil et la Commission européenne peuvent fixer un délai au CER pour présenter son avis, délai qui ne peut être inférieur à un mois à compter de la communication qui est adressée à cet effet au président. À l'expiration de ce délai, il peut être passé outre à l'absence d'avis (TFUE, art. 307, al. 2). Lorsque le Parlement européen, le Conseil ou la Commission européenne procèdent à la consultation obligatoire du Comité économique et social européen en application de l'article 304, du traité FUE, le CER est alors informé de cette demande d'avis. Le CER peut, lorsqu'il estime que des intérêts régionaux spécifiques sont en jeu, émettre un avis à ce sujet (TFUE, art. 307, al. 3). Le CER peut enfin, tout comme le CESE, prendre l'initiative d'émettre un avis dans tous les cas où il le juge utile (dénommé avis d'initiative) (TFUE, art. 307, al. 4). L'avis du CER ainsi qu'un compte rendu des délibérations sont transmis au Parlement européen, au Conseil et à la Commission européenne (TFUE, art. 307, al. 5).

Section 3

L'adoption

268. Depuis la création des Communautés européennes et surtout son élection au suffrage universel direct (voy. *supra*, n° 13), l'Assemblée parlementaire n'a eu de cesse de revendiquer une participation accrue au processus de formation du droit dérivé, monopole originel du Conseil. Alors qu'il n'était à ses débuts qu'un simple organe consultatif formulant, dans le cadre de la procédure consultative, des avis que le Conseil n'avait pas l'obligation de suivre, l'Acte unique européen de 1986 apporte une première réponse aux prétentions du Parlement européen en instaurant la procédure d'avis conforme (dénommée la procédure d'approbation depuis l'entrée en vigueur du traité de Lisbonne) et la procédure de coopération (cette dernière procédure a été supprimée par le traité de Lisbonne). Toutefois, la véritable évolution (on pourrait même parler de révolution) découle du traité de Maastricht de 1992 qui institue la procédure de codécision, procédure qui partage de façon sensiblement égalitaire le pouvoir de décision entre le Parlement européen et le Conseil. Cette procédure, qui fait du Parlement européen un véritable colégislateur à part entière au même titre que le Conseil, n'a eu de cesse de s'imposer par la suite dans les traités d'Amsterdam et de Nice au point qu'elle est progressivement devenue la procédure principale dans le système de l'Union. Le traité de Lisbonne ne fait que confirmer et accentuer l'importance de la procédure de codécision, dénommée maintenant la procédure législative ordinaire, par opposition aux procédures législatives spéciales conférant le pouvoir de décision tantôt au Conseil avec la consultation ou l'approbation du Parlement européen, tantôt, et c'est ce qui est une nouveauté dans ce dernier traité en date, au Parlement européen avec l'approbation du Conseil et l'avis ou l'approbation de la Commission européenne.

1. LA PROCÉDURE LÉGISLATIVE ORDINAIRE

269. La procédure législative ordinaire, dénommée initialement la procédure de codécision, a été introduite par le traité de Maastricht puis étendue ensuite par ceux d'Amsterdam et de Nice au point que la quasi-totalité de la législation de l'Union relevait de la procédure de codécision. Dès lors, il n'est pas surprenant que le traité de Lisbonne consacre la codécision au rang de procédure législative ordinaire, c'est-à-dire comme la procédure principale de l'UE. La procédure législative ordinaire, prévue à l'article 294, du traité FUE, place le Conseil et le Parlement européen sur un pied d'égalité pour l'adoption d'un acte juridique. Cette procédure repose sur une possible triple lecture de la proposition émise par la Commission européenne.

270. La procédure législative ordinaire se présente schématiquement ainsi. Dans un premier temps, la Commission européenne présente une proposition au Parlement et au Conseil. En première lecture, le Parlement européen arrête sa position et la transmet au Conseil. Si le Conseil approuve la position du Parlement européen, l'acte concerné est adopté dans la formulation qui correspond à la position du Parlement européen. Si le Conseil n'approuve pas la position du Parlement européen, il adopte sa propre position en première lecture et la transmet au Parlement européen. En seconde lecture, le Parlement doit se prononcer dans un délai de trois mois à compter de la réception de la position en première lecture du Conseil. Trois possibilités s'offrent alors à lui : si le Parlement européen approuve la position du Conseil en première lecture ou ne s'est pas prononcé, l'acte est réputé adopté dans la formulation qui correspond à la position du Conseil. Si le Parlement rejette, à la majorité des membres qui le composent, la position du Conseil en première lecture, l'acte proposé est réputé non adopté. Enfin, si le Parlement propose, à la majorité des membres qui le composent, des amendements à la position du Conseil en première lecture, le texte ainsi amendé est transmis au Conseil et à la Commission, qui émet un avis sur ces amendements. Dans un délai de trois mois après cette réception des amendements du Parlement, le Conseil doit alors se prononcer : soit il approuve tous les amendements du Parlement (à la majorité qualifiée pour les amendements ayant fait l'objet d'un avis positif de la Commission et à l'unanimité pour ceux ayant fait l'objet d'un avis négatif) et l'acte est réputé adopté ; soit il refuse tout ou partie des amendements du Parlement et le président du Conseil, en accord avec celui du Parlement européen, convoque alors le comité de conciliation dans un délai de six semaines. Le comité de conciliation, qui réunit les membres du Conseil et autant de membres représentant le Parlement, a pour mission d'aboutir dans un délai de six semaines à un accord sur un projet commun à la majorité qualifiée des membres du Conseil et à la majorité des membres représentant le Parlement sur la base des positions du Parlement et du Conseil en deuxième lecture. Si dans ce délai de six semaines, le comité de conciliation n'approuve pas ce projet commun, l'acte proposé est réputé non adopté. En revanche, si dans ce même délai, le comité de conciliation approuve ce projet commun, s'engage alors une troisième lecture. Le Parlement européen et le Conseil disposent chacun d'un délai de six semaines à compter de cette approbation pour adopter l'acte concerné conformément à ce projet, le Parlement européen statuant à la majorité des suffrages exprimés et le Conseil à la majorité qualifiée. À défaut, l'acte proposé est réputé non adopté.

La procédure législative ordinaire

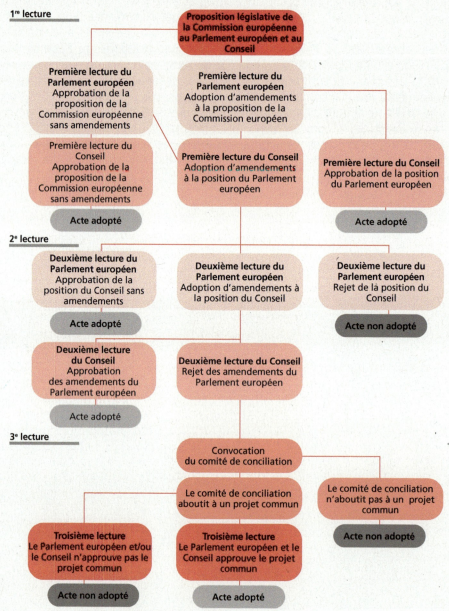

2. LES PROCÉDURES LÉGISLATIVES SPÉCIALES

271. Contrairement à la procédure législative ordinaire qui confère le pouvoir de décision au Parlement européen et au Conseil, les procédures législatives spéciales attribuent le pouvoir de décision tantôt au Conseil avec la consultation ou l'approbation du Parlement européen, tantôt, et c'est ce qui est une nouveauté, au Parlement européen avec l'approbation du Conseil et l'avis ou l'approbation de la Commission européenne.

A - La procédure de consultation du Parlement européen

272. La procédure consultative était à l'origine l'unique procédure associant l'Assemblée parlementaire au processus normatif à côté de la Commission européenne et du Conseil. Les traités constitutifs avaient donc réduit le Parlement européen à un simple organe consultatif chargé de formuler des avis au Conseil sur les projets d'actes de droit dérivé proposés par la Commission européenne. Cette procédure demeure encore aujourd'hui requise dans un certain nombre de domaines relevant du traité UE (ex. : Lorsque le Conseil statue, sur proposition du haut représentant de l'Union, sur l'organisation et le fonctionnement du service européen pour l'action extérieure – TUE, art. 27, § 3) et surtout du traité FUE (ex. : Lorsque le Conseil arrête des mesures concernant la sécurité sociale ou la protection sociale – TFUE, art. 21, § 3 ; Lorsque le Conseil adopte des directives établissant les mesures de coordination et de coopération nécessaires pour faciliter le droit à la protection diplomatique et consulaire reconnu aux citoyens de l'UE – TFUE, art. 23, al. 2 ; Lorsque le Conseil arrête des dispositions touchant à l'harmonisation des législations nationales relatives à la fiscalité indirecte – TFUE, art. 113). Dans ces différents domaines, le Conseil ne peut donc valablement statuer et adopter un acte de droit dérivé proposé par la Commission européenne qu'après avoir reçu l'avis du Parlement européen même si le Conseil n'est pas tenu de suivre cette consultation. La Cour de justice veille au respect de la procédure consultative qui constitue selon elle « un élément essentiel de l'équilibre institutionnel voulu par le traité [et] l'expression d'un principe fondamental, selon lequel les peuples participent à l'exercice du pouvoir par l'intermédiaire d'une assemblée représentative » (**arrêt du 30 mars 1995, Parlement/Conseil, C-65/93, EU: C:1995:91, pt 21** ; **arrêt du 5 juillet 1995, Parlement/Conseil, C-21/94, EU: C:1995:220, pt 17**). Le Conseil doit enclencher cette procédure de consultation chaque fois qu'il entend apporter des modifications substantielles à la proposition de la Commission sur laquelle avait porté la consultation du Parlement (**arrêt du 10 juin 1997, Parlement/Conseil, C-392/95, EU:C:1997:289, pt 15**), sauf si la modification apportée par le Conseil correspond pour l'essentiel aux souhaits exprimés par le Parlement lors de la consultation initiale (**arrêt du 5 juillet 1997, Parlement/Conseil, C-21/94, EU:C:1995:220, pt 18**). Même si l'avis émis par le Parlement n'a pas d'effet contraignant pour le Conseil, il n'en demeure pas moins que si ce dernier passait outre l'avis de l'Assemblée parlementaire ou omettait de le consulter à nouveau, l'acte adopté pourrait être annulé par le juge de l'Union pour violation des formes substantielles des traités (TFUE, art. 263). Le Parlement européen est tenu pour sa part à une obligation de coopération loyale avec les autres institutions de l'Union et notamment rendre un avis dans un délai raisonnable afin de permettre au Conseil d'adopter l'acte juridique en temps utile (**arrêt du 30 mars 1995, Parlement/ Conseil, C-65/93, EU:C:1995:91, pt 23**).

B - La procédure d'approbation du Parlement européen

273. La procédure d'approbation, dénommée avant l'entrée en vigueur du traité de Lisbonne la procédure d'avis conforme, a été introduite par l'Acte unique européen. Lorsque l'approbation du Parlement européen est requise par les traités, le Conseil ou le Conseil européen ne peuvent s'en écarter car elle lie cette institution. Ainsi, l'acte juridique ne peut pas être adopté par le Conseil ou le Conseil européen si le Parlement européen n'exprime pas un vote positif. Cette procédure, qui introduit en définitive un véritable droit de veto au profit du Parlement, s'applique aujourd'hui dans un certain nombre de domaines relevant du traité UE (ex. : Lorsque le Conseil constate l'existence d'un risque clair de violation par un État membre des valeurs sur lesquelles l'Union est fondée – TUE, art. 7, § 1er ; Lorsque le Conseil européen constate l'existence d'une violation grave et persistante par un État membre des valeurs sur lesquelles l'Union est fondée – TUE, art. 7, § 2 ; Lorsque le Conseil européen adopte une décision fixant la composition du Parlement européen – TUE, art. 14, § 2 ; Lorsque le Conseil se prononce sur l'adhésion d'un nouvel État membre – TUE, art. 49, al. 1er) et du traité FUE (ex. : Lorsque le Conseil prend les mesures nécessaires en vue de combattre tout type de discrimination – TFUE, art. 19, § 1er ; Lorsque le Conseil entend compléter les droits en matière de citoyenneté européenne – TFUE, art. 25, al. 2 ; Lorsque le Conseil arrête les dispositions relatives à une procédure uniforme d'élection des membres du Parlement européen – TFUE, art. 223, § 1er).

C - La procédure de décision du Parlement européen

274. Nouveauté introduite par le traité de Lisbonne, le traité FUE prévoit qu'une procédure législative spéciale peut également, dans certaines hypothèses, conférer le pouvoir de décision au seul Parlement européen avec l'approbation du Conseil et l'avis ou l'approbation de la Commission européenne. Lorsqu'une telle approbation est requise, le Parlement européen ne peut donc s'en écarter car elle lie l'Assemblée parlementaire. Ainsi, l'acte juridique ne peut pas être adopté par le Parlement européen si le Conseil voire la Commission européenne n'expriment pas un vote positif. Cette procédure, qui introduit en pratique un véritable droit de veto au profit du Conseil et de la Commission européenne, s'applique lorsque :

– le Parlement, statuant par voie de règlements de sa propre initiative conformément à une procédure législative spéciale, fixe le statut et les conditions générales d'exercice des fonctions de ses membres, après avis de la Commission européenne et avec l'approbation du Conseil (TFUE, art. 223, § 2) ;

– le Parlement, statuant par voie de règlements de sa propre initiative conformément à une procédure législative spéciale, détermine les modalités d'exercice du droit d'enquête après approbation du Conseil et de la Commission européenne (TFUE, art. 226, al. 3) ;

– le Parlement, statuant par voie de règlements de sa propre initiative conformément à une procédure législative spéciale, fixe le statut et les conditions générales d'exercice des fonctions du médiateur après avis de la Commission européenne et avec l'approbation du Conseil (TFUE, art. 228, § 4). Le Parlement européen a fait usage pour la première fois de cette procédure législative spéciale en juin 2021 afin de réformer le statut et les conditions générales d'exercice des fonctions du médiateur européen[10].

275. Le traité de Lisbonne institue une nouvelle fois une clause passerelle susceptible de faire évoluer dans l'avenir le champ d'application de ces procédures législatives spéciales. En effet, lorsque le traité FUE prévoit que des actes législatifs sont adoptés par le Conseil conformément à une procédure législative spéciale, le Conseil européen pourra adopter une décision autorisant l'adoption desdits actes conformément à la procédure législative ordinaire (TUE, art. 48, § 7, al. 2).

---

10. Sur ce point voy., règlement (UE, Euratom) 2021/1163 du Parlement européen du 24 juin 2021, préc.

CHAPITRE 13

La fonction budgétaire

276. Le droit budgétaire de l'UE est régi par le traité FUE (TFUE, art. 319 à 325), par le règlement (UE, Euratom) 2018/1046 du Parlement européen et du Conseil du 18 juillet 2018[1] (dénommé « règlement financier ») et enfin par l'accord interinstitutionnel du 16 décembre 2020 entre le Parlement européen, le Conseil et la Commission européenne sur la discipline budgétaire, la coopération en matière budgétaire et la bonne gestion financière[2/3].

À l'instar du droit budgétaire national, le droit budgétaire de l'UE est également soumis à l'emprise de principes généraux (Section 1). En revanche, la procédure budgétaire de l'UE présente des spécificités s'expliquant par la nature même de ce processus d'intégration (Section 2).

Section 1

Les principes généraux régissant le budget de l'Union européenne

277. Le budget de l'UE obéit à huit grands principes budgétaires : les principes d'unité et de vérité budgétaire, le principe d'universalité, le principe d'annualité, le principe de spécialité, le principe d'équilibre et enfin les principes de bonne gestion financière et de transparence.

---

1. Règlement (UE, Euratom) 2018/1046 du Parlement européen et du Conseil du 18 juillet 2018 relatif aux règles financières applicables au budget général de l'Union modifiant les règlements (UE) n° 1296/2013, (UE) n° 1301/2013, (UE) n° 1303/2013, (UE) n° 1304/2013, (UE) n° 1309/2013, (UE) n° 1316/2013, (UE) n° 223/2014, (UE) n° 283/2014 et la décision n° 541/2014/UE et abrogeant le règlement (UE, Euratom) n° 966/2012, *JOUE* n° L193/1 du 30 juillet 2018 ; voy. égal., décision (UE) 2018/1520 de la Commission du 9 octobre 2018 abrogeant le règlement délégué (UE) n° 1268/2012 de la Commission du 29 octobre 2012 relatif aux règles d'application du règlement (UE, Euratom) n° 966/2012 du Parlement européen et du Conseil du 25 octobre 2012 relatif aux règles financières applicables au budget général de l'Union, *JOUE* n° L256/67 du 12 octobre 2018.
2. Accord interinstitutionnel du 16 décembre 2020 entre le Parlement européen, le Conseil et la Commission sur la discipline budgétaire, la coopération en matière budgétaire et la bonne gestion financière, ainsi que sur de nouvelles ressources propres, comportant une feuille de route en vue de la mise en place de nouvelles ressources propres *JOUE* n° L433I/28 du 22 décembre 2020.
3. Pour une présentation générale du droit budgétaire de l'UE voy., Commission européenne, *Financial Regulation applicable to the general budget of the Union*, Office, 2021, 379 p., disponible sur le site : *https://op.europa.eu/fr/publication-detail/-/publication/25153ebc-2b06-11ec-bd8e-01aa75ed71a1*

1. LES PRINCIPES D'UNITÉ ET DE VÉRITÉ BUDGÉTAIRE

278. Le principe d'unité est solennellement posé par l'article 310, § 1er, du traité FUE[4] : « Toutes les recettes et les dépenses de l'Union doivent faire l'objet de prévisions pour chaque exercice budgétaire et être inscrites au budget. » Ce principe signifie donc que toutes les opérations de recettes et de dépenses de l'UE doivent être réunies dans un seul et unique document. L'article 7, § 1er, du règlement financier précise que le budget est l'acte qui prévoit et autorise, pour chaque exercice, l'ensemble des recettes et des dépenses estimées nécessaires de l'Union.

Le budget général de l'Union européenne comporte donc (règlement (UE, Euratom) 2018/1046, art. 7, § 1er) :

– les recettes et les dépenses de l'Union, y compris les dépenses administratives résultant de la mise en œuvre des dispositions du traité sur l'Union européenne dans le domaine de la PESC, ainsi que les dépenses opérationnelles entraînées par la mise en œuvre desdites dispositions quand celles-ci sont à la charge du budget ;
– les recettes et les dépenses de la Communauté européenne de l'énergie atomique ;

L'unité monétaire de l'Union européenne étant l'euro depuis le 1er janvier 1999, le cadre financier pluriannuel et le budget sont établis, sont exécutés et font l'objet d'une reddition des comptes en euros (principe d'unité de compte ; règlement (UE, Euratom) 2018/1046, art. 19, § 1er).

Le principe d'unité garantit la transparence de l'ensemble des opérations de recettes et de dépenses qui peuvent être appréciées dans leur globalité par l'autorité budgétaire. Il favorise par ailleurs le contrôle de l'exécution du budget de l'Union par le Parlement européen.

Certaines opérations échappent toutefois au principe d'unité et ne sont donc pas inscrites dans le budget de l'UE. Cette débudgétisation concerne plus particulièrement les activités financières de la Banque européenne d'investissement, les interventions financières du Fonds européen d'investissement (FED) et les budgets des organismes de l'UE comme par exemple ceux des agences décentralisées (ex. : l'Office communautaire des variétés végétales – OCVV ; l'Agence européenne pour l'environnement – AEE, le Centre européen pour le développement de la formation professionnelle – Cedefop, l'Office européen de police – Europol).

279. Le principe de vérité budgétaire pose quant à lui obligation à l'Union européenne de s'abstenir de toute dépense inutile. L'article 8, § 1er, 2 et 3, du règlement financier décline ce principe de plusieurs manières : « toute recette et toute dépense est imputée à une ligne budgétaire » ; « aucune dépense ne peut être engagée ni ordonnancée au-delà des crédits autorisés » ; « un crédit n'est inscrit au budget que s'il correspond à une dépense estimée nécessaire ».

4. TCEEA, art. 171, § 1er.

2. LE PRINCIPE D'UNIVERSALITÉ

280. Le principe d'universalité est le corollaire du principe d'unité. Il implique que les recettes budgétaires ne doivent pas être affectées à des dépenses précises (règle de non-affectation) et qu'il ne peut y avoir de contraction entre recettes et dépenses (règle de non-contraction). Par conséquent, l'ensemble des recettes représente une masse commune servant indistinctement au financement de l'ensemble des dépenses. Le principe d'universalité, qui ne résulte pas directement du traité FUE mais de l'article 20, du règlement financier (« L'ensemble des recettes couvre l'ensemble des crédits de paiement ») et de l'article 6 de la décision 2014/335/UE, Euratom[5] (« Les recettes visées à l'article 2 sont utilisées indistinctement pour financer toutes les dépenses inscrites au budget général de l'Union européenne »), a donc deux implications :

- la non-affectation des recettes à des dépenses précises (règle de non-affectation) : cette règle connaît toutefois un certain nombre d'exceptions prévues à l'article 21, du règlement financier. Cette disposition opère une distinction entre les recettes affectées externes (comme par exemple les contributions financières supplémentaires des États membres relatives à certains programmes complémentaires de recherche et de développement technologique ou à certains projets ou programmes d'aide extérieure financés par l'Union et gérés pour leur compte par la Commission européenne, les contributions financières de pays tiers ou d'organismes divers à des activités de l'Union ou encore les revenus de fondations, les subventions, les dons et legs) et les recettes affectées internes (comme par exemple les recettes provenant de tiers pour des fournitures, des prestations de services ou des travaux effectués à leur demande, les recettes provenant de la restitution des sommes qui ont été indûment payées (montants récupérés à la suite de fraudes ou d'irrégularités), ou encore les recettes provenant d'indemnités locatives et de la vente de bâtiments et de terrains) (règlement (UE, Euratom) 2018/1046, art. 21, § 2 et 3) ;
- la non-contraction entre les recettes et les dépenses (règle de non-contraction ou règle du produit brut) : cette règle, qui signifie que les recettes et les dépenses qui doivent être inscrites dans le budget pour leur montant intégral sans contraction entre elles, connaît toutefois certaines exceptions visées à l'article 27, du règlement financier. Ainsi, peuvent être déduits du montant des demandes de paiement qui sont alors ordonnancés pour le net, les pénalités infligées aux titulaires de marchés publics ou aux bénéficiaires de subventions, les escomptes, ristournes et rabais consentis sur chaque facture individuelle et relevé de coûts, les intérêts produits par les versements de préfinancements et enfin les régularisations de sommes indûment payées (règlement (UE, Euratom) 2018/1046, art. 27, § 1er).

---

5.   Décision 2014/335/UE, Euratom du Conseil du 26 mai 2014, préc.

3. LE PRINCIPE D'ANNUALITÉ

281. Le principe d'annualité, qui découle tant des articles 310, § 1er et 2 et 313, du traité FUE que des articles 9 à 16, du règlement financier, impose le rattachement de toutes les opérations budgétaires (prévisions, autorisations, exécution) à un exercice budgétaire, lequel correspond à l'année civile.

Le principe d'annualité connaît deux assouplissements :

– la dissociation des crédits : l'Union européenne doit pouvoir concilier le respect du principe d'annualité avec la nécessité de gérer des actions pluriannuelles qui ont pris une importance croissante dans le budget de l'UE. En réponse à cette nécessité, la pratique opère une distinction entre les crédits dissociés et les crédits non dissociés (règlement (UE, Euratom) 2018/1046, art. 7, § 2). Les crédits dissociés correspondent à des opérations s'étalant sur plusieurs années. Ils se subdivisent en crédits d'engagement et en crédits de paiement. Les crédits d'engagement couvrent, pendant l'exercice en cours, le coût total des engagements juridiques souscrits pour des actions dont la réalisation s'étend sur plus d'un exercice budgétaire. Les crédits de paiement couvrent, jusqu'à concurrence du montant inscrit au budget, les dépenses qui découlent de l'exécution des engagements juridiques souscrits au cours de l'exercice ou des exercices précédents. À l'inverse, les crédits non dissociés sont destinés à couvrir des opérations dont l'exécution doit, en principe, se réaliser, tant en engagements qu'en paiements, au cours d'un seul exercice budgétaire. Lors d'un exercice budgétaire, les crédits d'engagement comprennent l'ensemble des crédits non dissociés et des crédits d'engagement des crédits dissociés. Quant aux crédits de paiement, ils sont constitués pour leur part de l'ensemble des crédits non dissociés et des crédits de paiement des crédits dissociés ;

– la technique des reports : l'article 316, alinéa 1er, du traité FUE prévoit que « les crédits, autres que ceux relatifs aux dépenses de personnel, qui seront inutilisés à la fin de l'exercice budgétaire pourront faire l'objet d'un report qui sera limité au seul exercice suivant ». L'article 12, du règlement financier précise les conditions du report de crédit tout en posant au préalable le principe de l'annulation des crédits non utilisés (soit le principe de l'interdiction des reports). Ainsi, les crédits d'engagement et les crédits non dissociés, pour lesquels la plupart des étapes préparatoires à l'acte d'engagement sont achevées au 31 décembre de l'exercice « n », peuvent être engagés jusqu'au 31 mars de l'exercice « n+1 » à l'exception des crédits non dissociés relatifs à des projets immobiliers qui peuvent être engagés jusqu'au 31 décembre de l'exercice « n+1 » (règlement (UE, Euratom) 2018/1046, art. 12, § 2, pt a). Les crédits de paiement qui sont nécessaires pour couvrir des engagements antérieurs ou liés à des crédits d'engagement reportés peuvent également faire l'objet d'un report lorsque les crédits de paiement prévus sur les lignes concernées au budget de l'exercice « n+1 » ne sont pas suffisants pour couvrir les besoins (règlement (UE, Euratom) 2018/1046, art. 12, § 2, pt c). Par ailleurs, certains crédits bénéficient d'un report de droit comme par exemple les crédits d'engagement pour la réserve pour aides d'urgence et pour le Fonds de solidarité de l'UE. De tels crédits ne peuvent faire l'objet d'un report qu'au seul exercice budgétaire « n+1 » et peuvent être engagés jusqu'au 31 décembre de ce même exercice budgétaire (règlement (UE, Euratom) 2018/1046, art. 12, § 4). Enfin, les crédits non dissociés, c'est-à-dire ceux qui correspondent à des obligations régulièrement contractées à la fin de l'exercice « n », sont reportés de droit au seul exercice budgétaire « n+1 » (règlement (UE, Euratom) 2018/1046, art. 12, § 7).

4. LE PRINCIPE DE SPÉCIALITÉ

282. Le principe de spécialité budgétaire implique que les crédits ouverts ne sont pas globalisés mais reçoivent, au contraire, une destination déterminée et une affectation spécifique. Il garantit de ce fait à l'autorité budgétaire une utilisation de ces crédits conforme à la répartition fixée par le budget de l'Union. L'article 316, alinéa 2, du traité FUE prévoit que « les crédits sont spécialisés par chapitres groupant les dépenses selon leur nature ou leur destination, et subdivisés conformément au règlement pris en exécution de l'article 322[6] ». L'article 28, § 1er, du règlement financier précise que « les crédits sont spécialisés par titres et chapitres, les chapitres sont subdivisés en articles et postes ». La nomenclature budgétaire permettant une présentation structurée et ordonnée du budget général de l'Union européenne est fondée sur ces deux dispositions.

283. Le budget général de l'Union comporte un état général des recettes ainsi qu'un état des recettes et des dépenses par section. Ce dernier se compose de dix sections regroupant les institutions et organes de l'Union (Section I : Parlement européen ; Section II : Conseil européen et Conseil ; Section III : Commission ; Section IV : Cour de justice de l'UE ; Section V : Cour des comptes ; Section VI : Comité économique et social européen ; Section VII : Comité européen des régions ; Section VIII : Médiateur européen ; Section IX : Contrôleur européen de la protection des données ; Section X : Service européen pour l'action extérieure)[7]. Chaque section comporte un état des recettes et des dépenses classées en titres, chapitres, articles et postes. La section propre à la Commission européenne comprend une particularité : les crédits opérationnels affectés à la Commission européenne sont classés par destination, chaque titre correspondant à une politique et chaque chapitre à une activité.

284. Le principe de spécialité budgétaire connaît un assouplissement : les virements de crédits.

Toute institution autre que la Commission européenne peut procéder, à l'intérieur de sa section du budget, à des virements de crédits de titre à titre dans une limite totale de 10 % des crédits de l'exercice qui figurent sur la ligne budgétaire et de chapitre à chapitre sans limitation (règlement (UE, Euratom) 2018/1046, art. 29, § 1er). De même, toute institution autre que la Commission peut proposer à l'autorité budgétaire, à l'intérieur de sa section du budget, des virements de titre à titre dépassant la limite de 10 % des crédits de l'exercice (règlement (UE, Euratom) 2018/1046, art. 29, § 3). Ces deux

---

6. C'est-à-dire conformément au règlement financier arrêté par le Parlement européen et le Conseil, statuant conformément à la procédure législative ordinaire, et après consultation de la Cour des comptes.
7. À titre d'ex. voy. le budget général de l'Union européenne pour l'exercice 2022, *JOUE* n° L45/1 du 24 février 2022.

dispositions confèrent donc aux institutions et organes de l'Union autre que la Commission une réelle autonomie de gestion des crédits qui leur sont alloués tout en restant à l'intérieur du cadre budgétaire établi par le Conseil et le Parlement européen. Enfin, toute institution autre que la Commission peut procéder, à l'intérieur de sa section du budget, à des virements à l'intérieur des articles sans en informer préalablement le Parlement européen et le Conseil (règlement (UE, Euratom) 2018/1046, art. 29, § 4).

La Commission européenne dispose quant à elle de prérogatives plus importantes que les autres institutions et organes de l'Union dans la mesure où l'article 30, du règlement financier l'autorise à procéder de façon autonome, à l'intérieur de sa section du budget notamment à des virements de crédits à l'intérieur de chaque chapitre et dans la limite de 10 % des crédits de l'exercice, à des virements de crédits entre chapitres à l'intérieur d'un même titre pour les dépenses opérationnelles et de titre à titre pour les dépenses de personnel et de fonctionnement communes à plusieurs titres.

5. LE PRINCIPE D'ÉQUILIBRE

285. Le principe d'équilibre budgétaire est posé par l'article 310, alinéa 3, du traité FUE et repris par l'article 17, § 1er, du règlement financier. Il implique que les prévisions de recettes de l'exercice soient égales aux crédits de paiement de ce même exercice et prohibe le déficit. L'Union européenne ne peut souscrire d'emprunts pour financer le budget puisque l'article 311, alinéa 2, du traité FUE prévoit expressément que « le budget est, sans préjudice des autres recettes, intégralement financé par des ressources propres ». Cette interdiction s'applique également aux organismes créés en vertu du traité FUE et du traité Euratom (règlement (UE, Euratom) 2018/1046, art. 17, § 2).

Par ailleurs, la règle de l'équilibre budgétaire impose que le solde constaté dans l'exécution du budget ne puisse, en principe, être mis en réserve. Ce solde doit être inscrit dans le budget de l'exercice suivant en recette ou en crédit de paiement selon qu'il s'agit d'un excédent ou d'un déficit (règlement (UE, Euratom) 2018/1046, art. 18, § 1er). Dans l'hypothèse où il s'agit d'un solde estimé, ces estimations de recettes ou de crédits de paiement sont inscrites dans le budget au cours de la procédure budgétaire par voie de budget rectificatif.

L'interdiction de constituer des réserves n'est pas absolue. L'article 50, du règlement financier permet en effet à la Commission européenne de constituer une « réserve négative » (d'un montant maximal limité à 200 millions d'EUR) dans l'objectif de pouvoir faire face à un dépassement prévisible des dépenses par rapport aux recettes. La mise en œuvre de cette réserve doit être réalisée avant la fin de l'exercice budgétaire par voie de virement provenant de différentes lignes excédentaires du budget.

6. LES PRINCIPES DE BONNE GESTION FINANCIÈRE ET DE TRANSPARENCE

286. Les crédits sont utilisés conformément au principe de bonne gestion financière, à savoir conformément aux principes d'économie, d'efficience et d'efficacité (règlement (UE, Euratom) 2018/1046, art. 33, § 1er). Le principe d'économie prescrit que les moyens mis en œuvre par l'institution dans le cadre de la réalisation de ses activités sont rendus disponibles en temps utile, dans les quantités et qualités appropriées et au meilleur prix. Le principe d'efficience vise pour sa part le meilleur rapport entre les moyens mis en œuvre, les activités entreprises et la réalisation des objectifs. Enfin, le principe d'efficacité permet de déterminer dans quelle mesure les objectifs poursuivis sont atteints aux moyens des activités entreprises.

Le budget est établi, exécuté et fait l'objet d'une reddition de comptes dans le respect du principe de transparence (règlement (UE, Euratom) 2018/1046, art. 37). Le budget mais également les budgets rectificatifs adoptés sont publiés au *Journal officiel de l'Union européenne*, à la diligence du président du Parlement européen. Cette publication est effectuée dans un délai de trois mois après la date du constat de l'arrêt définitif des budgets.

Section 2

La procédure budgétaire

287. L'article 314, du traité FUE organise le déroulement et l'enchaînement automatique de la procédure budgétaire qui s'étend du 1er septembre au 31 décembre de l'année précédant l'exercice en cause. Le débat budgétaire est donc enfermé dans un calendrier très rigoureux afin de permettre à l'Union de disposer d'un budget avant le début de l'exercice.

Le Parlement européen et le Conseil, statuant conformément à une procédure législative spéciale, établissent le budget annuel de l'Union (TFUE, art. 314). Le Parlement européen constitue donc avec le Conseil l'une des deux branches de l'autorité budgétaire. Il ne s'agit pas pour autant d'une situation nouvelle puisque ces deux institutions sont codétentrices du pouvoir budgétaire depuis les traités de Luxembourg du 22 avril 1970 et de Bruxelles du 22 juillet 1975 (voy. *supra*, n° 14).

1. L'ÉVOLUTION DE LA PROCÉDURE BUDGÉTAIRE

288. Avant l'entrée en vigueur du traité de Lisbonne, la procédure budgétaire prévue à l'article 272, du traité CE s'articulait autour de la distinction fondamentale entre les dépenses obligatoires (DO) et les dépenses non-obligatoires (DNO). Or, en l'absence de précision des traités originels sur les critères de distinction entre ces deux catégories de dépenses et d'une interprétation de la Cour de justice[8], la question de la classification des dépenses a été source de conflits récurrents entre les deux branches de l'autorité budgétaire. Ce contentieux incessant s'expliquait par le fait que l'article 272, du traité CE attribuait au Parlement européen un droit d'amendement à la majorité de ses membres pour les DNO et un droit de proposer des modifications au Conseil à la majorité absolue des suffrages exprimés pour les DO. Schématiquement, la procédure prévue à l'article 272, du traité CE donnait le « dernier mot » au Conseil pour les DO et au Parlement européen pour les DNO. L'accord interinstitutionnel du 17 mai 2006 entre le Parlement européen, le Conseil et la Commission européenne sur la discipline budgétaire et l'amélioration de la procédure budgétaire[9], qui se substituait à l'accord interinstitutionnel du même nom du 6 mai 1999[10], avait mis un terme à cette querelle chronique en définissant les DO – définition à partir de laquelle on pouvait déduire, *a contrario*, les DNO –, en opérant une classification des lignes budgétaires existantes et en instituant un mécanisme de règlement des conflits de qualification des lignes budgétaires nouvelles afin de désamorcer tout contentieux potentiel entre les deux branches de l'autorité budgétaire.

289. Le traité de Lisbonne procède à une réécriture intégrale de la procédure budgétaire puisque l'article 314, du traité FUE confère désormais au Parlement européen, statuant à la majorité de ses membres, un pouvoir général d'amendement sur l'ensemble du projet de budget, entraînant du même coup la disparition de la classification des dépenses reposant sur la distinction entre les DO et les DNO.

2. LE DÉROULEMENT DE LA PROCÉDURE BUDGÉTAIRE

290. Chaque institution, à l'exception de la Banque centrale européenne, dresse, avant le 1er juillet, un état prévisionnel de ses dépenses pour l'exercice budgétaire suivant. Sur la base de ces états prévisionnels, la Commission européenne élabore un projet de budget pouvant comporter des prévisions divergentes[11]. Cette proposition de budget comprend une prévision des recettes et une prévision des dépenses.

La Commission européenne présente sa proposition de projet de budget au Parlement européen et au Conseil au plus tard le 1er septembre de l'année qui précède celle de l'exécution du budget. La Commission est libre de modifier son projet de budget tout au long de la procédure budgétaire et ce, tant que le comité de conciliation prévu dans le cadre de cette procédure n'est pas convoqué.

---

8. La Cour de justice s'était toujours bien gardée de se prononcer sur la classification des dépenses préférant renvoyer à l'appréciation des institutions concernées. Voy. not., **arrêt du 3 juillet 1986, Conseil/Parlement, 34/86, EU:C:1986:291**.
9. *JOUE* n° C139/1 du 14 juin 2006.
10. *JOCE* n° C172/1 du 18 juin 1999.
11. Avant l'entrée en vigueur du traité de Lisbonne, la Commission européenne établissait seulement, sur la base des mêmes états prévisionnels, un avant-projet de budget et le Conseil, statuant à la majorité qualifiée, se chargeait d'établir le projet de budget.

Le Conseil adopte alors sa position sur le projet de budget et la transmet au Parlement européen au plus tard le 1er octobre de l'année qui précède celle de l'exécution du budget. Il informe pleinement le Parlement européen des raisons qui l'ont conduit à adopter sa position.

Le Parlement européen procède ensuite à sa première lecture du projet de budget. Il dispose pour ce faire d'un délai de quarante-deux jours après la transmission du projet de budget par le Conseil. Trois hypothèses peuvent alors se présenter (TFUE, art. 314, § 4) :

- *1re hypothèse* : le Parlement européen approuve la position du Conseil et le budget est adopté ;
- *2e hypothèse* : le Parlement européen ne statue pas et le budget est également réputé adopté ;
- *3e hypothèse* : le Parlement européen adopte, à la majorité des membres qui le composent, des amendements. Le projet ainsi amendé est transmis au Conseil et à la Commission.

Ainsi, dès lors qu'il y a divergence entre les deux branches de l'autorité budgétaire à l'issue de la première lecture du projet de budget par chacune d'entre elles, le président du Parlement européen, en accord avec son homologue du Conseil, convoque sans délai un comité de conciliation composé de membres du Conseil et d'autant de membres du Parlement européen. Ce comité de conciliation a pour mission d'aboutir, sur la base des positions du Parlement européen et du Conseil, à un accord sur un projet commun à la majorité qualifiée des membres du Conseil et à la majorité des membres du Parlement européen, dans un délai de vingt et un jours à compter de sa convocation. La Commission européenne participe aux travaux du comité de conciliation et prend toutes les initiatives nécessaires en vue de promouvoir un rapprochement des positions du Parlement européen et du Conseil.

Si, dans ce délai de vingt et un jours, le comité de conciliation ne parvient pas à un accord sur un projet commun, un nouveau projet de budget est présenté par la Commission. En revanche, s'il parvient à ses fins, le Parlement européen et le Conseil en sont alors saisis et disposent tous deux d'un délai de quatorze jours à compter de la date de cet accord pour l'approuver. Quatre hypothèses sont alors envisagées par l'article 314, § 7, du traité FUE :

- *1re hypothèse* : si le Parlement européen et le Conseil approuvent tous deux le projet commun ou ne parviennent pas à statuer, ou si l'une de ces institutions approuve le projet commun tandis que l'autre ne parvient pas à statuer, le budget est réputé définitivement adopté conformément au projet commun, ou ;
- *2e hypothèse* : si le Parlement européen, statuant à la majorité des membres qui le composent, et le Conseil rejettent tous deux le projet commun, ou si l'une de ces institutions rejette le projet commun tandis que l'autre ne parvient pas à statuer, un nouveau projet de budget est présenté par la Commission européenne, ou ;

– **3e hypothèse** : si le Parlement européen, statuant à la majorité des membres qui le composent, rejette le projet commun tandis que le Conseil l'approuve, un nouveau projet de budget est présenté par la Commission européenne[12], ou ;

– **4e hypothèse** : si le Conseil rejette le projet commun tandis que le Parlement européen l'approuve, le projet de budget est alors réputé adopté sur la base du texte du comité de conciliation sous réserve de la possibilité pour le Parlement européen de confirmer, à la majorité des membres qui le composent et des trois cinquièmes des suffrages exprimés, tout ou partie des amendements qu'il avait adoptés avant la convocation du comité de conciliation. Si l'un des amendements du Parlement européen n'est pas confirmé, la position agréée au sein du comité de conciliation concernant la ligne budgétaire qui fait l'objet de cet amendement est retenue.

À l'issue de cette procédure, il appartient comme auparavant au président du Parlement européen de constater que le budget est définitivement adopté[13] et ce dernier devient alors exécutoire par la Commission européenne (TFUE, art. 314, § 9) (voy. *infra*, n° 296). Si, au début d'un exercice budgétaire, le budget n'a pas encore été définitivement adopté, le régime des douzièmes provisoires prévu par l'article 315, du traité FUE est alors mis en œuvre.

---

12. Avant l'entrée en vigueur du traité de Lisbonne, le Parlement européen, statuant à la majorité des membres qui le composent et des deux tiers des suffrages exprimés, pouvait également, pour des motifs importants, rejeter le projet de budget dans son ensemble et demander qu'un nouveau projet budget lui soit soumis (TCE, art. 272 § 8). Le Parlement avait déjà fait usage de cette disposition à trois reprises : en décembre 1979 (pour le budget de l'exercice 1980), en décembre 1982 (pour le budget rectificatif supplémentaire de l'exercice 1982) et en décembre 1984 (pour le budget de l'exercice 1985).

13. Sur ce point voy., **arrêt du 17 septembre 2013, Conseil/Parlement, C-77/11, EU:C:2013:559, pts 49 et 50.**

CHAPITRE 14

La fonction exécutive

291. Les traités confèrent à la Commission européenne d'importants pouvoirs d'exécution qui lui sont soit propres soit délégués. Le Tribunal a d'ailleurs jugé que « la Commission peut être considérée, ainsi qu'elle se définit elle-même, comme l'"organe exécutif" principal du nouvel ordre juridique de droit international que constitue l'Union, ses membres exercent ainsi, de façon collégiale, des fonctions qui, selon la théorie classique de la séparation des pouvoirs, relèvent du pouvoir exécutif » (**arrêt du 12 mai 2015, Dalli/Commission, T-562/12, EU:T:2015:270, pt 134**).

Section 1

Les pouvoirs d'exécution propres de la Commission européenne

292. Le traité UE et le traité FUE attribuent parfois une compétence exclusive d'exécution à la Commission européenne. En effet, cette institution de l'Union peut non seulement être chargée de l'exécution normative de certaines dispositions des traités mais dispose également de pouvoirs d'exécution matérielle importants.

1. L'EXÉCUTION NORMATIVE DE CERTAINES DISPOSITIONS DU TRAITÉ SUR LE FONCTIONNEMENT DE L'UNION EUROPÉENNE

293. Dans certains cas, le traité FUE habilite directement la Commission européenne à adopter certaines mesures d'exécution. La Cour de justice a d'ailleurs admis qu'une telle prérogative permet à la Commission européenne « d'adopter des actes à portée générale ou des actes à portée individuelle » (**arrêt du 24 octobre 1989, Commission/Conseil, 16/88, EU:C:1989:397, pt 9**).

Ainsi, le traité FUE habilite la Commission européenne à adopter :

– des actes de portée générale lui permettant notamment de fixer le montant des taxes compensatoires à appliquer par un État membre afin d'éviter une distorsion de concurrence dans le cadre de la Politique agricole commune (TFUE, art. 44), d'arrêter des règlements d'application établissant les conditions nécessaires pour qu'un travailleur d'un État membre puisse demeurer sur le territoire d'un autre État membre après y avoir occupé un emploi (TFUE, art. 45, § 4, pt d)[1] ou encore d'adopter certaines décisions dans le domaine de Politique commune des transports (TFUE, art. 95, § 4 et 96, § 2) ;

– des actes de portée individuelle lui permettant notamment d'imposer à un État membre de supprimer ou de modifier une aide d'État incompatible avec le marché commun ou appliquée de façon abusive (TFUE, art. 108, § 2 et 3) ou encore d'adresser aux États membres les directives et décisions nécessaires pour qu'ils se conforment aux obligations que leur impose le traité en ce qui concerne leurs entreprises publiques et les entreprises auxquelles ils accordent des droits spéciaux ou exclusifs (TFUE, art. 106, § 3).

2. LA GESTION MATÉRIELLE DE CERTAINES DISPOSITIONS DU TRAITÉ SUR LE FONCTIONNEMENT DE L'UNION EUROPÉENNE

294. L'article 17, § 1er, du traité UE confère d'importants pouvoirs d'exécution matérielle à la Commission européenne.

A - La gestion des programmes de l'Union

295. La Commission européenne assure directement la gestion de nombreux programmes mis en œuvre par l'Union européenne. À ce titre, elle gère notamment des fonds structurels qui sont les principaux instruments financiers de la politique de cohésion économique, sociale et territoriale de l'Union européenne (TFUE, art. 174 à 178). Ces fonds structurels, parmi lesquels on peut citer le fonds européen de développement régional (FEDER) ou encore le Fonds social européen plus (FSE+), contribuent directement au développement du territoire européen en permettant à l'Union d'octroyer des aides financières à des programmes pluriannuels de développement régional négociés entre les régions, les États membres et la Commission européenne. Pour la période 2021-2027, les ressources financières affectées à la cohésion économique, sociale et territoriale s'élèvent à un peu plus de 330 milliards d'EUR. De même, la Commission européenne gère des instruments financiers spécifiques comme par exemple le fonds européen agricole pour le développement rural (FEADER) dans le cadre de la politique agricole commune ou le Fonds européen pour les affaires maritimes, la pêche et l'aquaculture (FEAMPA) institué dans le cadre de la politique commune de la pêche. Enfin, la Commission européenne assure la gestion de tout un ensemble de programmes au profit des États membres et de leurs citoyens parmi lesquels on peut notamment citer le programme *Erasmus* + pour étudier,

---

1.　C'est sur le fondement de cette disposition que la Commission européenne avait notamment adopté le règlement (CEE) n° 1251/70 du 29 juin 1970 accordant, au travailleur ainsi qu'aux membres de sa famille et sous certaines conditions, le droit de demeurer à titre permanent sur le territoire de l'État d'activité professionnelle après y avoir occupé un emploi, *JOCE* n° L142/24 du 30 juin 1970.

travailler, se former ou faire un stage notamment dans les États membres de l'UE et le programme *Horizon Europe* pour financer la recherche et l'innovation en Europe.

B - L'exécution du budget annuel de l'Union

296. Aux termes de l'article 317, alinéa 1er, du traité FUE, c'est à la Commission européenne qu'il appartient d'exécuter le budget en coopération avec les États membres sous sa propre responsabilité et dans la limite des crédits alloués par les deux branches de l'autorité budgétaire, conformément au principe de bonne gestion financière. Même si la Commission européenne peut procéder à l'intérieur du budget à des virements de crédits dans les limites et conditions fixées par le règlement financier, la Cour de justice considère que la compétence de la Commission européenne d'exécuter le budget n'est pas de nature à modifier la répartition des pouvoirs en ce sens qu'il s'agit, contrairement aux actes normatifs proprement dits, d'une compétence liée dans la mesure où elle n'est que la mise en œuvre technique et comptable d'un acte juridique émanant des autorités budgétaires (**arrêt du 24 octobre 1989, Commission/Conseil, 16/88, EU:C:1989:397, pt 16**).

C - La gestion des clauses de sauvegarde

297. L'unité et la cohérence du droit de l'Union impliquent l'interdiction de principe de toutes dérogations unilatérales aux obligations qui découlent notamment des traités ou des actes des institutions.

Toutefois, les États membres, confrontés à des difficultés graves ou à des circonstances exceptionnelles, peuvent être autorisés à prendre, dans certaines circonstances, des mesures dérogatoires et temporaires aux règles de l'Union. Ne pouvant pas laisser aux États membres le soin d'apprécier eux-mêmes si les circonstances exceptionnelles qu'ils connaissent les autorisent à déroger au droit commun en raison des abus qu'ils seraient susceptibles de commettre, il appartient donc en principe, sauf cas exceptionnels, à la Commission européenne d'autoriser un État membre à prendre de telles mesures ou de les approuver *a posteriori* s'il les a spontanément instaurées pour faire face à une situation d'urgence. Sean Van Raepenbusch observe d'ailleurs qu'« il n'est pas surprenant que la gestion de ces mesures ait été confiée à la Commission, organe supranational, appelée à apprécier objectivement la situation et à prendre une décision inspirée par l'intérêt de l'Union (au Conseil, les intérêts nationaux risqueraient de s'affronter ou de conduire à des compromis boiteux, indépendamment de l'urgence des mesures à prendre qui ne peuvent pas toujours attendre la tenue d'une réunion du Conseil) »[2].

---

2.   Van Raepenbusch S., *Droit institutionnel de l'Union européenne*, préc., spéc. p. 270.

La Commission européenne assure donc à titre principal la gestion des clauses de sauvegarde qu'on retrouve dans les traités d'adhésion[3], dans certains actes obligatoires pris par les institutions[4], dans les accords commerciaux conclus avec des États tiers ainsi que dans certaines dispositions du traité FUE[5]. Le recours à ces différentes clauses de sauvegarde par les États membres est devenu aujourd'hui exceptionnel et la Commission européenne ne les accorde à titre temporaire que lorsqu'elle les juge indispensables, de telles dérogations n'étant pas sans conséquence sur le fonctionnement normal du marché intérieur.

Section 2
Les pouvoirs d'exécution délégués de la Commission européenne

1. LES COMPÉTENCES D'EXÉCUTION DE LA COMMISSION AVANT L'ENTRÉE EN VIGUEUR DU TRAITÉ DE LISBONNE

298. Avant l'entrée en vigueur du traité de Lisbonne, l'article 221, tiret 4, du traité CE prévoyait que la Commission européenne exerce « les compétences que le Conseil lui confère pour l'exécution des règles qu'il établit ». Cependant, le Conseil avait très peu recouru initialement à cette possibilité de délégation et préférait établir lui-même les

---

3. Ex. : L'Acte relatif aux conditions d'adhésion à l'Union européenne de la République de Croatie, et aux adaptations du traité sur l'Union européenne, du traité sur le fonctionnement de l'Union européenne et du traité instituant la Communauté européenne de l'énergie atomique (*JOUE* n° L112/21 du 24 avril 2012) prévoit que, pendant une période maximale de trois ans suivant son adhésion, la Croatie peut demander à être autorisée à adopter des mesures de sauvegarde lui permettant notamment de rééquilibrer la situation, et d'adapter le secteur intéressé à l'économie du marché commun en cas de difficultés graves et susceptibles de persister dans un secteur de l'activité économique. Un État membre actuel peut, dans les mêmes conditions, demander à être autorisé à adopter des mesures de sauvegarde à l'égard de la Croatie (art. 37, § 1er). La Commission européenne fixe alors, sur demande de l'État intéressé, par une procédure d'urgence, les mesures de sauvegarde qu'elle estime nécessaires en précisant les conditions et les modalités d'application (art. 37, § 2).
4. Ex. : La directive 2001/18/CE du Parlement européen et du Conseil du 12 mars 2001 relative à la dissémination volontaire d'organismes génétiquement modifiés dans l'environnement (*JOCE* n° L106/1 du 17 avril 2001) prévoit qu'un État membre peut limiter ou interdire, à titre provisoire, l'utilisation et/ou la vente d'un OGM sur son territoire s'il a des raisons précises de considérer que ce produit ou élément de produit, ayant fait précédemment l'objet d'une autorisation de mise sur le marché, présente un risque pour la santé humaine ou l'environnement (art. 23, § 1er). L'État membre doit immédiatement en informer la Commission et les autres États membres et indiquer les motifs de sa décision. Sur la base de ces informations nouvelles ou complémentaires fournies par l'État intéressé, la Commission dispose alors d'un délai de soixante jours pour se prononcer, par voie de décision, sur le bien-fondé du recours à cette clause de sauvegarde ainsi que sur les conditions et les modalités de son application.
5. Ex. : L'article 347, du traité FUE permet à un État membre de prendre unilatéralement les mesures de sauvegarde nécessaires en cas de troubles intérieurs graves affectant l'ordre public, en cas de guerre ou de tension internationale grave constituant une menace de guerre, ou pour faire face aux engagements contractés par lui en vue du maintien de la paix et de la sécurité internationale.

détails techniques des actes de droit dérivé qu'il adoptait. C'est pourquoi, l'Acte unique européen de 1986 avait renforcé les prérogatives d'exécution de la Commission européenne en posant le principe selon lequel le Conseil avait l'obligation de lui attribuer les compétences d'exécution des normes qu'il arrêtait sauf dans des cas spécifiques où il pouvait se les réserver. Ainsi, la compétence de principe quant à l'exécution des normes du Conseil appartenait depuis lors à la Commission et la compétence d'exception au Conseil. Conformément à l'article 202, du traité CE, le Conseil avait soumis à certaines modalités l'exercice des compétences dont il déléguait l'exécution à la Commission européenne. Plus particulièrement, ce dernier avait créé des comités destinés à assister la Commission dans l'exercice des compétences d'exécution que le Conseil lui conférait. Ces comités, désignés par le terme de « comitologie », avaient été instaurés par la décision 1999/468/CE du Conseil du 28 juin 1999[6]. Composés de représentants des États membres et présidés par un représentant de la Commission européenne, ces comités bénéficiaient de prérogatives plus ou moins étendues allant du simple avis consultatif (procédure consultative) à la possibilité de dessaisir la Commission de sa compétence d'exécution au profit du Conseil (procédure de réglementation). Les procédures ainsi instaurées par cette décision, dite « comitologie », traduisaient la suspicion du Conseil à l'égard de la Commission et sa volonté de conserver un droit de regard sur les mesures d'exécution adoptées par la Commission européenne.

2. LES COMPÉTENCES D'EXÉCUTION DE LA COMMISSION DEPUIS L'ENTRÉE EN VIGUEUR DU TRAITÉ DE LISBONNE

299. Le traité FUE modifie substantiellement le cadre des compétences d'exécution conférées à la Commission européenne. En effet, ce dernier traité en date établit une distinction entre les compétences déléguées à la Commission européenne afin d'adopter des actes non législatifs de portée générale complétant ou modifiant certains éléments non essentiels d'un acte législatif (les actes délégués), d'une part, et, les compétences conférées à la Commission européenne afin d'adopter des mesures d'exécution, d'autre part (les mesures d'exécution). Ces compétences sont soumises à des cadres juridiques totalement différents (sur les critères de distinction entre les actes délégués et les mesures d'exécution voy., **arrêt du 18 mars 2014, Commission/Parlement et Conseil, C-427/12, EU:C:2014:170** ; **arrêt du 15 octobre 2014, Parlement/Commission, C-65/13, EU:C:2014:2289** ; **arrêt du 16 juillet 2015, Commission/Parlement et Conseil, C-88/14, EU:C:2015:499** ; voy. égal. sur les obligations respectives du législateur et de la Commission européenne, **arrêt du 17 mars 2016, Parlement/Commission, C-286/14, EU:C:2016:183** ; **arrêt du 26 juillet 2017, République tchèque/Commission, C-696/15 P, EU:C:2017:595**).

---

6.   Décision du Conseil du 28 juin 1999 fixant les modalités de l'exercice des compétences d'exécution conférées à la Commission (1999/468/CE), *JOCE* n° L184/23 du 17 juillet 1999 ; voy. égal., décision du Conseil du 17 juillet 2006 modifiant la décision 1999/468/CE fixant les modalités de l'exercice des compétences d'exécution conférées à la Commission (2006/512/CE), *JOUE* n° L200/11 du 22 juillet 2006.

300. À la suite du traité de Lisbonne, le Parlement européen, le Conseil et la Commission européenne ont convenu d'un nouveau cadre relatif aux actes délégués et aux mesures d'exécution dans l'accord interinstitutionnel du 13 avril 2016 « Mieux légiférer »[7] et ont reconnu la nécessité d'aligner toute la législation existante ante-Lisbonne sur le nouveau cadre juridique introduit par le traité de Lisbonne[8].

A - Les actes délégués

301. L'article 290, du traité FUE concerne les actes délégués. Cette disposition prévoit qu'un acte législatif peut déléguer à la Commission européenne le pouvoir d'adopter des actes non législatifs de portée générale qui complètent ou modifient certains éléments non essentiels de cet acte législatif. L'acte législatif en question délimite alors explicitement les objectifs, le contenu, la portée et la durée de la délégation de pouvoir. De plus, les éléments essentiels sont réservés à l'acte législatif et ne peuvent faire l'objet d'aucune délégation de pouvoir.

302. La Cour de justice a rappelé à plusieurs reprises que « l'identification des éléments d'une matière qui doivent être qualifiés d'essentiels doit se fonder sur des éléments objectifs susceptibles de faire l'objet d'un contrôle juridictionnel et impose de prendre en compte les caractéristiques et les particularités du domaine concerné » (**arrêt du 10 septembre 2015, Parlement/Conseil, C-363/14, EU:C:2015:579, pt 47** ; **ordonnance du 13 septembre 2016, Arctic Paper Mochenwangen/Commission, C-551/14 P, EU:C:2016:684, pt 40** ; **ordonnance du 13 septembre 2016, Romonta/Commission, C-565/14 P, EU:C:2016:698, pt 40**). Selon l'avocat général Paolo Mengozzi, « la détermination du caractère essentiel ou non d'éléments de la réglementation de base introduits ou modifiés au moyen de l'acte d'exécution doit découler d'une appréciation conduite à la lumière de toute une série d'éléments. Ces éléments incluent les caractéristiques de la politique concernée, le champ d'action plus ou moins large reconnu à la Commission dans la mise en œuvre de cette politique, le contenu de la disposition d'habilitation, le contenu et les finalités de l'acte de base ainsi que son économie générale » (voy., conclusions dans les affaires **C-540/14 P, C-551/14 P, C-564/14 P et C-565/14 P, EU:C:2016:147, pt 41**).

303. La Cour de justice a apporté des précisions intéressantes sur les obligations respectives du législateur de l'Union et de la Commission européenne au titre de l'article 290, du traité FUE dans son arrêt *Parlement/Commission* de mars 2016 (**arrêt du 17 mars 2016, Parlement/Commission, C-286/14, EU:C:2016:183**). À titre liminaire, la Haute juridiction rappelle dans cette jurisprudence que l'article 290, § 1er, du traité FUE prévoit seulement deux catégories de pouvoirs délégués, à savoir celle permettant de « compléter » et celle permettant de « modifier » a un acte législatif (pt 32). Si elle en déduit très logiquement que la possibilité de préciser certains

---

7. Accord interinstitutionnel entre le Parlement européen, le Conseil de l'Union européenne et la Commission européenne « Mieux légiférer », *JOUE* n° L123/1 du 12 mai 2016.
8. Pour une illustration voy., règlement (UE) 2019/1243 du Parlement européen et du Conseil du 20 juin 2019 adaptant aux articles 290 et 291 du traité sur le fonctionnement de l'Union européenne une série d'actes juridiques prévoyant le recours à la procédure de réglementation avec contrôle, *JOUE* n° L198/241 du 25 juillet 2019.

éléments non essentiels d'un tel acte n'est pas prévue par l'article 290, § 1er, du traité FUE, la Cour juge par ailleurs qu'il résulte des termes « compléter ou modifier » que les deux catégories de pouvoirs délégués prévues à l'article 290, § 1er, du traité FUE se distinguent très nettement. « En effet, la délégation d'un pouvoir de "compléter" un acte législatif ne vise qu'à autoriser la Commission à concrétiser cet acte. Lorsque celle-ci exerce un tel pouvoir, son mandat est limité au développement en détail, dans le respect de l'intégralité de l'acte législatif arrêté par le législateur, des éléments non essentiels de la réglementation concernée que le législateur n'a pas définis. En revanche, la délégation d'un pouvoir de "modifier" un acte législatif vise à autoriser la Commission à amender ou à abroger des éléments non essentiels édictés dans cet acte par le législateur. Lorsque la Commission exerce un tel pouvoir, elle n'est pas tenue d'agir dans le respect des éléments que le mandat qui lui est accordé vise juste-ment à "modifier" » (pts 40 à 42). Il découle des différences constatées entre les deux catégories de pouvoirs délégués visées à l'article 290, § 1er, du traité FUE que la Commission ne peut alors se voir reconnaître le pouvoir de déterminer elle-même la nature du pouvoir délégué qui lui est conféré. Dans ces conditions et afin de garantir la transparence du processus législatif, cette disposition fait obligation au législateur de déterminer la nature de la délégation qu'il entend conférer à la Commission (pt 46). Enfin, et pour des raisons de clarté normative et de transparence du processus légis-latif, la Commission ne saurait, dans le cadre de l'exercice d'un pouvoir de « compléter » un acte législatif, ajouter un élément au texte même de cet acte (pt 46). Il découle enfin de cette différence entre les deux catégories de pouvoirs délégués que la Commission ne peut exercer son pouvoir délégué de complément que par l'adoption d'un acte distinct de l'acte législatif (pt 57).

304. L'article 290, du traité FUE offre par ailleurs la possibilité au Parlement européen ou au Conseil de contrôler l'exercice des compétences déléguées à la Commission européenne puisque les actes législatifs délégataires fixent systématiquement et expli-citement les conditions auxquelles la délégation est soumise : soit, en application de l'article 290, § 2, point a, du traité FUE, le Parlement européen ou le Conseil peut décider de révoquer la délégation (l'institution dispose alors d'un droit de révocation), soit, en application de l'article 290, § 2, point b, du traité FUE, l'acte délégué ne peut entrer en vigueur que si, dans le délai fixé par l'acte législatif, le Parlement européen ou le Conseil n'exprime pas d'objections (l'institution dispose alors d'un droit d'objec-tion). L'adjectif « délégué » ou « déléguée » est systématiquement inséré dans l'intitulé des actes délégués arrêtés par la Commission européenne.

B - Les mesures d'exécution

305. L'article 291, du traité FUE concerne les mesures d'exécution. Cette disposition pose désormais le principe selon lequel il appartient aux États membres de prendre toutes les mesures de droit interne nécessaires pour assurer la mise en œuvre des actes juridiquement contraignants de l'Union sur leur territoire (TFUE, art. 291, § 1er). Toutefois, « lorsque des conditions uniformes d'exécution des actes juridiquement contraignants de l'Union sont nécessaires, ces actes confèrent des compétences d'exé-cution à la Commission » (TFUE, art. 291, § 2). Ainsi, dès lors que des mesures d'exé-cution doivent être définies à l'échelle de l'Union, seule la Commission européenne est désormais habilitée à agir (sur ce point voy. not., **arrêt du 18 mars 2014, Commission/Parlement et Conseil, C-427/12, EU:C:2014:170, pt 39**). La Cour de justice a jugé que dans le cadre de son pouvoir d'exécution, « dont les limites s'apprécient notamment en fonction des objectifs généraux essentiels de la réglementation en cause, la Commission est autorisée à adopter toutes les mesures d'application nécessaires ou utiles pour la mise en œuvre de la réglementation de base, pour autant qu'elles ne soient pas contraires à celle-ci » (voy. not., **arrêt du 1ᵉʳ avril 2008, Parlement et Danemark/Commission, C-14/06 et C-295/06, EU:C:2008:176, pt 52**). La Haute juridiction a par ailleurs précisé « qu'il résulte de la combinaison des articles 290, paragraphe 1, TFUE et 291, paragraphe 2, TFUE que la Commission, en exerçant un pouvoir d'exécution, ne peut modifier ni compléter l'acte législatif même dans ses éléments non essentiels » (**arrêt du 15 octobre 2014, Parlement/Commission, C-65/13, EU:C:2014:2289, pt 45**). Néanmoins, il ne s'agit pas pour autant d'une compétence exclusive que la Commission européenne va pouvoir exercer de manière totalement autonome et sans contrôle. Ainsi, le contrôle de l'exercice des compétences d'exécution par la Commission européenne n'appartient ni au Parlement européen ni au Conseil mais ne peut être exercé que par les États membres. Afin d'établir le cadre juridique nécessaire à un tel contrôle, le Conseil et le Parlement européen ont adopté, conformément à l'article 291, § 3, du traité FUE, le règlement (UE) n° 182/2011 établissant les règles et principes généraux relatifs aux modalités de contrôle par les États membres de l'exercice des compétences d'exécution par la Commission[9]. Cet acte législatif conserve pour l'essentiel la structure des comités prévue dans la décision « comitologie » de 1999 tout en la simplifiant[10]. Désormais, deux procédures de premier degré sont prévues : une procédure consultative, qui existait par le passé, et une procédure d'examen, instaurée en remplacement des procédures de gestion et de réglementation prévue par la décision comitologie de 1999[11]. Le règlement (UE) n° 182/2011 institue enfin un comité d'appel que la Commission européenne est en droit de saisir lorsque le comité consulté conformément à l'acte juridique de base émet un avis défavorable[12]. Enfin, le terme « d'exécution » est inséré dans l'intitulé des mesures d'exécution (TFUE, art. 291, § 4) afin de bien dissocier l'acte de base arrêté par le Parlement européen et le Conseil et sa mesure d'exécution adoptée par la Commission européenne[13].

---

9. Règlement (UE) n° 182/2011 du Parlement européen et du Conseil du 16 février 2011 établissant les règles et principes généraux relatifs aux modalités de contrôle par les États membres de l'exercice des compétences d'exécution par la Commission, *JOUE* n° L55/13 du 28 février 2011.
10. Blumann C., « Un nouveau départ pour la comitologie, le règlement n° 182/2011 du 16 février 2011 », *Cah. dr. eur.*, n° 1/2011, p. 23.
11. Pour un rappel des devoirs procéduraux de la Commission européenne au titre du règlement (UE) n° 182/2011 et du droit à la consultation effective d'un comité de gestion voy., **arrêt de la Cour du 20 septembre 2017, Tilly-Sabco/Commission, C-183/16 P, EU:C:2017:704**.
12. Voy., règlement intérieur du comité d'appel [Règlement (UE) n° 182/2011]. Adopté par le comité d'appel le 29 mars 2011, *JOUE* n° C183/13 du 24 juin 2011 ; Voy. égal., règlement intérieur pour les comités, *JOUE* n° C206/11 du 12 juillet 2011.
13. Le 14 février 2017, la Commission européenne a présenté une proposition portant modification du règlement (UE) n° 182/2011 et visant à introduire davantage de transparence et de responsabilité dans les procédures de mise en œuvre du droit de l'Union. Sur ce point voy., Proposition de règlement du Parlement européen et du Conseil portant modification du règlement (UE) n° 182/2011 établissant les règles et principes généraux relatifs aux modalités de contrôle par les États membres de l'exercice des compétences d'exécution par la Commission, COM(2017) 85 Final du 14 février 2017.

CHAPITRE 15

La fonction de contrôle

306. La fonction de contrôle peut être envisagée de trois façons différentes dans le système de l'Union : le contrôle de la légalité (Section 1), le contrôle politique (Section 2) et le contrôle budgétaire (Section 3).

Section 1

Le contrôle de la légalité

307. La Commission européenne est, selon l'expression même de la Cour de justice, la gardienne des traités (**arrêt du 4 juillet 2000, Commission/Portugal, C-62/98, EU: C:2000:358, pt 37 ; arrêt du 16 juillet 2015, Commission/Bulgarie, C-145/14, EU: C:2015:502, pt 24**). En effet, cette institution est chargée non seulement de veiller « à l'application des traités ainsi que des mesures adoptées par les institutions en vertu de ceux-ci » mais également de surveiller « l'application du droit de l'Union sous le contrôle de la Cour de justice de l'Union européenne » (TUE, art. 17, § 1ᵉʳ). Cette « mission générale de surveillance » (**arrêt du 5 mai 1981, Commission/Royaume-Uni, 804/79, EU:C:1981:93, pt 30**) s'exerce à l'égard de l'ensemble des destinataires du droit de l'Union, quels qu'ils soient, qu'il s'agisse des États membres, de leurs ressortissants ou encore des autres institutions de l'Union. Pour ce faire, la Commission européenne dispose de pouvoirs préventifs et de pouvoirs répressifs.

1. LES POUVOIRS PRÉVENTIFS DE LA COMMISSION EUROPÉENNE

308. Afin de prévenir toute infraction au droit de l'Union, la Commission européenne a à sa disposition :

A - Un droit à l'information

309. La Commission européenne dispose tout d'abord d'un droit à l'information. En application de l'article 4, § 3, du traité UE, qui pose le principe de coopération loyale des États membres[1] et qui leur impose de prendre toute mesure générale ou particulière propre à assurer l'exécution des obligations découlant des traités ou résultant des actes des institutions de l'Union, les États membres ont l'obligation d'informer la Commission européenne de toute mesure nationale permettant d'assurer l'exécution du droit de l'Union sur leur territoire et de fournir, à cet égard, tous les renseignements utiles. Certaines dispositions du traité FUE posent expressément cette obligation d'information de la Commission. Ainsi, l'article 114, § 4, du traité FUE oblige les États membres à notifier à la Commission européenne les dispositions nationales qui dérogeraient aux mesures d'harmonisation des législations nationales adoptées par le Parlement européen et le Conseil, par le Conseil ou par la Commission européenne. De même, les directives émanant des institutions de l'Union imposent systématiquement aux États membres de communiquer à la Commission européenne les dispositions nationales adoptées pour leur transposition en droit interne[2].

B - Un pouvoir d'investigation

310. Outre un droit à l'information, la Commission européenne est également dotée de pouvoirs d'investigation importants. Plus particulièrement, l'article 337, du traité FUE prévoit que cette institution peut, pour accomplir les tâches qui lui sont confiées, recueillir toute information et procéder à toute vérification nécessaire dans les limites et conditions fixées par le Conseil. Ainsi, si le Conseil donne son aval à la Commission européenne, cette dernière dispose d'un véritable pouvoir d'enquête.

311. Plus spécifiquement dans le domaine de la concurrence, la Commission européenne est habilitée à procéder de sa propre autorité à des enquêtes auprès des opérateurs économiques privés afin de veiller au respect des règles de concurrence de l'Union (ententes entre entreprises, abus de position dominante, concentrations entre entreprises). Le règlement (CE) n° 1/2003 du Conseil du 16 décembre 2002[3] permet notamment à la Commission européenne de recueillir les déclarations de personnes physiques interrogées, d'accéder à tous les locaux, terrains et moyens de transport (y compris le domicile privé des dirigeants en cas de soupçon raisonnable), de contrôler les livres ainsi que tout autre document professionnel, d'apposer des scellés pendant la durée de l'inspection sur tous les locaux commerciaux, livres ou documents ou encore de demander sur place des explications orales sur des faits ou documents à tout représentant ou membre du personnel des entreprises contrôlées (règlement (CE) n° 1/2003, art. 17 à 22).

---

1. Sur l'obligation de coopération loyale des États membres voy., Leclerc S., *Droit de l'Union européenne*, préc., spéc. p. 118.
2. Sur l'obligation de transposition des directives voy., *ibid.*, spéc. pp. 37-39.
3. Règlement (CE) n° 1/2003 du Conseil du 16 décembre 2003 relatif à la mise en œuvre des règles de concurrence prévues aux articles 81 et 82 du traité, *JOCE* n° L1/1 du 4 janvier 2003.

2. LES POUVOIRS RÉPRESSIFS DE LA COMMISSION EUROPÉENNE

312. Si l'action préventive s'avère être insuffisante, la Commission européenne dispose alors des moyens de sanction appropriés lui permettant d'assurer le respect de l'ordre juridique de l'Union, que l'infraction émane d'un État membre, d'un particulier ou d'une autre institution de l'Union.

A - Les pouvoirs de sanction à l'égard des États membres

313. Le recours en manquement prévu par l'article 258, du traité FUE permet notamment à la Commission européenne de poursuivre tout État membre devant la Cour de justice si elle estime que ce dernier ne s'acquitte pas correctement des obligations que lui impose le droit de l'Union. En cas d'inexécutions répétées, la Commission européenne peut alors inviter la Cour de justice à lui infliger le paiement d'une somme forfaitaire et/ou d'une astreinte (TFUE, art. 260)[4].

B - Les pouvoirs de sanction à l'égard des autres institutions de l'Union

314. Sur saisine notamment de la Commission européenne, le recours en annulation (TFUE, art. 263)[5] et le recours en carence (TFUE, art. 265)[6] permettent respectivement à la Cour de justice de contrôler la légalité des actes des autres institutions de l'Union et de sanctionner leur carence à l'égard des obligations que leur impose le droit de l'Union.

C - Les pouvoirs de sanction à l'égard des particuliers

315. C'est plus particulièrement dans le domaine de la concurrence que la Commission européenne s'est vue confier d'importants pouvoirs de sanction à l'égard des particuliers. Ainsi, le règlement (CE) n° 1/2003 du Conseil du 16 décembre 2002[7] prévoit que la Commission européenne peut infliger, par voie de décision, aux entreprises et associations d'entreprises :

– des amendes jusqu'à concurrence de 1 % du chiffre d'affaires total réalisé au cours de l'exercice social précédent notamment si elles fournissent, en cas de demandes de renseignements de la Commission, des informations inexactes ou dénaturées (règlement (CE) n° 1/2003, art. 23, § 1er) ;

---

4. Pour plus de détails sur le recours en manquement et les sanctions au manquement voy., Leclerc S., *Droit de l'Union européenne,* préc., spéc. pp. 164-176.
5. Pour plus de détails sur le recours en annulation voy., *ibid.,* spéc. pp. 143-152.
6. Pour plus de détails sur le recours en carence voy., *ibid.,* spéc. pp. 154-158.
7. Règlement (CE) n° 1/2003 du Conseil du 16 décembre 2002, préc.

- des amendes ne pouvant excéder 10 % de leur chiffre d'affaires total réalisé au cours de l'exercice social précédent notamment si elles commettent une infraction aux dispositions des articles 101 et 102, du traité FUE (règlement (CE) n° 1/2003, art. 23, § 2) ;
- des astreintes jusqu'à concurrence de 5 % du chiffre d'affaires journalier moyen réalisé au cours de l'exercice social précédent par jour de retard notamment pour les contraindre à mettre fin à une infraction aux dispositions des articles 101 et 102, du traité FUE (règlement (CE) n° 1/2003, art. 24, § 1er).

Le montant de l'amende est fixé par la Commission européenne en tenant compte de la nature, de la durée et de la gravité de l'infraction aux règles de concurrence de l'Union.

Les amendes et/ou astreintes infligées par la Commission européenne en application du règlement (CE) n° 1/2003 peuvent, en application de l'article 261, du traité FUE, être contestées par les opérateurs économiques devant la Cour de justice de l'UE, et plus particulièrement le Tribunal (voy. *supra*, n° 205 à 206).

Une application du pouvoir de sanction de la Commission européenne dans le domaine de la concurrence : l'affaire « Google Shopping »

Le 27 juin 2017, la Commission européenne a infligé à l'entreprise américaine Google une amende de 2,42 milliards d'EUR pour abus de position dominante sur le marché des moteurs de recherche en favorisant son propre service de comparaison de prix (dénommé « Google Shopping ») au détriment des services comparables de ses concurrents (décision de la Commission du 27 juin 2017 relative à une procédure d'application de l'article 102 du traité sur le fonctionnement de l'Union européenne et de l'article 54 de l'accord EEE [aff. AT.39740 – Moteur de recherche Google (Shopping)], *JOUE* n° C9/11 du 12 janvier 2018). Cette décision de la Commission européenne peut être considérée comme historique tant elle a surpris par sa fermeté, ses implications – notamment ses mesures correctives – et son montant. En effet, il s'agit, pour l'heure, de la plus importante amende infligée à une entreprise pour violation de l'article 102, du traité FUE. Google a introduit le 11 septembre 2017 un recours en annulation et, subsidiairement, en réformation, de cette décision devant le Tribunal. Le juge de l'Union s'est prononcé le 10 novembre 2021 sur ce recours introduit par Google et a confirmé le montant de l'amende fixé par la Commission européenne (**arrêt du 10 novembre 2021, Google et Alphabet/Commission (Google shopping), T-612/17, EU:T:2021:763**). L'affaire n'est pas pour autant terminée puisque Google a introduit le 20 janvier 2022 un pourvoi devant la Cour de justice contre cet arrêt du Tribunal qui est en cours (**Google et Alphabet/ Commission (Google shopping), C-48/22 P**).

Section 2

Le contrôle politique

316. Le Parlement européen dispose d'un ensemble de mécanismes et de techniques qui lui permettent de surveiller principalement l'action de la Commission européenne et du Conseil. Cet arsenal de contrôle se complète par ailleurs d'instruments de sanction politique.

1 · LES INSTRUMENTS DE CONTRÔLE POLITIQUE

317. Si on met de côté la nomination du médiateur européen (voy. *supra*, n° 219), la possibilité de créer des commissions d'enquête (voy. *supra*, n° 173 et 174), l'élection du président de la Commission européenne et l'approbation du collège des commissaires (voy. *supra*, n° 148) qui ont déjà été évoquées précédemment et qui constituent indubitablement des instruments de contrôle, le Parlement européen exerce un contrôle politique à travers d'autres dispositifs directement prévus par les traités ou issus de la pratique.

A - Les questions parlementaires

318. Le Parlement européen contrôle régulièrement l'action de la Commission européenne, du Conseil et de la Banque centrale européenne par le biais des questions parlementaires. Ces questions parlementaires, écrites ou orales, constituent l'un des moyens traditionnels du contrôle politique exercé par le Parlement européen. Elles peuvent porter sur tous les sujets intéressant l'Union. Le règlement intérieur du Parlement européen distingue :

– les questions avec demande de réponse orale suivie d'un débat (RI/PE, art. 136). Une commission parlementaire, un groupe politique ou encore un minimum de quarante députés peuvent poser des questions au Conseil et à la Commission européenne et demander que ces questions soient inscrites à l'ordre du jour du Parlement. Ces questions orales sont remises par écrit au président du Parlement qui les soumet à la conférence des présidents. Il appartient alors à cette instance de l'Assemblée de les « filtrer » et de déterminer dans quel ordre elles seront inscrites à l'ordre du jour de l'Assemblée parlementaire. Si la question concerne la Commission européenne, elle devra lui être communiquée au moins une semaine avant la séance et trois semaines au moins avant la même date s'il s'agit d'une question au Conseil. Lors de la séance, l'auteur de la question dispose de cinq minutes pour la développer et un membre de l'institution intéressée répond. Les questions orales peuvent être suivies d'un débat dans l'hémicycle et donner lieu, le cas échéant, au vote d'une résolution ;

– les questions avec demande de réponse écrite (RI/PE, art. 138). Elles peuvent être posées par tout député, au président du Conseil européen, à la Commission européenne, au Conseil ou encore au haut représentant de l'Union. Elles sont remises par écrit au président du Parlement qui les transmet à son tour à l'institution ou à la personnalité concernée qui est tenue d'y répondre dans un délai maximum de trois semaines s'il s'agit d'une question prioritaire[8] et de six semaines s'il s'agit d'une question non prioritaire. Ces questions, accompagnées de leurs réponses, sont publiées au *Journal officiel de l'Union européenne* ;

---

8. Il s'agit de questions appelant une réponse immédiate mais ne nécessitant aucune recherche approfondie.

– les questions à la Banque centrale européenne avec demande de réponse écrite (RI/
PE, art. 140). Les députés peuvent poser des questions avec demande de réponse
écrite à la Banque centrale européenne. Elles sont remises par écrit au président du
Parlement qui les communique à son tour à la BCE. Ces questions sont publiées
avec leurs réponses au *Journal officiel de l'Union européenne*.

319. En complément, le Parlement européen a institué depuis 1973 une heure (qui en
pratique s'avère être 90 minutes) aux questions lors de chaque période de session (RI/
PE, art. 137). Ce mécanisme, tiré de la pratique britannique et couramment dénommé
l'heure des questions, permet aux députés européens qui le souhaitent de poser directement dans l'hémicycle une question orale brève à la Commission européenne ou à la
présidence du Conseil, liée en principe à l'actualité, qui donne lieu à une réponse
rapide et immédiate de l'institution interrogée. Les questions sont soumises par écrit
au Président qui décide de leur recevabilité et de l'ordre dans lequel elles seront appe-
lées. Chaque parlementaire ne peut poser qu'une seule question au cours d'une
période de session.

B - L'examen des pétitions

320. Le traité FUE reconnaît le droit à tout citoyen de l'Union ainsi qu'à toute personne
physique ou morale résidant ou ayant son siège statutaire dans un État membre, de
présenter, soit à titre individuel soit en association avec d'autres citoyens ou
personnes, une pétition au Parlement pour autant que le sujet concerne directement
le ou la pétitionnaire et relève des domaines d'activité de l'Union (TFUE, art. 24 et
227). Ces pétitions, qui permettent au Parlement d'être tenu informé des activités des
autres institutions et des États membres peuvent donner lieu, le cas échéant, à des
questions parlementaires et à des débats au sein de l'hémicycle. L'examen des pétitions reçues et traitées par la commission des pétitions du Parlement européen
témoigne des difficultés que les citoyens européens rencontrent encore aujourd'hui
en matière sociale, notamment lorsqu'ils séjournent dans un autre État membre, en
tant que travailleurs ou retraités (transfert des droits de pensions, double imposition,
accès aux soins de santé, reconnaissance effective de leurs diplômes...). Un autre
sujet qui revient fréquemment dans les pétitions adressées au Parlement européen
concerne le non-respect ou la mauvaise application des directives de l'Union en
matière de protection de l'environnement par les autorités nationales[9].

C - La discussion du rapport général annuel de la Commission européenne

321. La Commission européenne publie tous les ans, un mois avant l'ouverture de la
session du Parlement européen[10], un rapport général qui traite de façon exhaustive

---

9.   Pour plus de détails et d'informations sur les pétitions présentées au Parlement européen voy. :
     https://petiport.secure.europarl.europa.eu/petitions/fr/home
10. C'est-à-dire au début du mois de février.

des activités de l'Union pendant l'année écoulée (TFUE, art. 249, § 2)[11]. Présenté par le président de la Commission européenne en séance, ce rapport annuel est accompagné du « programme annuel de travail » que la Commission entend mener à bien lors de l'année à venir. Le Parlement européen procède, en séance publique, à la discussion du rapport général annuel qui lui est soumis par la Commission européenne (TFUE, art. 233).

322. Outre le rapport général sur l'activité de l'Union européenne, les traités prévoient que la Commission européenne et d'autres institutions, organes ou organismes de l'Union ont l'obligation de présenter des rapports et des informations régulières au Parlement européen sur certaines politiques et actions de l'Union[12].

2. LES INSTRUMENTS DE SANCTION POLITIQUE

A - La motion de censure

323. Le Parlement européen peut contraindre la Commission européenne à une démission collégiale en votant une motion de censure à son encontre (TFUE, art. 234). Toutefois, comme il s'agit d'un acte politique grave puisqu'il revient à engager la responsabilité politique d'une institution de l'Union, la motion de censure est soumise au respect de certaines conditions (RI/PE, art. 127). Tout d'abord, elle doit être déposée par un dixième des membres du Parlement au minimum auprès de la présidence de cette institution. Le débat sur la censure a lieu vingt-quatre heures au moins après l'annonce aux députés du dépôt d'une motion de censure et le vote sur la motion de censure a lieu par appel nominal, quarante-huit heures au moins après l'ouverture du débat. La motion ne peut porter que sur « la gestion de la Commission » par le collège en place. La motion de censure est adoptée à la majorité des deux tiers des suffrages exprimés et à la majorité des membres qui composent le Parlement européen. Notification du résultat du vote est faite au président du Conseil et au président de la Commission européenne. Si la motion de censure est adoptée, les membres de la Commission européenne doivent démissionner collectivement de leurs fonctions et le haut représentant de l'Union doit démissionner des fonctions qu'il exerce au sein de la Commission européenne. Toutefois, ils restent en fonction et continuent à expédier les affaires courantes jusqu'à la nomination d'un nouveau

---

11. À titre d'ex. voy., Commission européenne, *L'UE en 2021. Rapport général sur l'activité de l'Union européenne*, Office, 2022, 152 p. (adopté par la Commission européenne le 21 février 2021 sous la cote C(2022) 959), disponible sur le site : *https://op.europa.eu/webpub/com/general-report-2021/fr/*

12. Ex. dans le cadre du traité UE : Rapport du président du Conseil européen à la suite de chacune des réunions du Conseil européen (TUE, art. 15, § 6) ; Informations régulières par le haut représentant de l'Union pour les affaires étrangères et la politique de sécurité sur les principaux aspects et les choix fondamentaux de la PESC et de la PSDC et sur l'évolution de ces politiques (TUE, art. 36, al. 1er). Ex. dans le cadre du traité FUE : Rapport de la Commission tous les trois ans sur l'application des dispositions sur la citoyenneté de l'Union (TFUE, art. 25, al. 1er) ; Rapport annuel de la Commission sur l'évolution des objectifs de la politique sociale (TFUE, art. 159) ; Rapport de la Commission tous les trois ans sur les progrès accomplis dans la réalisation de la cohésion économique, sociale et territoriale (TFUE, art. 175, al. 2).

collège conformément à l'article 17, § 7, du traité UE. Dans une telle hypothèse, le mandat des membres de la Commission nommés pour les remplacer expire à la date à laquelle aurait dû expirer le mandat des membres de la Commission obligés de démissionner collectivement de leurs fonctions.

324. Jusqu'à ce jour, moins d'une quinzaine de motions ont été déposées mais elles ont toutes été retirées ou rejetées. Ceci est parfaitement compréhensible dans la mesure où la Commission européenne n'est pas l'organe titulaire du pouvoir de décision dans l'échiquier institutionnel. Sean Van Raepenbusch note d'ailleurs que « la motion de censure est, en réalité, inadaptée à l'équilibre institutionnel existant, dans la mesure où elle n'est pas dirigée contre le véritable organe de décision politique qu'est le Conseil (contre lequel le Parlement européen a le plus souvent des griefs politiques à formuler) »[13]. Même si cette observation est incontestable, il n'en demeure pas moins qu'il n'était pas possible de prévoir une censure du Conseil compte tenu de la nature de cette institution de l'Union.

B - La décharge de l'exécution du budget

325. Il appartient au Parlement européen de donner décharge à la Commission européenne sur l'exécution du budget sur recommandation du Conseil (TFUE, art. 319, § 1er) (voy. *supra*, n° 296). Cette prérogative propre du Parlement européen, car s'exerçant seulement sur recommandation du Conseil, lui offre incontestablement tout loisir d'exprimer annuellement sa confiance à l'égard de la Commission européenne (en lui donnant décharge) ou encore sa défiance à l'encontre de cette même institution (en lui refusant cette décharge). En effet, le Parlement européen s'est arrogé le droit non seulement de voter la décharge mais également celui de voter son ajournement ou encore son refus (RI/PE, art. 99 et annexe V) alors que ni le traité FUE ni même l'actuel règlement financier ne laissent entrevoir de telles possibilités. Cependant, il convient de ne pas faire d'amalgame entre un vote de refus, voire d'ajournement, d'accorder décharge de l'exécution du budget et le vote d'une motion de censure car il n'y a aucune obligation juridique pour la Commission européenne de démissionner dans l'hypothèse d'un refus ou d'ajournement de décharge. Il appartient à la Commission européenne de tirer elle-même les conséquences qui s'imposent de ce qui peut lui apparaître comme la désapprobation politique de sa gestion des finances publiques de l'Union.

Section 3

Le contrôle budgétaire

326. Le budget de l'Union fait l'objet d'un contrôle interne et externe. Le premier relève de la compétence de l'auditeur interne dont s'est dotée chaque institution de

---

13. Van Raepenbusch S., *Droit institutionnel de l'Union européenne*, préc., spéc. p. 305.

l'Union, de l'Office européen de lutte antifraude et enfin du Parquet européen, le second de celle de la Cour des comptes européenne et du Parlement européen lorsque ce dernier est amené à octroyer décharge à la Commission européenne quant à l'exécution du budget.

1. LE CONTRÔLE INTERNE

A - L'audit interne

327. Le règlement (UE, Euratom) 2018/1046 du Parlement européen et du Conseil du 18 juillet 2018[14] impose à chaque institution de créer une fonction d'audit interne dont elle garantit l'indépendance totale. L'auditeur interne, désigné par l'institution dont il relève, est responsable envers celle-ci de la vérification du bon fonctionnement des systèmes et des procédures d'exécution du budget. Il ne peut être ni ordonnateur ni comptable (règlement (UE, Euratom) 2018/1046, art. 117).

328. L'auditeur interne conseille son institution dans la maîtrise des risques, en formulant des avis indépendants portant sur la qualité des systèmes de gestion et de contrôle et en émettant des recommandations pour améliorer les conditions d'exécution des opérations et promouvoir la bonne gestion financière (règlement (UE, Euratom) 2018/1046, art. 118).

Il est chargé notamment :

- d'apprécier l'adéquation et l'efficacité des systèmes de gestion internes ainsi que la performance des services dans la réalisation des politiques, des programmes et des actions en relation avec les risques qui y sont associés ;
- d'apprécier l'efficience et l'efficacité des systèmes de contrôle et d'audit internes applicables à toute opération d'exécution du budget.

L'auditeur interne exerce ses fonctions sur l'ensemble des activités et des services de l'institution. Il dispose d'un accès complet et illimité à toute information requise pour l'exercice de ses tâches et au besoin sur place, y compris dans les États membres et dans les pays tiers. Il fait rapport à l'institution de ses constatations et recommandations. Cette institution assure le suivi des recommandations issues des audits. L'auditeur interne soumet, par ailleurs, à l'institution un rapport d'audit interne annuel indiquant le nombre et le type d'audits internes effectués, les recommandations formulées et les suites données à ces recommandations. L'institution transmet annuellement au Parlement européen et au Conseil un rapport résumant le nombre et le type d'audits internes effectués, les recommandations formulées et les suites données à ces recommandations (règlement (UE, Euratom) 2018/1046, art. 118). Sans préjudice des voies de recours ouvertes par le statut, il est ouvert à l'auditeur interne un recours direct devant la Cour de justice de l'UE contre tout acte relatif à l'exercice de sa fonction d'auditeur interne. Dans une telle hypothèse, le recours doit être formé par l'auditeur interne dans un

---

14. Règlement (UE, Euratom) 2018/1046 du Parlement européen et du Conseil du 18 juillet 2018, préc.

délai de trois mois à compter du moment où il a eu connaissance de l'acte en cause (règlement (UE, Euratom) 2018/1046, art. 122).

B - L'office européen de lutte antifraude (OLAF)

329. L'article 325, § 1er, du traité FUE assigne comme objectif à l'Union et à ses États membres de combattre la fraude et toute autre activité illégale portant atteinte aux intérêts financiers de l'Union. Afin d'intensifier les moyens de lutte contre la fraude, la Commission européenne a institué, par voie de décision, l'Office européen de lutte antifraude (OLAF) en avril 1999[15] en remplacement de sa task-force « Coordination de la lutte antifraude » dont il reprend l'ensemble des attributions. Cette décision est complétée par un accord interinstitutionnel entre le Parlement européen, le Conseil et la Commission du 25 mai 1999 relatif aux enquêtes internes effectuées par l'OLAF[16] et par le règlement (UE, Euratom) n° 883/2013 du Parlement européen et du Conseil du 11 septembre 2013 relatif aux enquêtes externes effectuées par l'OLAF[17].

330. Bien qu'intégré aux services de la Commission européenne, l'OLAF n'en demeure pas moins un service parfaitement indépendant au sein de ceux-ci. L'Office est placé sous la direction d'un directeur général désigné par la Commission européenne après concertation avec le Parlement européen et le Conseil pour une période de cinq ans renouvelable une fois. Le directeur général est responsable de l'exécution des enquêtes. Il ne peut accepter d'instructions de la Commission européenne, d'aucun gouvernement ni d'aucune autre institution, organe ou organisme dans l'exercice de ses compétences. S'il estime qu'une mesure prise par la Commission européenne met en cause son indépendance, il dispose d'un mécanisme spécial de recours contre son institution devant la Cour de justice. Le Finlandais Ville Itälä occupe le poste de directeur général de l'OLAF depuis le 1er août 2018.

331. L'OLAF est principalement chargé d'effectuer des enquêtes administratives destinées à lutter contre la fraude, la corruption et toute autre activité illégale portant atteinte aux intérêts financiers de l'UE (sur les prérogatives d'enquête de l'OLAF voy., **arrêt du 3 mai 2018, Sigma Orionis SA/REA, T-47/16, EU:T:2018:247**).

À ce titre, l'Office effectue :

– des contrôles et vérifications sur place dans les États membres. L'OLAF s'est vu confier mission d'exercer la compétence conférée à la Commission européenne par

15. Décision de la Commission du 28 avril 1999 instituant l'Office européen de lutte antifraude (OLAF) (1999/352/CE, CECA, Euratom), *JOCE* n° L136/20 du 31 mai 1999 ; voy. égal., décision de la Commission du 27 septembre 2013 modifiant la décision 1999/352/CE, CECA, Euratom instituant l'Office européen de lutte antifraude (OLAF) (2013/478/UE), *JOUE* n° L257/19 du 28 septembre 2013.
16. Accord interinstitutionnel du 25 mai 1999 entre le Parlement européen, le Conseil et la Commission relatif aux enquêtes internes effectuées par l'OLAF, *JOCE* n° L136/15 du 31 mai 1999.
17. Règlement (UE, Euratom) n° 883/2013 du Parlement européen et du Conseil du 11 septembre 2013 relatif aux enquêtes effectuées par l'Office européen de lutte antifraude (OLAF), *JOUE* n° L248/1 du 19 septembre 2013 ; voy. égal., règlement (UE, Euratom) 2016/2030 du Parlement européen et du Conseil du 26 octobre 2016 modifiant le règlement (UE, Euratom) n° 883/2013 en ce qui concerne le secrétariat du comité de surveillance de l'Office européen de lutte antifraude (OLAF), *JOUE* n° L317/1 du 23 novembre 2016.

le règlement (Euratom, CE) n° 2185/96 du Conseil[18]. L'Office est ainsi habilité à diligenter des enquêtes administratives externes, avec le concours des autorités nationales, dans les conditions prévues par la législation de l'Union. Ces enquêtes externes sont ouvertes par une décision du directeur général de l'Office qui agit de sa propre initiative ou suite à une demande d'un État membre intéressé ;

– des enquêtes administratives dans les institutions, organes et organismes de l'Union européenne. Ces enquêtes administratives internes, qui peuvent être diligentées à l'égard de toute institution, organe ou organisme de l'Union[19], permettent à l'OLAF d'accéder sans préavis et sans délai à toute information détenue par les institutions, organes et organismes ainsi qu'aux locaux de ceux-ci. L'Office peut alors contrôler la comptabilité, prendre copie et obtenir des extraits de tout document détenu, demander des informations orales aux membres de ces institutions, organes ou organismes ainsi qu'aux membres de leur personnel ou encore effectuer des contrôles sur place auprès d'opérateurs économiques concernés afin d'avoir accès aux informations relatives à d'éventuelles irrégularités que ces opérateurs détiendraient. Les enquêtes internes sont ouvertes par une décision du directeur général de l'Office qui agit de sa propre initiative ou suite à une demande de l'institution, organe ou organisme au sein duquel l'enquête devra être effectuée.

332. À l'issue d'une enquête, l'OLAF établit un rapport qui comporte notamment les faits constatés, le cas échéant le préjudice financier et les conclusions de l'enquête, y compris les recommandations du directeur général de l'Office sur les suites qu'il convient de donner. Ces rapports ont la même force probante que les rapports établis par des contrôleurs administratifs nationaux. Les rapports établis à la suite d'enquêtes externes sont transmis aux autorités compétentes des États membres concernés. Les rapports qui font suite aux enquêtes internes sont transmis à l'institution, organe ou organisme concerné. Ces derniers donnent aux enquêtes internes les suites, notamment disciplinaires et judiciaires, que leurs résultats appellent et en informent de directeur général de l'OLAF. Le directeur général de l'Office peut également transmettre aux autorités judiciaires nationales les informations obtenues lors d'enquêtes internes sur des faits susceptibles de poursuites pénales.

333. Un comité de surveillance, composé de cinq personnalités extérieures indépendantes nommées pour un mandat de trois ans renouvelable une fois d'un commun accord par le Parlement européen, la Commission européenne et le Conseil, exerce un contrôle régulier sur l'exécution de la fonction d'enquête de l'Office.

334. Le directeur général de l'Office fait rapport régulièrement au Parlement européen, au Conseil, à la Commission européenne et à la Cour des comptes européenne sur les résultats des enquêtes de l'Office, dans le respect de la confidentialité de celles-ci, des droits légitimes des personnes concernées et, le cas échéant, dans le respect des dispositions nationales applicables aux procédures judiciaires[20].

---

18. Règlement (Euratom, CE) n° 2185/96 du Conseil du 11 novembre 1996 relatif aux contrôles et vérifications sur place effectués par la Commission pour la protection des intérêts financiers des Communautés européennes contre les fraudes et autres irrégularités, *JOCE* n° L292/2 du 15 novembre 1996.

19. Voy. en ce sens, **arrêt du 10 juillet 2003, Commission/BCE, C-11/00,** EU:C:2003:395.

20. Les rapports d'activité de l'OLAF sont disponibles sur le site : *https://ec.europa.eu/anti-fraud/about-us/reports_fr*

Les résultats de l'OLAF en chiffres

Pour la seule année 2021, l'OLAF a clôturé 212 enquêtes, en émettant 294 recommandations à l'intention des autorités européennes et nationales concernées, recommandé le recouvrement de 527,4 millions d'euros à restituer au budget de l'Union et ouvert 234 enquêtes nouvelles, faisant suite à 1 110 communications reçues et analysées par ses experts[21].

C - Le Parquet européen

335. Si l'idée d'un Parquet européen n'est pas nouvelle, il aura quand même fallu attendre 2013 pour que la Commission européenne présente enfin une proposition au Conseil portant création du Parquet européen, proposition qui devait être adoptée à l'unanimité conformément à l'article 86, § 1er, alinéa 1er, du traité FUE qui en constituait la base juridique. Face aux réticences persistantes et inflexibles de certains États membres, parmi lesquels on dénombrait les Pays-Bas, la Suède, la Pologne ou encore la Hongrie, les ministres français et allemand de la justice ont envisagé en décembre 2016 une coopération renforcée. Conformément à l'article 86, § 1er, alinéa 3, du traité FUE, qui prévoit la possibilité de recourir à une coopération renforcée en cas de blocage, seize États membres ont notifié officiellement le 3 avril 2017 leur intention de lancer cette procédure (sur les coopérations renforcées voy. *supra*, n° 92 à 98). Lors du Conseil « Justice et affaires intérieures » du 8 juin 2017, vingt États membres sont finalement parvenus à un accord politique sur la création d'un Parquet européen[22]. Suite à l'approbation du Parlement européen le 5 octobre 2017, le Conseil a adopté le 12 octobre 2017 le règlement (UE) 2017/1939 mettant en œuvre une coopération renforcée concernant la création du Parquet européen[23].

336. Le Parquet européen (EPPO) est un nouvel organe de l'Union, indépendant (règlement (UE) 2017/1939, art. 6) et doté de la personnalité juridique (règlement (UE) 2017/1939, art. 3). Il est compétent pour rechercher, poursuivre et renvoyer en jugement les auteurs et complices des infractions pénales portant atteinte aux intérêts financiers de l'Union telles que prévues par la directive (UE) 2017/1371[24] et déterminées par le règlement (UE) 2017/1939 comme par exemple les fraudes au budget de l'Union (fraudes transnationales de grande ampleur à la TVA, les détournements de subventions européennes comme les aides à l'agriculture ou les fonds structurels et d'investissement européens...), le blanchiment de capitaux ou encore la corruption de

---

21. OLAF, *The OLAF report 2021*, Office, 2022, 66 p., disponible sur le site : *https://ec.europa.eu/anti-fraud/about-us/reports/annual-olaf-reports_en*
22. À savoir, l'Autriche, la Belgique, la Bulgarie, la Croatie, Chypre, la République tchèque, l'Estonie, l'Allemagne, la Grèce, l'Espagne, la Finlande, la France, l'Italie, la Lettonie, la Lituanie, le Luxembourg, le Portugal, la Roumanie, la Slovénie et la Slovaquie. Ces vingt pays ont été rejoints depuis par les Pays-Bas (décision (UE) 2018/1094 de la Commission du 1er août 2018, *JOUE* n° L196/1 du 2 août 2018) et par Malte (décision (UE) 2018/1103 de la Commission du 7 août 2018, *JOUE* n° L201/2 du 8 août 2018).
23. Règlement (UE) 2017/1939 du Conseil du 12 octobre 2017 mettant en œuvre une coopération renforcée concernant la création du Parquet européen, *JOUE* n° L283/1 du 31 octobre 2017.
24. Directive (UE) 2017/1371 du Parlement européen et du Conseil du 5 juillet 2017 relative à la lutte contre la fraude portant atteinte aux intérêts financiers de l'Union au moyen du droit pénal, *JOUE* n° L198/29 du 28 juillet 2017.

fonctionnaires de l'Union. À cet égard, le Parquet européen diligent des enquêtes, effectue des actes de poursuite et exerce l'action publique devant les juridictions compétentes des États membres jusqu'à ce que l'affaire ait été définitivement jugée.

337. Le Parquet européen est un organe indivisible de l'Union fonctionnant comme un parquet unique à structure décentralisée. De fait, le Parquet européen est organisé à un double niveau : central et décentralisé.

Le niveau central du Parquet européen réside dans le Bureau central qui a son siège, à l'instar de la Cour de justice de l'UE, à Luxembourg. Le Bureau central se compose du collège, de quinze chambres permanentes, du chef du Parquet européen et de ses adjoints, des procureurs européens et du directeur administratif (règlement (UE) 2017/1939, art. 8, § 3). Le collège du Parquet européen est composé du chef du Parquet européen et d'un procureur européen par État membre. Le chef du Parquet européen préside les réunions du collège et est responsable de leur préparation. Réuni régulièrement, il est chargé du suivi général des activités du Parquet européen. Il adopte des décisions sur des questions stratégiques, ainsi que sur des questions générales soulevées par des dossiers particuliers, notamment en vue d'assurer dans l'ensemble des États membres la cohérence et l'efficacité de la politique du Parquet européen en matière de poursuites. En revanche, le collège ne prend pas de décisions opérationnelles portant sur des dossiers particuliers (règlement (UE) 2017/1939, art. 9). Les chambres permanentes, présidées en principe par le chef du Parquet européen ou un de ses adjoints, sont chargées, d'une part, de superviser et de diriger les enquêtes et les poursuites menées par les procureurs européens délégués et, d'autre part, de coordonner les enquêtes et les poursuites dans les dossiers transfrontaliers ainsi que de mettre en œuvre des décisions adoptées par le collège (règlement (UE) 2017/1939, art. 10). Le Parquet européen est dirigé par un chef qui en organise les travaux, en dirige les activités et adopte des décisions conformément au présent règlement et au règlement intérieur du Parquet européen[25]. Deux adjoints au chef du Parquet européen sont nommés par le collège, pour un mandat de trois ans renouvelable, parmi les procureurs européens pour le seconder dans l'exercice de ses fonctions et le remplacer en cas d'absence ou d'empêchement (règlement (UE) 2017/1939, art. 11 & 15). Conformément à l'article 14 du règlement (UE) 2017/1939, le premier chef du Parquet européen, la Roumaine Laura Codruța Kövesi a été nommée, d'un commun accord entre le Parlement européen et le Conseil pour une période non renouvelable de sept ans à compter du 31 octobre 2019[26]. De même, le collège a nommé le 11 novembre 2020 l'Italien Danilo Ceccarelli et l'Allemand Andrés Ritter adjoints au chef du Parquet européen. Enfin, les procureurs européens sont chargés d'assurer, au nom d'une des quinze chambres permanentes que compte le Parquet européen et en respectant toute instruction donnée par celle-ci, la surveillance des enquêtes et des poursuites dont sont responsables les procureurs européens délégués chargés de l'affaire dans leur État membre d'origine (règlement (UE) 2017/1939, art. 12). Le 29 juillet 2020, le Conseil a nommé les vingt-deux procureurs européens pour un mandat non renouvelable de six ans conformément à l'article 16 du

---

25. Règlement intérieur du Parquet européen, *JOUE* n° C22/1 du 21 janvier 2021.
26. Décision (UE) 2019/1798 du Parlement européen et du Conseil du 23 octobre 2019 portant nomination du chef du Parquet européen, *JOUE* n° L274/1 du 28 octobre 2019 ; Voy. égal. le rectificatif, *JOUE* n° L279l/11 du 31 octobre 2019.

règlement (UE) 2017/1939[27] (avec une rotation partielle tous les trois ans pour un tiers des États). Parmi eux figure le Français Frédéric Baab.

Le niveau décentralisé est constitué par les procureurs européens délégués, qui sont affectés dans les États membres (règlement (UE) 2017/1939, art. 8, § 4). Les procureurs européens délégués agissent au nom du Parquet européen dans leurs États membres respectifs et sont investis des mêmes pouvoirs que les procureurs nationaux dans le domaine des enquêtes, des poursuites et de la mise en état des affaires, en plus et sous réserve des pouvoirs et du statut particuliers qui leur sont conférés par le règlement (UE) 2017/1939. Ils sont responsables des enquêtes et des poursuites qu'ils engagent, qui leur sont confiées ou dont ils se saisissent en exerçant leur droit d'évocation. Ils suivent les orientations et les instructions de la chambre permanente chargée de l'affaire ainsi que les instructions du procureur européen chargé de la surveillance de l'affaire. Les procureurs européens délégués sont également responsables de la mise en état des affaires et disposent notamment du pouvoir de présenter des arguments à l'audience, de prendre part à l'obtention des moyens de preuve et d'exercer les voies de recours existantes conformément au droit national. Chaque État membre compte au moins deux procureurs européens délégués (règlement (UE) 2017/1939, art. 13).

Le Bureau central et les procureurs européens délégués sont assistés par le personnel du Parquet européen dans l'exercice des fonctions qui leur sont dévolues (règlement (UE) 2017/1939, art. 8, § 5).

338. La création du Parquet européen ne remet nullement en cause les compétences de l'OLAF qui poursuit ses enquêtes administratives sur les irrégularités et les cas de fraude portant atteinte aux intérêts financiers de l'UE dans l'ensemble des États membres de l'UE (y compris ceux qui ne participent pas au Parquet européen). L'OLAF continue donc à émettre des recommandations que les États membres sont libres de suivre ou non alors que le Parquet européen est compétent pour mener directement des poursuites pénales à l'échelle nationale en respectant les lois en vigueur dans les États membres. D'ailleurs, le Parlement européen et le Conseil ont adopté en décembre 2020, sur proposition de la Commission européenne, le règlement (UE, Euratom) 2020/2223 portant modification du règlement (UE, Euratom) n° 883/2013 qui conduit l'OLAF à devenir un partenaire proche et fiable du Parquet européen[28]. Ce règlement vient clarifier le champ d'action de l'OLAF afin de tenir compte de la création du Parquet européen et de structurer la coopération entre ces deux organes en charge de protéger les intérêts financiers de l'UE en réglementant l'échange d'informations Parquet européen/OLAF et en assurant une complémentarité de leurs actions et la non-duplication de leurs travaux d'enquête.

Sur la base d'une proposition du chef du Parquet européen, la Commission européenne a fixé la date d'entrée en fonction du Parquet européen, c'est-à-dire la date à partir de

---

27. Décision d'exécution (UE) 2020/1117 du Conseil du 27 juillet 2020 portant nomination des procureurs européens du Parquet européen, *JOUE* n° L244/18 du 29 juillet 2020. Sur le pouvoir discrétionnaire du Conseil dans la nomination des procureurs européens voy., **arrêt du 12 janvier 2022, Verelst/Conseil, T-647/20, EU:T:2022:5.**

28. Règlement (UE, Euratom) 2020/2223 du Parlement européen et du Conseil du 23 décembre 2020 modifiant le règlement (UE, Euratom) n° 883/2013 en ce qui concerne la coopération avec le Parquet européen et l'efficacité des enquêtes de l'Office européen de lutte antifraude, *JOUE* n° L437/49 du 28 décembre 2020.

laquelle il assume les tâches d'enquête et de poursuite qui lui incombent en vertu du règlement (UE) 2017/1939, au 1er juin 2021[29/30].

2. LE CONTRÔLE EXTERNE

A - Le contrôle financier de la Cour des comptes européenne

339. Aux termes de l'article 287, § 1er, du traité FUE, « la Cour des comptes examine les comptes de la totalité des recettes et dépenses de l'Union. Elle examine également les comptes de la totalité des recettes et dépenses de tout organisme créé par l'Union dans la mesure où l'acte de fondation n'exclut pas cet examen[31] ».

340. La Cour des comptes européenne examine la légalité et la régularité des recettes et dépenses et s'assure de la bonne gestion financière de l'Union européenne. Le contrôle des recettes s'effectue sur la base des constatations comme des versements de recettes à l'Union. Le contrôle des dépenses s'effectue sur la base des engagements comme des paiements. Ces contrôles peuvent être effectués avant la clôture des comptes de l'exercice budgétaire considéré (TFUE, art. 287, § 2). Le contrôle a lieu sur pièces et, au besoin, sur place auprès des autres institutions de l'Union, dans les locaux de tout organe ou organisme gérant des recettes ou des dépenses au nom de l'Union et dans les États membres, y compris dans les locaux de toute personne physique ou morale bénéficiaire de versements provenant du budget de l'Union.

341. Le contrôle dans les États membres s'effectue en liaison avec les institutions de contrôle nationales ou, si celles-ci ne disposent pas des compétences nécessaires, avec les services nationaux compétents. La Cour des comptes européenne et les institutions de contrôle nationales des États membres pratiquent une coopération empreinte de confiance et respectueuse de leur indépendance. Ces institutions ou services font connaître à la Cour des comptes européenne s'ils entendent participer au contrôle (TFUE, art. 287, § 3, al. 1er). Tout document ou toute information nécessaire à l'accomplissement des missions de contrôle et vérification de la Cour doivent lui être communiqués sur sa demande (TFUE, art. 287, § 3, al. 2).

342. La Cour des comptes européenne établit un rapport annuel après la clôture de chaque exercice budgétaire qui est transmis aux institutions de l'Union et publié au *Journal officiel de l'Union européenne*, accompagné, le cas échéant, des réponses desdites institutions aux observations de la Cour des comptes (TFUE, art. 287, § 4,

---

29. Décision d'exécution (UE) 2021/856 de la Commission du 25 mai 2021 fixant la date à laquelle le Parquet européen assume ses tâches d'enquête et de poursuite, *JOUE* n° L188/100 du 28 mai 2021.

30. Sur le Parquet européen voy. not., Brière C., « Le Parquet européen : analyse critique d'une réussite tempérée par d'importants défis à relever », Cah. dr. eur., n° 1/2019, p. 149 ; Voy. égal., Commission européenne, *Le Parquet européen (EPPO) : protéger l'argent des contribuables contre la fraude et la corruption*, Office, 2021, 12 p., disponible sur le site : *https://op.europa. eu/fr/publication-detail/-/publication/acd9fe09-c73a-11eb-a925-01aa75ed71a1/language-fr*

31. Ex. : le Centre européen pour le développement de la formation professionnelle, la Fondation européenne pour l'amélioration des conditions de vie et de travail.

al. 1er). Elle peut également présenter à tout moment ses observations, notamment sous forme de rapports spéciaux[32], sur des questions particulières et rendre des avis à la demande d'une des autres institutions de l'Union sur tout projet de législation, notamment lorsque ce dernier a une incidence financière significative (TFUE, art. 287, § 4, al. 2). Enfin, depuis le traité de Maastricht, la Cour des comptes européenne fournit au Parlement européen et au Conseil une déclaration d'assurance concernant la fiabilité des comptes ainsi que la légalité et la régularité des opérations sous-jacentes qui est publiée au *Journal officiel de l'Union européenne*. Cette déclaration peut être complétée par des appréciations spécifiques pour chaque domaine majeur de l'activité de l'Union (TFUE, art. 287, § 1er, al. 2).

B - La décharge du budget

343. Le Parlement européen exerce un contrôle *a posteriori* de l'exécution du budget par la procédure de décharge. Cette procédure apparaît comme un véritable instrument de contrôle politique de l'exécution du budget par la Commission européenne dans la mesure où le Parlement européen peut non seulement octroyer la décharge mais peut également l'ajourner voire même la refuser (RI/PE, art. 99 et annexe V).

344. Le règlement financier (UE, Euratom) 2018/1046 du Parlement européen et du Conseil du 18 juillet 2018[33] fixe le calendrier de la procédure de décharge. Le Parlement européen, sur recommandation du Conseil qui statue à la majorité qualifiée, donne avant le 15 mai de l'année « n+2 » décharge à la Commission européenne sur l'exécution du budget de l'exercice « n » (règlement (UE, Euratom) 2018/1046, art. 260, § 1er). À cet effet, le Parlement européen examine, à la suite du Conseil, les comptes, le bilan financier, le rapport d'évaluation des finances de l'Union établi par la Commission européenne en application de l'article 318, alinéa 2, du traité FUE, le rapport annuel de la Cour des comptes accompagné des réponses des institutions contrôlées aux observations de la Cour des comptes européenne et éventuellement ses rapports spéciaux pertinents ainsi que la déclaration d'assurance concernant la fiabilité des comptes et la légalité et la régularité des opérations visées à l'article 287, § 1er, alinéa 2, du traité FUE (TFUE, art. 319, § 1er ; règlement (UE, Euratom) 2018/1046, art. 261, § 2). Avant de donner décharge à la Commission européenne, le Parlement européen peut demander à entendre la Commission et lui demander toute information nécessaire sur l'exécution des dépenses ou le fonctionnement des systèmes de contrôle financier (TFUE, art. 319, § 2). La décision de décharge porte sur les comptes de la totalité des recettes et des dépenses de l'Union, ainsi que sur le solde qui en découle et sur l'actif et le passif de l'Union décrits dans le bilan financier (règlement (UE, Euratom) 2018/1046, art. 261, § 1er).

345. Le vote de la décharge peut, le cas échéant, être assorti d'observations. Dans une telle hypothèse, la Commission européenne met tout en œuvre pour donner suite aux

---

32. À titre d'ex. voy., Rapport spécial 03/2022 : Déploiement des réseaux 5G au sein de l'UE – Des retards et des questions de sécurité encore sans réponse ; Rapport spécial 13/2022 : Libre circulation dans l'UE pendant la pandémie de Covid-19 – Peu de vérifications des contrôles aux frontières intérieures et absence de coordination des actions des États membres.

33. Règlement (UE, Euratom) 2018/1046 du Parlement européen et du Conseil du 18 juillet 2018, préc.

observations accompagnant les décisions de décharge et aux autres observations du Parlement européen concernant l'exécution des dépenses ainsi qu'aux commentaires accompagnant les recommandations de décharge adoptées par le Conseil. À la demande du Parlement européen ou du Conseil, la Commission européenne fait rapport sur les mesures prises à la lumière de ces observations et commentaires, et notamment sur les instructions données aux services chargés de l'exécution du budget. Ces rapports sont également transmis à la Cour des comptes européenne (TFUE, art. 319, § 3).

CHAPITRE 16

La fonction internationale

346. On doit distinguer la représentation internationale de l'Union européenne (Section 1) de ses relations internationales (Section 2).

Section 1

La représentation internationale de l'Union européenne

347. Le traité de Lisbonne opère une clarification de la représentation internationale de l'Union européenne dans la mesure où, et jusqu'à l'entrée en vigueur de ce traité, il était admis, en l'absence d'une disposition spécifique des traités, que cette représentation internationale était assurée par la Commission européenne. Plus particulièrement, on peut déduire des articles 15, 17, 18 et 27, du traité UE que cette fonction est désormais scindée en deux : la Commission européenne assure la représentation extérieure de l'Union à l'exception toutefois des matières relevant de la politique étrangère et de sécurité commune qui relève des prérogatives du haut représentant de l'Union et du président du Conseil européen. La ligne de partage de cette compétence entre ces deux nouvelles autorités, instaurées par le traité de Lisbonne, est toutefois relativement confuse et imprécise puisque l'article 15, § 6, alinéa 2, du traité UE se cantonne à mentionner que « le président du Conseil européen assure, à son niveau et en sa qualité, la représentation extérieure de l'Union pour les matières relevant de la politique étrangère et de sécurité commune, sans préjudice des attributions du haut représentant de l'Union pour les affaires étrangères et la politique de sécurité ». On peut raisonnablement penser que la formulation retenue de cette disposition peut être une source potentielle de discorde entre le haut représentant de l'Union et le président du Conseil européen. Il serait donc opportun de préciser davantage qui des deux assume principalement cette fonction même si l'article 27, du traité UE semble faire pencher la balance plutôt au profit du haut représentant de l'Union.

348. Pour mener à bien cette mission de représentation internationale de l'Union, la Commission européenne et le haut représentant de l'Union disposent de plus de cent-quarante délégations dans des pays tiers (ex. : Afghanistan, Australie, Argentine, Brésil, Canada, Chine, Égypte, États-Unis, Inde, Israël, Japon, Liban, Maroc, Pérou, République centrafricaine, Russie, Sénégal, Serbie, Sierra Leone, Ukraine, Vietnam). La plupart de ces délégations bénéficient avec l'accord des États tiers d'un traitement analogue à celui dont bénéficient les missions diplomatiques des États : le chef de délégation est accrédité auprès du chef de l'État et le personnel et les locaux bénéficient de la protection diplomatique. L'Union européenne comporte également des délégations auprès des organisations internationales à Genève (OMC, ONU), New York (ONU), Addis-Abeba (UA), Vienne (ONU, OSCE, IAEA), Rome (FAO), Strasbourg (Conseil de l'Europe) et Paris (OCDE, UNESCO) dans la mesure où notamment l'article 220, du traité FUE confie à la Commission européenne, ainsi qu'au haut représentant de l'Union, la mission d'établir toute coopération utile avec les organes des Nations unies et leurs institutions spécialisées, le Conseil de l'Europe, l'Organisation pour la sécurité et la coopération en Europe et l'Organisation de coopération et de développement économiques ainsi que d'assurer toute liaison opportune avec d'autres organisations internationales. Les délégations de l'Union dans les pays tiers et auprès des organisations internationales sont placées sous l'autorité du haut représentant de l'Union. Elles agissent en étroite coopération avec les missions diplomatiques et consulaires des États membres (TFUE, art. 221).

349. Par ailleurs, le haut représentant de l'Union s'appuie, dans l'accomplissement de ses mandats, sur le service européen pour l'action extérieure (SEAE). Conformément à l'article 27, § 3, du traité UE, la décision 2010/427/UE du Conseil du 26 juillet 2010 fixe l'organisation et le fonctionnement de ce service[1]. Le SEAE, dont le siège est à Bruxelles, est une structure de l'Union européenne fonctionnant de manière autonome. Distinct du secrétariat général du Conseil et de la Commission européenne, il possède la capacité juridique nécessaire pour accomplir les tâches qui lui incombent et réaliser ses objectifs. Placé sous l'autorité du haut représentant de l'Union, le SEAE se compose d'une administration centrale et des délégations de l'Union auprès des pays tiers et d'organisations internationales. Le SEAE assiste le haut représentant de l'Union dans l'exécution de ses mandats tels qu'énoncés notamment aux articles 18 et 27, du traité UE (voy. *supra*, n° 132 à 134). Plus particulièrement, il soutient le haut représentant de l'Union :

– dans l'exécution de son mandat consistant à conduire la PESC, y compris la PSDC ;
– en sa qualité de président du Conseil « Affaires générales » ;
– en sa qualité de vice-président de la Commission européenne en vue de s'acquitter, au sein de cette institution, des responsabilités qui incombent à cette dernière dans le domaine des relations extérieures et de la coordination des autres aspects de l'action extérieure de l'Union.

Le SEAE est également chargé d'assister le président du Conseil européen, le président de la Commission et la Commission européenne dans l'exercice de leurs fonctions respectives dans le domaine des relations extérieures. Ce service travaille en collaboration avec les services diplomatiques des États membres ainsi qu'avec le secrétaire général du Conseil et les services de la Commission européenne, et les assiste, afin de veiller à la cohérence entre les différents domaines de l'action extérieure de l'Union. Le SEAE compte aujourd'hui près de 1.700 personnes qui sont soit des fonctionnaires ou d'autres agents de l'Union européenne issus des services compétents du secrétariat

---

1.   Décision du Conseil du 26 juillet 2010 fixant l'organisation et le fonctionnement du service européen pour l'action extérieure (2010/427/UE), *JOUE* n° L201/30 du 3 août 2010.

général du Conseil et de la Commission européenne soit des membres du personnel des services diplomatiques des États membres nommés en tant qu'agents temporaires. Le statut des fonctionnaires de l'Union européenne et le régime applicable aux autres agents de l'Union européenne bénéficient au personnel du SEAE. Le cas échéant, le SEAE peut, dans des cas particuliers, recourir à des experts nationaux détachés (END) spécialisés.

Section 2

Les relations internationales de l'Union européenne

350. L'Union européenne est habilitée par les traités à conclure des accords avec un ou plusieurs États tiers ou organisations internationales dans les domaines relevant de la politique étrangère et de sécurité commune (TUE, art. 37). L'Union peut également conclure de tels accords dans l'ensemble des domaines relevant de ses politiques générales et plus particulièrement « lorsque les traités le prévoient ou lorsque la conclusion d'un accord, soit est nécessaire pour réaliser, dans le cadre des politiques de l'Union, l'un des objectifs visés par les traités, soit est prévue dans un acte juridique contraignant de l'Union, soit encore est susceptible d'affecter des règles communes ou d'en altérer la portée » (TFUE, art. 216, § 1er). Les accords conclus par l'Union lient les institutions de l'Union et les États membres (TFUE, art. 216, § 2).

La procédure commune de négociation et de conclusion des accords et traités internationaux entre l'Union et des pays tiers ou organisations internationales est régie par l'article 218, du traité FUE. Elle se déroule en deux phases selon un schéma classique : négociation puis signature et conclusion. La Cour de justice peut être amenée, à la demande du Parlement européen, du Conseil, de la Commission européenne ou des États membres, à émettre un avis préalable à la conclusion d'un accord afin de vérifier sa compatibilité avec les traités (voy. *supra*, n° 195).

1. LA NÉGOCIATION

351. Dès lors que la conclusion d'un accord entre l'UE et un ou plusieurs États tiers ou organisations internationales est envisagée, la Commission européenne, ou le haut représentant de l'Union lorsque l'accord envisagé porte exclusivement ou principalement sur la politique étrangère et de sécurité commune, présente des recommandations au Conseil. Il appartient ensuite à cette institution d'autoriser l'ouverture des négociations (le Conseil adopte une décision autorisant l'ouverture des négociations) et de désigner, en fonction de la matière de l'accord envisagé, le négociateur (généralement la Commission européenne) ou le chef de l'équipe de négociation de l'Union (TFUE, art. 218, § 3). Lorsque le Conseil autorise l'ouverture de négociations, il peut également adresser des directives au négociateur. Il ne s'agit pas d'un mandat impératif et juridiquement contraignant pour le plénipotentiaire mais s'il s'en écarte, il prend le risque de voir le Conseil refuser de signer l'accord négocié. Le Conseil peut également désigner un comité spécial chargé d'assister le négociateur dans le déroulement des tractations. Lorsque le Conseil nomme un tel comité spécial, les négociations doivent être conduites en consultation avec ce comité (TFUE, art. 218, § 4). La Cour de justice a jugé que les directives de négociation peuvent certes réglementer les rapports entre la Commission européenne, le Conseil et le comité spécial mais ne peuvent en revanche permettre au Conseil d'imposer unilatéralement à la Commission européenne les positions de négociation que cette institution doit défendre (**arrêt du 16 juillet 2015, Commission/Conseil, C-425/13, EU:C:2015:483**). Lorsqu'il s'agit d'un accord mixte, c'est-à-dire qu'il porte sur un domaine qui relève à la fois de la compétence de l'UE et des États membres, les négociations sont alors généralement conduites en étroite coordination avec les États membres mais il arrive parfois que ces derniers donnent mandat au négociateur pour négocier en leur nom.

2. LA SIGNATURE ET LA CONCLUSION

352. Lorsque les négociations sont achevées, le pouvoir d'autoriser la signature de l'accord ou du traité et sa conclusion, c'est-à-dire celui de le signer et de le ratifier, appartient au seul Conseil. La Cour de justice a d'ailleurs jugé qu'en signant, au nom de l'Union, un accord, même non contraignant sans autorisation préalable du Conseil, la Commission européenne « a violé le principe d'attribution des compétentes, visé à l'article 13, paragraphe 2, TUE, ainsi que le principe de l'équilibre institutionnel » (**arrêt du 28 juillet 2016, Conseil/Commission, C-660/13, EU:C:2016:616, pt 46**). Le Conseil, sur proposition du négociateur, adopte une décision autorisant la signature de l'accord et, le cas échéant, son application provisoire avant l'entrée en vigueur (TFUE, art. 218, § 5). Puis le Conseil, une nouvelle fois sur proposition du négociateur, adopte une décision portant conclusion de l'accord (TFUE, art. 218, § 6).

353. Sauf lorsque l'accord porte exclusivement sur la PESC, le Conseil adopte la décision portant conclusion de l'accord :

– après approbation du Parlement européen pour les accords d'association visés à l'article 217, du traité FUE, les accords créant un cadre institutionnel spécifique en organisant des procédures de coopération, les accords ayant des implications budgétaires notables pour l'Union, les accords couvrant des domaines auxquels s'applique la procédure législative ordinaire ou la procédure législative spéciale lorsque l'approbation du Parlement européen est requise[2] et l'accord portant adhésion de l'Union à la Convention EDH[3]. Le Parlement européen et le Conseil peuvent, en cas d'urgence, convenir d'un délai pour l'approbation (TFUE, art. 218, § 6, pt a) ;

– après consultation du Parlement européen, dans les autres cas.

---

2.   Sur ce point voy. l'apport de l'Accord-cadre sur les relations entre le Parlement européen et la Commission européenne, *JOUE* n° L304/47 du 20 novembre 2010, spéc. p. 50.

3.   Il convient d'ajouter à cette liste d'accords nécessitant l'approbation du Parlement européen, les accords d'adhésion prévus à l'article 49, du traité UE, voy. *supra*, n° 53.

Le Parlement européen émet son avis dans un délai que le Conseil peut fixer en fonction de l'urgence. En l'absence d'avis dans ce délai, le Conseil peut statuer (TFUE, art. 218, § 6, pt b).

Le Conseil peut également, lors de la conclusion d'un accord et par dérogation à la procédure ainsi décrite, habiliter le négociateur à approuver, au nom de l'Union, les modifications de l'accord, lorsque celui-ci prévoit que ces modifications doivent être adoptées selon une procédure simplifiée ou par une instance créée par ledit accord. Le Conseil peut assortir cette habilitation de conditions spécifiques (TFUE, art. 218, § 7).

Le Conseil statue tout au long de la procédure à la majorité qualifiée (TFUE, art. 218, § 8). Toutefois, il se prononce à l'unanimité lorsque l'accord porte sur un domaine pour lequel l'unanimité est requise pour l'adoption d'un acte de l'Union ainsi que pour les accords d'association visés à l'article 217, du traité FUE et les accords de coopération économique, financière et technique avec les États candidats à l'adhésion prévus à l'article 212, du traité FUE. Le Conseil statue également à l'unanimité pour l'accord portant adhésion de l'Union à la Convention EDH, la décision portant conclusion de cet accord entrera en vigueur après son approbation par les États membres, conformément à leurs règles constitutionnelles respectives.

Le Parlement européen doit être immédiatement et pleinement informé à toutes les étapes de la procédure (TFUE, art. 218, § 10).

Parallèlement à la procédure standard prévue à l'article 218, du traité FUE, il existe également des procédures exceptionnelles et dérogatoires pour certains types d'accords internationaux. Ainsi, l'article 219, du traité FUE prévoit que le Conseil, soit sur recommandation de la Banque centrale européenne, soit sur recommandation de la Commission européenne et après consultation de la Banque centrale européenne, peut conclure des accords portant sur un système de taux de change pour l'euro vis-à-vis des monnaies d'États tiers. Le Conseil statue alors à l'unanimité après consultation du Parlement européen (TFUE, art. 219, § 1er). De même, les accords avec un ou plusieurs pays tiers ou organisations internationales relevant du domaine de la politique commerciale commune font l'objet de dispositions particulières visées à l'article 207, du traité FUE.

Les grandes dates de l'intégration européenne

(les chiffres en caractères gras renvoient aux numéros des pages où sont mentionnées les décisions citées)

La date d'entrée en vigueur des actes cités est indiquée en italiques.

1950	9 mai	Déclaration de Paris de Robert Schuman inspirée par Jean Monnet
1951	18 avril	Signature à Paris du traité instituant la CECA (*23 juillet 1952*)
1952	27 mai	Signature à Paris du traité instituant la CED
1954	30 août	Rejet du traité instituant la CED par l'Assemblée nationale française
1955	1er/3 juin	Conférence de Messine
1956	29/30 mai	Conférence de Venise
1957	25 mars	Signature à Rome des traités instituant la CEE et CEEA (*1er janvier 1958*)
1958	3/11 juill.	Conférence de Stresa
1961	10/11 févr.	Sommet européen de Paris
1965	8 avril	Signature à Bruxelles du traité instituant un Conseil et une Commission unique des Communautés européennes (dit « traité de fusion des exécutifs ») (*1er juillet 1967*)
	1er juill.	Rupture par la France des négociations portant sur le financement de la PAC. Elle boycotte désormais toutes les réunions du Conseil des ministres et du Coreper (période dite crise de la « chaise vide »).

1966	29 janv.	Compromis de Luxembourg – Dénouement de la crise de la « chaise vide »
1968	1er juill.	Entrée en vigueur de l'union douanière
1969	31 déc.	Fin de la période de transition prévue par le traité CEE pour la mise en œuvre du marché commun
1970	21 avril	Décision 70/243/CECA, CEE, Euratom du Conseil relative au remplacement des contributions financières des États membres par des ressources propres aux Communautés (« DRP 1970 »)
	22 avril	Signature à Luxembourg du traité portant modifications de certaines dispositions budgétaires [Substitution du système de financement des Communautés par contributions des États par celui des ressources propres, mise en place d'un budget unique pour les trois Communautés] (*1er janvier 1971*)
	8 oct.	Rapport Werner sur l'Union économique et monétaire
	27 oct.	Rapport Davignon sur la coopération politique
1972	22 janv.	Signature par le Danemark, l'Irlande, la Norvège et le Royaume-Uni des traités d'adhésion aux Communautés (*1er janvier 1973*)
	25 sept.	Référendum en Norvège – Rejet de l'adhésion aux Communautés (53,5 %)
1974	9/10 déc.	Sommet de Paris [Institution du Conseil européen, décision relative à l'élection du Parlement européen au suffrage universel direct]
1975	5 juin	Référendum au Royaume-Uni – Maintien du Royaume-Uni dans les CE (67,2 %)
	22 juill.	Signature à Bruxelles du traité portant modifications de certaines dispositions budgétaires [Institution de la Cour des comptes européenne, possibilité pour le Parlement européen de rejeter le budget et de donner décharge à la Commission sur l'exécution de celui-ci] (*1er juin 1977*)
1976	7 janv.	Rapport Tindemans sur l'UE
	20 sept.	Décision 76/787/CECA, CEE, CEEA des Représentants des États membres réunis au sein du Conseil relative à l'Acte portant élection des représentants à l'Assemblée au suffrage universel direct (*1er juillet 1978*)
1978	4/5 déc.	Conseil européen de Bruxelles [Décision relative à la création du Système monétaire européen (SME) sur la base d'une unité de compte européenne (ECU)] (*13 mars 1979*)
1979	28 mai	Signature par la Grèce du traité d'adhésion aux Communautés (*1er janvier 1981*)
	7/10 juin	Première élection du Parlement européen au suffrage universel direct
1982	23 févr.	Référendum au Groenland (territoire autonome appartenant au Danemark) – Retrait des Communautés européennes
1983	17/19 juin	Conseil européen de Stuttgart [Signature de la Déclaration solennelle sur l'UE]
	14 sept.	Présentation au Parlement européen d'un projet de traité instituant l'UE par le député européen Spinelli
1984	14 févr.	Adoption par le Parlement européen du projet de traité instituant l'UE (dit « projet Spinelli »)
	14/17 juin	Seconde élection du Parlement européen au suffrage universel direct
	25/26 juin	Conseil européen de Fontainebleau [Accord sur le montant de la compensation financière accordée au Royaume-Uni afin de réduire sa contribution au budget communautaire]
1985	12 juin	Signature par l'Espagne et le Portugal des traités d'adhésion aux Communautés (*1er janvier 1986*)
	14 juin	Signature de l'Accord de Schengen
1986	17 et 28 févr.	Signature à Luxembourg et à La Haye de l'Acte unique européen (*1er juillet 1987*)

1987	14 avril	Candidature à l'adhésion aux Communautés européennes de la Turquie
1988	24 oct.	Décision 88/591/CECA, CEE, Euratom du Conseil instituant un Tribunal de première instance des Communautés européennes
1989	12 avril	Rapport du Comité Delors sur l'Union économique et monétaire
	15/18 juin	Troisième élection du Parlement européen au suffrage universel direct
	9 nov.	Chute du mur de Berlin
1990	19 juin	Signature de la Convention de Schengen (*26 mars 1995*)
	1er juill.	Début de la première phase de l'Union économique et monétaire
1992	7 févr.	Signature à Maastricht du traité UE (*1er novembre 1993*)
	2 mai	Signature à Porto du traité instituant l'Espace Économique Européen (*1er janvier 1994*)
	2 juin	Référendum au Danemark – Refus de ratification du traité UE (53,5 %)
1993	1er janv.	Entrée en vigueur du marché intérieur
	18 mai	Référendum au Danemark – Ratification du traité UE (56,7 %)
1994	1er janv.	Début de la deuxième phase de l'Union économique et monétaire
	29 mars	Compromis de Ioannina – Fixation des règles de prise de décision à la majorité qualifiée au sein du Conseil dans la perspective de l'élargissement
	9/12 juin	Quatrième élection du Parlement européen au suffrage universel direct
	24 juin	Signature par l'Autriche, la Finlande, la Norvège et la Suède des traités d'adhésion à l'UE (*1er janvier 1995*)
	28 nov.	Référendum en Norvège – Rejet de l'adhésion à l'UE (52,2 %)
1997	2 oct.	Signature du traité d'Amsterdam (*1er mai 1999*)
1999	1er janv.	Début de la troisième phase de l'Union économique et monétaire – Adoption de l'euro par l'Allemagne, l'Autriche, la Belgique, l'Espagne, la Finlande, la France, l'Irlande, l'Italie, le Luxembourg, les Pays-Bas et le Portugal
	10/13 juin	Cinquième élection du Parlement européen au suffrage universel direct
2000	28 sept.	Référendum au Danemark – Rejet de l'adhésion à la monnaie unique (53,1 %)
	7 déc.	Signature et proclamation solennelle par les présidents du Parlement européen, du Conseil et de la Commission européenne de la Charte des droits fondamentaux de l'UE en marge du Conseil européen de Nice
2001	1er janv.	La Grèce devient le 12e membre de la zone euro
	26 févr.	Signature du traité de Nice (*1er février 2003*)
	7 juin	Référendum en Irlande – Refus de ratification du traité de Nice (53,95 %)
	14/15 déc.	Conseil européen de Laeken [Adoption de la Déclaration sur l'avenir de l'Union européenne et convocation d'une Convention sur l'avenir de l'Europe présidée par M. Giscard d'Estaing visant à préparer la prochaine conférence intergouvernementale]
2002	1er janv.	Mise en circulation des billets et pièces libellés en euros dans les 12 États membres de la zone euro
	23 juill.	Expiration du traité instituant la CECA
	19 oct.	Référendum en Irlande – Ratification du traité de Nice (62,9 %)
2003	16 avril	Signature à Athènes du traité d'adhésion de la République tchèque, de Malte, de Chypre, de la Hongrie, de la Pologne, de la Slovaquie, de la Lettonie, de l'Estonie, de la Lituanie et de la Slovénie (*1er mai 2004*)
	14 sept.	Référendum en Suède – Rejet de l'adhésion à la monnaie unique (56,1 %)

2004	22 mars	Candidature à l'adhésion à l'UE de la République de Macédoine du Nord
	10/13 juin	Sixième élection du Parlement européen au suffrage universel direct
	29 oct.	Signature à Rome du traité établissant une Constitution pour l'Europe et de l'Acte final
	2 nov.	Décision 2004/752/CE, Euratom du Conseil instituant le Tribunal de la fonction publique de l'UE
2005	25 avril	Signature à Luxembourg du traité d'adhésion à l'UE de la Roumanie et de la Bulgarie (*1er janvier 2007*)
	29 mai	Référendum en France – Refus de ratification du traité établissant une Constitution pour l'Europe (54,6 %)
	1er juin	Référendum consultatif aux Pays-Bas – Refus de ratification du traité établissant une Constitution pour l'Europe (61,6 %)
2007	1er janv.	La Slovénie devient le 13e membre de la zone euro.
	25 mars	50e anniversaire de la signature des traités de Rome à Berlin
	21/22 juin	Conseil européen de Bruxelles [Accord sur le projet de traité modifiant le traité UE et le traité instituant la Communauté européenne]
	12 déc.	Signature et proclamation solennelle par les présidents du Parlement européen, du Conseil et de la Commission européenne de la Charte des droits fondamentaux de l'UE adaptée
	13 déc.	Signature du traité de Lisbonne modifiant le traité UE et le traité instituant la Communauté européenne (*1er décembre 2009*)
2008	1er janv.	Chypre et Malte deviennent les 14e et 15e membres de la zone euro
	12 juin	Référendum en Irlande – Refus de ratification du traité de Lisbonne (53,40 %)
	15 déc.	Candidature à l'adhésion à l'UE du Monténégro
2009	1er janv.	La Slovaquie devient le 16e membre de la zone euro.
	24 avril	Candidature à l'adhésion à l'UE de l'Albanie
	4/7 juin	Septième élection du Parlement européen au suffrage universel direct
	16 juill.	Candidature à l'adhésion à l'UE de l'Islande
	3 oct.	Référendum en Irlande – Ratification du traité de Lisbonne (67,1 %)
	22 déc.	Candidature à l'adhésion à l'UE de la Serbie
2011	1er janv.	L'Estonie devient le 17e membre de la zone euro
	9 déc.	Signature à Bruxelles du traité d'adhésion à l'UE de la Croatie (*1er juillet 2013*)
2012	2 févr.	Signature à Bruxelles du traité instituant le mécanisme européen de stabilité (MES) (seulement les États membres de la zone euro)
	2 mars	Signature à Bruxelles du traité sur la stabilité, la coordination et la gouvernance au sein de l'Union économique et monétaire (TSCG) (communément dénommé « pacte budgétaire ») (tous les États membres à l'exception du Royaume-Uni et de la République tchèque) (*1er janvier 2013*)
	29 juin	Ouverture avec le Monténégro des négociations en vue de son adhésion à l'UE
2014	1er janv.	La Lettonie devient le 18e membre de la zone euro
	21 janv.	Ouverture avec la Serbie des négociations en vue de son adhésion à l'UE
	22-25 mai	Huitième élection du Parlement européen au suffrage universel direct

2015 1er janv.   La Lituanie devient le 19e membre de la zone euro
      12 mars   Retrait de la candidature à l'adhésion à l'UE de l'Islande

      19/20 mars   Conseil européen de Bruxelles [Décision relative à la mise en place d'une Union de l'énergie]

2016 15 févr.   Candidature à l'adhésion à l'UE de la Bosnie-Herzégovine
      27 avril   Règlement (UE) 2016/679 du Parlement européen et du Conseil relatif à la protection des personnes physiques à l'égard du traitement des données à caractère personnel et à la libre circulation de ces données, et abrogeant la directive 95/46/CE (règlement général sur la protection des données) (*25 mai 2018*)

      23 juin   Référendum au Royaume-Uni – Retrait du Royaume-Uni de l'UE (51,9 %) (taux de participation : 72,2 %)

      1er sept.   Disparition du Tribunal de la fonction publique de l'UE [règlement (UE, Euratom) 2015/2422 du Parlement européen et du Conseil du 16 décembre 2015 modifiant le protocole (n° 3) sur le statut de la Cour de justice de l'UE]

2017 25 mars   60e anniversaire des traités de Rome à Berlin

      29 mars   Le Premier ministre britannique, Theresa May, notifie au Conseil européen l'intention du Royaume-Uni de quitter l'UE

      17 nov.   Signature et proclamation solennelle par les présidents du Parlement européen, du Conseil et de la Commission européenne du socle européen des droits sociaux lors du sommet social pour des emplois et une croissance équitables organisé à Göteborg (Suède)

2018 1er juill.   50e anniversaire de l'union douanière

2019 1er janv.   20e anniversaire de l'euro
      23/26 mai   Neuvième élection du Parlement européen au suffrage universel direct
      1er déc.   10e anniversaire de la Charte des droits fondamentaux de l'UE
      11 déc.   Présentation par la Commission européenne du Pacte vert pour l'Europe (European Green Deal)

2020 24 janv.   Accord sur le retrait du Royaume-Uni de Grande-Bretagne et d'Irlande du Nord de l'Union européenne et de la Communauté européenne de l'énergie atomique (*31 janvier 2020*)

      1er févr.   Retrait du Royaume-Uni de Grande-Bretagne et d'Irlande du Nord de l'UE et de la Communauté européenne de l'énergie atomique. Ouverture d'une période de transition, qui s'achèvera le 31 décembre 2020, durant laquelle le droit de l'Union continue à s'appliquer au Royaume-Uni

      17/21 juill.   Conseil européen de Bruxelles [Accord sur le cadre financier pluriannuel pour la période 2021-2027 et sur le nouvel instrument de relance temporaire, dénommé Next Generation EU]

      14 déc.   Décision (UE, Euratom) 2020/2053 du Conseil relative au système des ressources propres de l'Union européenne (« DRP 2021 »)

      16 déc.   Règlement (UE, Euratom) 2020/2092 du Parlement européen et du Conseil relatif à un régime général de conditionnalité pour la protection du budget de l'Union (« Règlement conditionnalité »)

      17 déc.   Règlement (UE, Euratom) 2020/2093 du Conseil fixant le cadre financier pluriannuel pour les années 2021 à 2027

      24 déc.   Accord de commerce et de coopération entre l'UE et la Communauté européenne de l'énergie atomique, d'une part, et le Royaume-Uni de Grande-Bretagne et d'Irlande du Nord, d'autre part (*1er janvier 2021*)

      31 déc.   Fin de la période de transition – Retrait définitif du Royaume-Uni de Grande-Bretagne et d'Irlande du Nord de l'UE et de la Communauté européenne de l'énergie atomique

2021	10 mars	Signature de la déclaration commune du Parlement européen, du Conseil et de la Commission européenne sur la Conférence sur l'avenir de l'Europe
	9 mai	Lancement de la Conférence sur l'avenir de l'Europe
	19 juin	Session plénière inaugurale de la Conférence sur l'avenir de l'Europe à Strasbourg
2022	1er janv.	13e présidence française du Conseil (*30 juin 2022*)
	28 févr.	Candidature à l'adhésion à l'UE de l'Ukraine à la suite de l'agression russe
	3 mars	Candidature à l'adhésion à l'UE de la Géorgie et de la Moldavie à la suite de l'invasion de l'Ukraine par la Russie
	9 mai	Clôture de la Conférence sur l'avenir de l'Europe à Strasbourg. Remise d'un rapport final contenant 49 propositions citoyennes réparties en plus de 300 mesures concrètes pour réformer et faire évoluer l'UE aux présidents du Parlement européen, du Conseil et de la Commission européenne
	1er juin	Référendum au Danemark – Fin de la clause d'exemption (opt-out) de la PSDC de l'UE (66,87 %)
	23-24 juin	Conseil européen de Bruxelles
		[Octroi du statut de pays candidat à l'adhésion à l'UE à l'Ukraine et à la Moldavie]
2023	1er janv.	La Croatie devient le 20e membre de la zone euro

Bibliographie

Bibliographie générale

• *Manuels et ouvrages généraux*

Auby (J.-B.), Dutheil de la Rochere (J.) (dir.), *Traité de droit administratif européen*, 3ᵉ éd., 2022, Bruylant, coll. « Droit administratif ».

Baudier (G.), De Teyssier (F.), *La construction européenne*, 7ᵉ éd., 2021, PUF, coll. « Que sais-je ? ».

Berramdane (A.), Rossetto (J.), *Droit de l'Union européenne. Institutions et ordre juridique*, 3ᵉ éd., 2017, LGDJ-Lextenso, coll. « Cours ».

Blanquet (M.), *Droit général de l'Union européenne*, 11ᵉ éd., 2018, Sirey, coll. « Sirey université ».

Blin (O.), *Droit institutionnel, matériel et contentieux de l'Union européenne*, 4ᵉ éd., 2020, Bruylant, coll. « Paradigme – Métiers ».

Blumann (C.), Dubouis (L.), *Droit institutionnel de l'Union européenne*, 7ᵉ éd., 2019, LexisNexis, coll. « Manuels ».

Boutayeb (C.), *Droit institutionnel de l'Union européenne*, 6ᵉ éd., 2020, LGDJ-Lextenso, coll. « Manuel ».

Brière (C.), Dony (M.), *Droit de l'Union européenne*, 8ᵉ éd., 2022, Éditions de l'Université de Bruxelles, coll. « UBlire ».

Clergerie (J.-L.), Gruber (A.), Rambaud (P.), *Droit institutionnel et matériel de l'Union européenne*, 13ᵉ éd., 2020, Dalloz, coll. « Précis ».

Coutron (L.), *Droit de l'Union européenne*, 6ᵉ éd., 2021, Dalloz., coll. « Mémentos »

De Quadros (F.), *Droit de l'Union européenne*, 2008, Bruylant.

Ghevontian (R.), *Droit de l'Union européenne*, 5ᵉ éd., 2013, Sirey, coll. « Aide-mémoire ».

Grandjean (G.), *Histoire de la construction européenne*, 1ʳᵉ éd., 2020, Bruylant, coll. « Droit de l'Union européenne ».

Grard (L.), *Droit de l'Union européenne*, 2ᵉ éd., 2013, LGDJ-Lextenso, coll. « Exercices pratiques ».

Jacqué (J.-P.), *Droit institutionnel de l'Union européenne*, 9ᵉ éd., 2018, Dalloz, coll. « Cours ».

Kahn (S.), *Histoire de la construction européenne depuis 1945*, 3ᵉ éd., 2021, PUF, coll. « Quadrige ».

Leclerc (S.), *Droit de l'Union européenne*, 7ᵉ éd., 2021, Gualino-Lextenso, coll. « Mémentos ».

Lescot (C.), *Organisations européennes*, 23e éd., 2022, Bruylant, coll. « Paradigme – Manuels ».

Martucci (F.), *Droit de l'Union européenne*, 3e éd., 2021, Dalloz, coll. « HyperCours ».

Masson (A.), Nihoul (P.), *Droit de l'Union européenne*, 3e éd., 2011, Larcier, coll. « Manuels Larcier ».

Pertek (J.), *Droit des institutions de l'Union européenne*, 5e éd., 2016, PUF, coll. « Thémis ».

Rideau (J.), *Droit institutionnel de l'Union européenne*, 6e éd., 2010, LGDJ-Lextenso, coll. « Manuel ».

Roux (J.), *Droit général de l'Union européenne*, 7e éd., 2021, LexisNexis, coll. « Objectif droit ».

Santulli (C.), *Introduction au droit européen. Organisations et principes*, 2e éd. 2022, LGDJ-Lextenso, coll. « Manuels ».

Simon (D.), *Le système juridique communautaire*, 3e éd., 2001, PUF, coll. « Droit fondamental ».

Terpan (F.), *Droit et politique de l'Union européenne*, 3e éd., 2018, Bruylant, coll. « Paradigme – Masters ».

Van Raepenbusch (S.), *Droit institutionnel de l'Union européenne*, 2e éd., 2016, Larcier, coll « Europe (s) ».

• *Recueils de textes*

Boutayeb (C.) (dir.), *Les grands arrêts du droit de l'Union européenne. Droit institutionnel et matériel de l'Union européenne*, 2014, LGDJ-Lextenso.

Dubouis (L.), Gueydan (C.), *Les grands textes du droit de l'Union européenne : Traités – Droit dérivé – Jurisprudence*, Tome 1, 8e éd., 2010, Dalloz.

Karpenschif (M.), Nourissat (C.), *Les grands arrêts de la jurisprudence de l'Union européenne*, 4e éd., 2021, PUF, coll. « Thémis ».

• *Documentation de l'Union européenne*

Traité sur l'Union européenne (version consolidée 2016), *JOUE* n° C202/13 du 7 juin 2016.

Traité sur le fonctionnement de l'Union européenne (version consolidée 2016), *JOUE* n° C202/47 du 7 juin 2016.

Charte des droits fondamentaux de l'Union européenne, *JOUE* n° C202/389 du 7 juin 2016.

Traité instituant la Communauté européenne de l'énergie atomique (version consolidée 2016), *JOUE* n° C203/1 du 7 juin 2016.

Les traités sont disponibles sur le site : *https://eur-lex.europa.eu/collection/eu-law/treaties/treaties-force.html?locale=fr*

Journal officiel de l'Union européenne :

– Partie L (législation)

– Partie C (communication)

La législation de l'Union est accessible sur le site : *http://eur-lex.europa.eu/collection/eu-law/legislation/recent.html?locale=fr*

Rapport général sur l'activité de l'Union européenne, Commission européenne, annuel, depuis 1958.

Les rapports généraux de la Commission européenne sont disponibles sur le site : *https://publications.europa.eu/fr/home*

Le site consacré à l'actualité de l'Union européenne : *http://europa.eu/newsroom/home_fr*

Recueil de jurisprudence de la Cour de justice et du Tribunal, depuis 1954 :

– Partie I – Cour de justice

– Partie II – Tribunal de première instance

Recueil de jurisprudence – Fonction publique, depuis 1994

Les arrêts et ordonnances de la Cour de justice, du Tribunal et du Tribunal de la fonction publique de l'Union européenne sont disponibles sur le site : *http://curia.europa.eu/jcms/jcms/Jo2_7045/fr/*

● *Revues spécialisées de langue française*

Cahiers de droit européen : revue bimestrielle, Bruxelles, depuis 1965.

Europe – Actualité du droit de l'Union européenne : revue mensuelle, Paris, depuis novembre 1991.

Revue des affaires européennes : revue trimestrielle, Paris, depuis 1991.

Revue de l'Union européenne : revue mensuelle, depuis 2010 (ex-RMCUE).

Revue du droit de l'Union européenne : revue trimestrielle, Paris, depuis 2000 (ex-RMUE).

Revue du marché commun : revue mensuelle, Paris, depuis 1958.

Revue du marché commun et de l'Union européenne : revue trimestrielle, Paris, depuis 1994 (ex-RMC).

Revue du marché unique européen : revue trimestrielle, Paris, depuis 1991.

Revue trimestrielle de droit européen : revue trimestrielle, Paris, depuis 1965.

● *Sites officiels des institutions, organes et organismes de l'Union européenne*

Actualité de l'Union européenne : *https://europa.eu/newsroom/home_fr*

Banque centrale européenne : *https://www.ecb.europa.eu/ecb/html/index.fr.html*

Banque européenne d'investissement : *https://www.eib.org/fr/*

Comité économique et social européen : *http://www.eesc.europa.eu/fr*

Comité européen des régions : *https://cor.europa.eu/fr*

Commission européenne : *http://www.ec.europa.eu*

Conseil et Conseil européen : *https://www.consilium.europa.eu/*

Contrôleur européen de la protection des données : *https://edps.europa.eu/_fr*

Cour de justice de l'Union européenne : *https://curia.europa.eu/jcms/jcms/Jo1_6308/*

Cour des comptes européenne : *http://www.eca.europa.eu/fr/Pages/ecadefault.aspx*

Médiateur européen : *https://www.ombudsman.europa.eu/fr/home*

Office européen de lutte antifraude : *https://ec.europa.eu/anti-fraud/about-us_fr*

Parlement européen : *http://www.europarl.europa.eu/portal/fr*

Portail de l'Union européenne : *https://europa.eu/european-union/index_fr*

Service européen pour l'action extérieure : *https://www.eeas.europa.eu/_fr*

- **Sites officiels français**

Centre d'information sur l'Europe : *http://www.touteleurope.eu*

Fondation Robert Schuman : *http://www.robert-schuman.eu/fr/*

Notre Europe – Institut Jacques Delors : *http://www.institutdelors.eu*

Ministère de l'Europe et des Affaires étrangères (MEAE) : *http://www.diplomatie.gouv.fr/fr/*

Représentation permanente de la France auprès de l'Union européenne : *https://ue.delegfrance.org*

Index

Les renvois correspondent aux numéros de paragraphes.

Imprimé en France sur des papiers provenant exclusivement de l'Union européenne et issus de forêts gérées durablement par Dupliprint, 733 rue Saint-Léonard, 53100 Mayenne

Papier intérieur 100% fibres recyclées

Ce livre est imprimé sur un site sous management environnemental certifié AFAQ ISO 14001
Achevé d'imprimer en août 2022
Numéro d'impression : 2975817V
Dépôt légal : août 2022